光明社科文库

中国社会史十讲

邓庆平◎主编

光明日报出版社

图书在版编目（CIP）数据

中国社会史十讲 / 邓庆平主编 . -- 北京：光明日报出版社，2021.12

ISBN 978 - 7 - 5194 - 6425 - 7

Ⅰ.①中… Ⅱ.①邓… Ⅲ.①社会史—中国—高等学校—教材 Ⅳ.①K207

中国版本图书馆 CIP 数据核字（2021）第 274173 号

中国社会史十讲

ZHONGGUO SHEHUISHI SHIJIANG

主　　编：邓庆平

责任编辑：史　宁　　　　　　　责任校对：陈永娟

封面设计：中联华文　　　　　　责任印制：曹　净

出版发行：光明日报出版社

地　　址：北京市西城区永安路 106 号，100050

电　　话：010 - 63169890（咨询），010 - 63131930（邮购）

传　　真：010 - 63131930

网　　址：http：//book. gmw. cn

E - mail：gmrbcbs@ gmw. cn

法律顾问：北京市兰台律师事务所龚柳方律师

印　　刷：三河市华东印刷有限公司

装　　订：三河市华东印刷有限公司

本书如有破损、缺页、装订错误，请与本社联系调换，电话：010-63131930

开　　本：170mm×240mm

字　　数：254 千字　　　　　　印　　张：16.5

版　　次：2022 年 3 月第 1 版　　印　　次：2022 年 3 月第 1 次印刷

书　　号：ISBN 978 - 7 - 5194 - 6425 - 7

定　　价：95.00 元

序　言

随着我国高等教育进入新的发展阶段，教育理念、培养目标、教学模式都发生了明显的转变，而通识教育可以说是近30年来中国高等教育发展的主要内容之一。2016年制定的《中华人民共和国国民经济和社会发展第十三个五年规划纲要》明确提出"推进教育现代化"的目标，要求在高等教育阶段实行"通识教育和专业教育相结合的培养制度"，这意味着通识教育的发展已经成为未来我国高等教育改革的重要方向。

在高校通识教育体系中，历史学作为人文基础学科，在培育大学生人文素质、健全人格和价值观等方面具有不可替代的重要作用。特别是在弘扬中华优秀传统文化的时代背景下，承载中国传统文化精髓的中国史学科势必成为通识教育的主阵地，历史通识教育也迎来了新的发展契机。与历史专业教育强调历史知识体系的完整性不同，历史通识教育在课程设置时不需要全面覆盖中国通史、世界通史、断代史、国别史、历史文献、史学理论等专业课程群，而是应该在提升学生的历史思维、家国情怀、人文素养等契合通识教育的教学目标指导下建设有特色的、专题性的历史通识教育课程。就这个目标而言，社会史因其"总体史"的学术追求、研究领域的极大拓展、"自下而上"的观察视角、关注日常生活和社会现实的研究旨趣、多学科交流与对话的研究路径等鲜明特色，具有建设成为高校历史类核心通识课程的独特优势。那么，相应的，中国社会史通识教材的编写与出版也就具有了现实的必要性和迫切性。

20世纪80年代以后，社会史研究复兴并日益繁荣，相关的研究成果涉及范围之广泛、数量之丰硕，在新时期中国历史学的发展中令人瞩目。然而，与不计其数的社会史研究论著相比，可用于社会史教学的专业教材却并不多见，这也在一定程度上制约了社会史教学的发展。目前，高校中国社会史课程选用的教材主要是冯尔康先生的《中国社会史概论》（高等教育出版社，

2004 年），该书是教育部"九五"国家级重点教材，致力于从社会史研究历程的角度探讨社会史学科建设的一系列理论问题，因此理论研究占全书一半篇幅，对中国社会史史实的介绍相对比较简单。2009 年，池子华、吴建华两位先生主编的《中国社会史教程》由安徽人民出版社出版，全书分为上、下两编，上编为"社会史理论"，下编为"社会史专题"，既有理论知识的介绍，又有深入的专题研究。但是，这部教材是"苏州大学研究生优秀教材建设资助项目"的最终成果，是针对社会史专业的研究生编写的教材。2020 年，张笑川教授主编的《中国社会史导论》由上海教育出版社出版，该书也分上下两编，上编为基础理论，对中国社会史的基本问题进行阐述，包括社会史的基本理论、中国社会的演变趋势和阶段性；下编为专题研究，对中国社会史的前沿领域进行深入剖析。该书作为"江苏省高等学校重点教材"之一出版，是适合中国史本科和研究生教学需求的专业教材。不难看出，以上几部都是面向高校中国史学科的本科生或社会史专业的研究生编写的教材，其专业性、理论性及论述的难度、深度，都并不适合作为通识课程的教学用书。

　　笔者执教的中国政法大学是一所以法学为特色和优势的多科型大学，一直非常重视通识教育改革。多年来，学校致力于打造"有灵魂的通识教育"，构建了"核心+主干+一般"的通识课程体系，即以"中华文明通论""西方文明通论"两门课程作为核心通识课程，同时设置广泛覆盖人文社会科学与自然科学各学科领域的 20 多门通识主干课程和 500 余门一般通识课程。作为基础人文学科，历史类通识课程是其中的重要组成部分。中国政法大学人文学院历史研究所自 2003 年建所以来，始终承担全校历史类通识课程的教学任务，在近 20 年的教学工作中，逐渐形成以中国社会史为特色的课程体系，涵盖了通识主干课、一般通识选修课、校长导读书目课、少数民族预科班通识课等多种类型，在课程体系上突显社会史研究领域广泛、内容丰富的特点，涉及不同历史时代的多样性专题。其中，作为总论性课程的"中国社会史"于 2015 年获批成为我校重点建设的通识主干课程，教学内容包括社会史的基本理论和社会结构、日常生活、社会文化、社会问题与治理等专题。这门课程开设以来，深受学生好评，每学期的选课人数都有数百人之多。然而，因为一直没有与本门课程教学内容和授课学时相适应的专用教材，各位任课教师大多是根据教学大纲的要求，围绕每讲主题自行搜集、整合相关资源，形成授课内容，再通过推荐学生课后阅读相关论著、论文的方式进行延展学习。面对数量不断增加且来自非历史学专业的选课学生，缺乏配套教材，对于教师授课、学生听课及课后复习都造成了诸多不便。因此，编写一套适合通识课程教学需求的中国社会史教材，是非常必要的。同时，课程主讲教师通过接力授课、集中讨论教案、定期举行教学研讨会等方式，在教学目标、课程大纲、讲授内容和教学模式、知识要点难点等诸多方面已经基本形成共识，建构了较为完备的课程体系，这也为教材的编写提供了良好的基础。

2019 年，历史研究所将编写和出版通识主干课"中国社会史"的配套教材列入学科发展的重要工作。2020 年，由笔者主持的"通识主干课程'中国社会史'教材建设研究"项目获得中国政法大学教学改革立项，并很快组建了教材编写团队。此后，我们举行了多次教材编写研讨会，讨论教材的体例、结构、内容、写作风格等问题。经过一年多的反复讨论和写作、修改，我们终于完成了这部教材的编写工作，并作为"中国政法大学通识主干课程系列教材"之一出版。本校"中国社会史"课程每学期总计 32 学时，除去考试周，正常教学学时为 30 学时，每周 3 学时，授课周次为 10 周。因此，我们也将这部教材命名为《中国社会史十讲》，共编写 10 章，与课程教学大纲和学时保持一致。

作为一部中国社会史通识教材，在专业性与通识性，学术深度与可读性、普及性之间应达到平衡，既能反映社会史研究的学术特色和前沿领域，又适合作为非历史专业本科生的通识课程教学用书。因此，我们在编写这本教材的过程中，积极探索，力求创新，以体现中国社会史通识教材的特色。

首先，在内容上简化了社会史基础理论部分。与前述几部现有的中国社会史教材用全书一半篇幅来阐述社会史的理论问题不同，本书仅用一讲总述社会史的概念、研究旨趣和发展历程，使学生对社会史的研究取向有一个基本的了解，引发他们对相关学术领域产生兴趣，有进一步了解的意愿。更专业、精深的社会史理论和研究方法，则尽可能通过各讲的不同专题、透过具体的史实和生动的个案来呈现。

其次，各讲专题既是中国社会史研究的前沿问题，又能充分体现社会史关注日常生活和现实问题的研究特点。本书各讲选择的主题涉及身体史、性别史、民间宗教与仪式实践、宫廷社会史、法律社会史、自然环境与灾害史、乡村社会史等诸多方面，这些主题一直是中国社会史研究中最具活力且成果斐然的领域。同时，为了适应非历史学专业本科通识教学的需求，我们的团队在编写过程中，充分吸收海内外相关领域的研究成果，对各专题的学术史和基本史实都进行了整体性的介绍，并在每讲后列出推荐阅读书目，引导学生进行课后的拓展学习。

再次，作为通识教材，本书充分展示了社会史研究方法的多元性和开放性。各讲专题，如性别史、城乡关系、社会治理、信仰与仪式、法律社会史等，本身就显示出多学科交叉的特点。而通常被视为传统政治史的一些老问题，如科举制度，本书不仅尽可能呈现其在社会史层面更丰富的内容，如科举制下的社会关系网络、地方精英与基层社会治理、识字率等问题，还有意识地借用"社会流动"（social mobility）这一社会学概念分析科举制对中国传统社会阶层流动的影响，在多学科的广阔视野下重新审视这些"老"问题。总之，我们力图在具体问题的阐释中体现多学科的视野互鉴和观点碰撞，以此激发来自不同专业的学生的学术思考和对话。

最后，关注西方人眼中的中国形象，强调从"他者""异域"的视角观察中国社会，也是本书的特色之一，而这是此前几部中国社会史教材几乎没有涉及的内容。设计这样的专题，有利于引导学生用更宽广的视野来看待中国与世界的关系，认识中国社会的历史变迁，理解多元文明的交流互鉴。

参与本部教材编写的均为中国政法大学人文学院历史研究所的中青年教师，他们长期从事中国社会史的科研和教学工作，曾先后主持过与中国社会史相关的国家及省部级科研课题和教改项目，有着扎实的研究基础和丰富的教学经验。本书主编为邓庆平，负责教材内容和体例设计以及全书统稿，并撰写第一讲和第五讲。其余各讲的编写人员如下：第二讲由王学深撰写，第三讲和第四讲由赵晓华撰写，第六讲由姜金顺撰写，第七讲由王敬雅撰写，第八讲由郑清坡撰写，第九讲由高翔宇撰写，第十讲由王静撰写。

社会史研究在中国走过了100多年的发展历程，研究领域极为广泛，研究方法也非常多元，研究成果更是数不胜数，因此，教材撰写的难度相当大。追求内容的完整性和教材体例的系统性，这一目标既难以实现又并非通识教材的诉求。我们在多年的通识教学工作中，努力将"中国社会史"建设成为本校的一门通识主干课程，并尝试着在教学实践的基础上编写这样一部适应通识教学需求的中国社会史教材。这部教材虽为本所同人共同努力之成果，但错讹缺失之处肯定在所难免。我们真诚地希望学界同人能够指出本书的错误和不足，给予宝贵的建议，以便我们修订和改正。

编者

2021 年 7 月

目 录
CONTENTS

第一讲

社会史的概念、研究旨趣与发展历程①

20 世纪的中国历史学经历了巨大的变化，完成了从纯粹的传统国学向具有严格学术规范的近代人文社会科学的嬗替。回顾 20 世纪以来的中国史学发展，社会史研究也许是最值得讨论的一个领域，它的学术理念发端于 20 世纪初，在经历了停滞、复兴又发展的曲折历程后，近几十年来又成为中国历史学术中最具活力的领域之一。社会史所倡导的整体史视野、拓宽研究领域、运用多学科的理论方法等研究理念，成为近代以来中国史学变革和创新的核心内容。因此，我们可以说，社会史的兴起和发展在很大程度上是中国历史学 20 世纪以来发展演进的一个缩影。

一、何谓"社会史"

关于社会史的概念，国内外学者多有不同的观点。从 20 世纪西方新史学的发展来看，西方学界对"社会史"的概念一向存在诸多争议，比如霍布斯鲍姆就归纳西方学者曾在三个层面使用"社会史"这一概念：穷人或下层阶级的历史、社会运动史；生活方式、风俗、日常生活的历史；社会经济史。②布雷维里同样指出了三种关于"社会史"的不同认识：一是关于生活方式和闲暇的历史，二是关于特定社会的整体史，三是关于生活体验而非行为的历史。克拉克则认为"因为'社会'行为过于广泛"，因而"社会史"是"一

---

① 本讲的部分内容来源于我与业师赵世瑜先生合作撰写的《二十世纪中国社会史研究的回顾与思考》一文（载《历史研究》2001 年第 6 期），由于教材体例和内容增删等原因，本文做了较大幅度的改写。

② E. J. 霍布斯鲍姆. 从社会史到社会的历史 [M] //蔡少卿. 再现过去：社会史的理论视野. 杭州：浙江人民出版社，1988：2-3.

个多义词""不可能把它定义为一个学术范畴",他介绍了社会史的另外三种
观点:一是经济史,二是革命史或社会控制史,三是历史社会学。① 20 世纪
八九十年代,随着西方社会史研究论著被大量译介到中国,许多从事社会史
研究的中国学者在借鉴西方相关讨论的基础上,积极地进行中国社会史研究
的理论探索,就社会史的定义、学科定位、研究对象、研究方法诸多问题提
出了诸多不同的认识。其中,如何界定和理解"社会史"这一概念,对社会
史研究实践最具指导意义,因此成为社会史理论探索的核心问题,也是争议
较多的问题。概括来说,对于社会史的概念,学术界大致形成了专史说、通
史说、新的研究方法或研究范式说三种观点。

20 世纪 80 年代中后期,主要的两派观点是专史说和通史说,而大部分学
者所持的是专史说②,即认为社会史是历史学的一门分支学科,是专门史,与
政治史、经济史、思想史、军事史、外交史等专门史并行,又从各自的研究
对象出发,将社会史定义为社会生活史③、社会行为史④,由此在政治、经
济、思想、文化等史学领域之外再开拓出一个研究领域。如专史说的主要倡
导者冯尔康认为,"中国社会史是研究历史上人们社会生活的运动体系""以
人们的群体生活与生活方式为研究对象,以社会结构、社会组织、人口、社
区、物质与精神生活习俗为研究范畴……它是历史学的一个专门史"⑤。较早
将专史说付诸具体研究实践的通论性代表著作是乔志强编写的《中国近代社
会史》,他在书中指出社会史与其"平行相邻的政治史、经济史"一样,"都
是从属于通史的专史",以"不属于人类历史生活中政治、经济、文化生活的
社会生活"作为研究对象⑥。对这种看法,学界已有过反思,认为"人类在

① J. 布雷维里. 何谓社会史 [M] //蔡少卿. 再现过去:社会史的理论视野. 杭州:浙江
人民出版社, 1988:145-151.
② 宋德金. 开拓研究领域,促进史学繁荣——中国社会史研讨会述评 [J]. 历史研究,
1987 (1):120-128.
③ 冯尔康. 开展社会史研究 [J]. 历史研究, 1987 (1):79;乔志强. 中国社会史研究的
对象和方法 [N]. 光明日报, 1986-08-13;王玉波. 为社会史正名 [N]. 光明日报,
1986-09-10;陆震. 关于社会史研究的学科对象诸问题 [J]. 历史研究, 1987 (1):
93.
④ 彭卫,孟庆顺. 历史学的视野——当代史学方法概述 [M]. 西安:陕西人民出版社,
1987:244;周晓虹. 试论社会史研究的若干理论问题 [J]. 历史研究, 1997 (3):71.
⑤ 冯尔康,等. 中国社会史研究概述 [M]. 天津:天津教育出版社, 1988:2.
⑥ 乔志强. 中国近代社会史 [M]. 北京:人民出版社, 1992:1-2.

生活中所结成的各种关系，也同样存在于政治、经济、文化生活中"①。

相比专史说，持通史说的学者比较少，主要是陈旭麓、张静如两位先生。陈旭麓认为："真正能够反映一个过去了时代全部面貌的应该是通史，而通史总是社会史。"就中国近代史的研究来说，观察和分析的人口是社会结构、社会生活、社会意识三方面②。张静如先生也认为，"社会史的对象，应该说是社会整体发展的全过程"，因而"社会史是一门综合性学科，是历史学中层次最高的部分，是立于各类专史之上的学科"③。两位先生还将自己对社会史的理论认识付诸具体的研究实践，他们的作品也就成为通史说的代表作。陈旭麓的《近代中国社会的新陈代谢》在纵论中国近代社会的演变过程中，融进了对社会结构、社会生活和社会意识的说明④。张静如、刘志强的《北洋军阀统治时期中国社会之变迁》一书，则分为经济、政治、教育与文化、社会阶级与阶层、社会组织、家庭、社会习俗、社会意识8章⑤。不难看出，他们的研究实践确是在尝试描摹一定时段内中国社会发展的历史全貌，因此，他们关注的重点其实是在讨论通史编纂的体例，而主要不是社会史的概念问题。

在重新反思20世纪80年代中后期以来关于社会史理论探讨的过程中，自80年代末以来，一些学者对社会史有了新的认识，出现了仍旧基于学科定位考虑的新学科、综合学科说，以及否认社会史为历史学分支或放弃社会史学科定位努力的新方法说与新范式说。

新学科、综合学科说出现于20世纪80年代末，如王家范因为"不赞成目前认为社会史只是传统史学领域的拓宽，是历史学分支的论点"，提出自己对社会史的理解："说社会史是历史社会学与社会历史学联姻而诞生的婴儿，虽然未必完全贴切，但也不算离谱。依据'总体大于部分之和'的现代思维方式，它只能被确认为一门新学科，而不再归属于历史学或社会学。"⑥ 集中反映这一派观点的还有由龚书铎主编，曹文柱、朱汉国副主编的《中国社会

① 虞和平，郭润涛. 中国近代社会史研究述评 [J]. 历史研究，1993 (1)：159.
② 陈旭麓. 略论中国近代社会史研究 [J]. 华东师范大学学报（哲学社会科学版），1989 (5)：1.
③ 张静如. 以社会史为基础深化党史研究 [J]. 历史研究，1991 (1)：90.
④ 陈旭麓. 近代中国社会的新陈代谢 [M]. 上海：上海人民出版社，1992.
⑤ 张静如，刘志强. 北洋军阀统治时期中国社会之变迁 [M]. 北京：中国人民大学出版社，1992.
⑥ 王家范. 中国社会史学科建设刍议 [J]. 历史研究，1989 (4)：101.

通史》，编者大量借用社会学的理论来研究中国社会史，认为"社会史虽然是史学的一个分支学科，但同时又属于历史学与社会学的一个交叉学科"①。编者对社会史的认识显然是在吸收专史说的基础上又有所创新，是在保证社会史的历史分支学科地位的前提下承认社会史兼具交叉学科、综合学科的特点。

新方法、新视野和新研究范式说出现在 20 世纪 90 年代以后，赵世瑜在90 年代初就提出，"社会史根本不是历史学中的一个分支，而是一种运用新方法、从新角度加以解释的新面孔史学"②。两年后，常宗虎在全盘否定社会史的学科化努力之后，提出社会史只是一种审视历史的新视角、新态度和新方法，主要是全面审视法、跨学科研究法、结构分析法以及新史料、新手段和技术的运用③。赵世瑜在整理旧有想法的基础上，借用托马斯·库恩（Thomas Kuhn）的"范式"（paradigm）概念，即"某一科学群体在一定时期内基本认同并在研究中加以遵循的学术基础和原则体系"，重新提出自己对社会史的理解，"社会史不仅仅是历史学的一个分支学科，而且是一个史学新范式，一个取代传统史学的政治史范式的新范式"④。这种观点将社会史研究提升到取代政治史旧范式的新范式的地位，从这个意义而言，也更能理解中国社会史研究在 20 世纪初的起源。持这派观点的学者主张打破研究课题的局限，使得任何史学课题在新的研究范式的观照下，都可以成为社会史研究，也就是说，传统的政治史、经济史、思想文化史的研究内容，都可以从社会史的角度重新加以探讨。

随着研究实践的积累，自 20 世纪 90 年代后期开始，就有不少学者试图调和上述几种社会史概念之间的差异。常建华认为，专史说和通史说在研究对象上"并无实质性分歧，专史说不过是强调在社会形态骨架外研究其'血肉'，而通史说则要把专史的'血肉'填在通史的骨架中"⑤。行龙则认为"从具有具体研究对象和内容的学科意义上来讲，社会史可以说是一种专门史。另一方面，从史学研究的方法和视角来讲，社会史以其鲜明的总体性追求，自下而上的视角与跨学科的研究方法，为陈旧的史学带来翻天覆地的变

---

① 龚书铎，曹文柱，朱汉国. 中国社会通史·总序 [M]. 太原：山西教育出版社，1996.
② 赵世瑜. 社会史研究呼唤理论 [J]. 历史研究，1993（2）：15.
③ 常宗虎. 社会史浅论 [J]. 历史研究，1995（1）：24-41.
④ 赵世瑜. 再论社会史的概念问题 [J]. 历史研究，1999（2）：4-21.
⑤ 常建华. 中国社会史研究十年 [J]. 历史研究，1997（1）：176.

化，它又是一种新的'范式'，两者都是社会史蕴含的本质内容"①。张笑川在新近出版的《中国社会史导论》一书中，既因新视角、新范式说的实质是"强调要从整体的观点、综合的观点来研究历史"而将之等同于通史说，又指出专史说与通史说二者的"分歧并不是根本性的，而更多是策略上的"，比如倡导专史说的冯尔康就认为社会史虽然是一种专门史，但同时又和一般的专门史不同，它还要"将其研究置于整体史范围之内，处理好两者关系"，因此两种观点"在最终目标上是一致的"②。这种调整和不同观点间的融合，在某种程度上或许可以说明，多年的研究实践和学术交流已经推动学者在社会史的概念上逐渐形成了某些共识。

换言之，不管学者对社会史的概念抱持哪种看法，就研究实践而言，学者大多认同社会史应当具有一些共同的特点或研究旨趣，具体表现为：

第一，研究领域的拓展。与传统政治史把精英人物和政治事件作为考察的主要对象不同，社会史极大地拓宽了史学研究的范围，将史学家的目光延伸到普通民众的日常生活和基层社会，关注被传统史学研究忽视的那些领域。

第二，史料的极大丰富。因为研究领域的拓展，史料的来源和类型也更加多元，除传世典籍（经史子集）、官方档案外，各类民间文献，包括但不限于碑刻、族谱、契约文书、账簿、日记、科仪书、口述资料等各种文类的史料都日益受到研究者的重视，民间文献的价值被反复强调，返回"历史现场"解读文献的研究方法也成为多数学者的共识。

第三，跨学科的研究视野。社会史之所以能在 20 世纪初以"新史学"的形象诞生，在很大程度上是受到了 19 世纪以来逐渐发展壮大的社会学、经济学、政治学、地理学、人类学、心理学等各门社会科学的影响，社会史从兴起之初便始终强调借鉴其他社会科学的相关理论和研究成果，这种打破学科畛域的学术自觉与实践，一直是社会史研究的显著特征。

第四，对于"整体史"（total history）研究的学术追求。社会史研究强调在进行历史研究时，不仅要将政治、经济、文化等各类历史要素尽可能全面地纳入考察范围，研究"无所不包的历史"，还要探究诸多要素之间的结构性联系，即在具体的社会场景（如地方社会、社会共同体）中揭示各种历史要

---

① 行龙.二十年中国近代社会史研究之反思 [J].近代史研究，2006（1）：7.

② 张笑川.中国社会史导论 [M].上海：上海教育出版社，2020：5-7.

素间互相发生关联的动态过程。①

二、眼光向下与社会变迁：20 世纪上半叶的中国社会史研究

在 20 世纪的前 50 年，中国史学界主要存在两种对社会史的认识：一种是以传统旧史学的反叛形象出现的"新史学"，它提倡打破政治史一统天下的局面，研究全体民众的历史，并在大量引进西方史学理论和社会科学理论的基础上，倡导用多学科的方法研究历史，这种新史学虽未以"社会史"自称，但其核心思想却一以贯之地体现在之后的社会史研究中；而另一种则是直接以"社会史"的名称出现的，即在 20 世纪 30 年代社会史大论战中出现的社会史，它具有极强的现实意义和政治色彩，主要是指社会发展史或社会形态演变史。

（一）"新史学"与中国社会史研究的初兴

无论对社会史概念的认识持何种观点，学者们在研究实践中大多有一些基本的共识，如研究范畴和史料来源的极大拓展、整体史的学术理念、研究方法的开放性与多元性等，而这样一些共识必然导致我们把中国社会史研究的萌发与 20 世纪初的新史学联系起来。其时，许多从事中国历史文化研究的学者，深感旧的历史编纂学已然不能适应新时代的社会剧变，提出"史学革命"和"史学革新"之类的响亮口号，致力于探索"新史学"之道。

1902 年，梁启超发表《新史学》一文，批评旧史学有"四弊""二病"。所谓"四弊"，即"一曰知有朝廷而不知有国家""二曰知有个人而不知有群体""三曰知有陈迹而不知有今务""四曰知有事实而不知有理想"；所谓"二病"，即"能铺叙而不能别裁"和"能因袭而不能创作"。"四弊"批评的是传统史学的研究内容，倡导应该重视国家、全体民众的历史，关注现实，理解社会如何发展；批评"二病"主要针对的是传统的史学研究方法，倡导不应该只按时间线索描述事实，还应该解释历史之意义，要突破传统有所创新，因而呼吁"史学革命不起，则吾国不救。悠悠万事，惟此为大"②。除梁启超外，还有一批同时期的学者也都致力于批判传统旧史学、呼吁开展"史

---

① 小田. 论社会史的整体性［J］. 河北学刊, 2012, 32 (5)：42-47.

② 梁启超. 新史学［M］//梁启超. 饮冰室合集. 文集之九. 北京：中华书局, 1989：3-7.

学革命"，比如 1900 年，章太炎在手校本《訄书》中提出要编修一部不同于旧史的新的中国通史；1902 年，邓实在《政艺通报》上发表《史学通论》，认为"中国史界革命之风潮不起，则中国永无史矣，无史则无国矣"；马叙伦在《新世界学报》上发表《史学总论》，提出"诚宜于历史之学，人人辟新而讲求之"①。

这种新史学反对将历史研究的范围拘囿在帝王将相的经历上，批判"王朝家史"的旧历史研究和编纂模式，倡导要研究国民全体的进化历史，关注民众、群体的生活变迁，由此掀起了一股倡导编写"民史"的热潮。梁启超认为"前者史家，不过记述人间一二有权力者兴亡隆替之事，虽名为史，实不过一人一家之谱牒"，因而倡导"近世史家，必探索人间全体之运动进步，即国民全部之经历，及其相互之关系"②。陈黻宸于 1902 年在《独史》一文中旗帜鲜明地提出，"史者民之史也，而非君与臣与学人词客所能专也"③。邓实则以"民史氏"自居，作《民史总叙》1 篇、《民史分叙》12 篇，对民史问题做了一番系统的探讨，如什么是"民史"、"民史"的对象、"民史"与民权的关系等。④ 由这些学人的倡言可知，以研究普通民众的生活为主要内容的社会史，与 20 世纪初的"新史学"思潮有着直接的关系。

中国学者对自身史学传统的反思，也受到同时期西方新史学思潮的影响。19 世纪末 20 世纪初，欧美各国也先后开始对 19 世纪盛行的以兰克学派为代表的政治史研究传统进行反思，他们批评政治史研究范围过于狭窄，倡导编写全体民众的历史，呼吁多学科合作，这些新史学思想很快传入中国。20 世纪初，中国学人主要通过日本学者的著译了解西方新史学的理论，其中影响最大的是坪井九马三的《史学研究法》与浮田和民的《史学原论》，前书有1902 年留日学生汪荣宝编译的《史学概论》及《汉声》《学报》《游学译编》等杂志刊发的对该书部分章节的译介；后书仅在 1902—1903 年间就先后出现了 6 种译本⑤。20 世纪 20 年代以后，中国学者开始系统译介西方新史学的理论著作，其中最具影响力的便是美国史学家鲁滨逊（James Harvey Robinson）

---

① 俞旦初．二十世纪初年中国的新史学思潮初考［J］．史学史研究，1982（3）：55.
② 梁启超．中国史叙论［M］//梁启超．饮冰室合集．文集之六．北京：中华书局，1989：1.
③ 陈黻宸．独史［N］．新世界学报，1902-9-16（2）.
④ 俞旦初．二十世纪初年中国的新史学思潮初考（续）［J］．史学史研究，1982（4）：71.
⑤ 俞旦初．二十世纪初年中国的新史学思潮初考［J］．史学史研究，1982（3）：56-62.

的《新史学》一书，由何炳松翻译，1924年出版。鲁滨逊是美国新史学流派的代表人物，他主张把历史研究的范围扩大到包括人类既往的全部活动，并且将重点放在日常生活的主要进展方面；历史应该融会广义人类学、史前考古学、社会心理学、比较宗教学、政治经济学、社会学方面的知识，用综合的观点解释和分析历史事实；用进化的眼光考察历史变化。这些新史学观念在中国学界造成了极大的影响，据有的学者考察，"此后三四十年代出版的各种'史学概论'一类著作中，都不同程度地吸收或照抄了鲁滨逊《新史学》中的观点"①。

当今社会史学者对社会史研究的另一个共识，是其研究方法的多元性和开放性，即用多学科的理论与方法进行历史研究，这些变化与20世纪初西方新史学与其他社会科学理论的引进直接相关。比如前面提到的鲁滨逊《新史学》一书的译者何炳松便认为，"研究历史的人，应该急起直追，去利用新科学里面的新学说才好。所谓新科学，就是人类学、古物学、社会同动物心理学，同比较宗教的研究"②。黄公觉在《新史学概要说》中专拟一编，题为"新史学与社会科学之关系"，其中形象地写道："旧史学是闭门造车的东西。新史学则是与各种科学——特别是社会科学——结婚的产物。若是历史和社会科学一离婚，它就马上变成旧史学了。"③这种多学科、跨学科的研究理念也影响到历史教育领域，1920年前后担任北京大学史学系主任的朱希祖对该系的课程设置进行了改革，把社会学、社会心理学、人类学、人种学、政治学、经济学等列为"史学的基本科学"，并开设相关课程作为必修科目。④

在20世纪初新史学观念的冲击下，许多研究者将这些新的研究理念付诸实践，打破传统政治史狭窄的研究领域，将更多的目光投放于广大民众的生活史，带动了"眼光向下"的学术革命，研究课题大为拓宽，广泛地涉及社会风俗、社会生活、社会群体、社会文化、社会问题等诸多方面。⑤在这些具

① 姜胜利.《新史学》提要［M］//刘泽华.近90年史学理论要籍提要.北京：书目文献出版社，1991：88.
② 何炳松.新史学·译者导言［M］//刘寅生，房鑫亮.何炳松文集：第3卷.北京：商务印书馆，1996：12.
③ 黄公觉.新史学概要说［J］.师大史学丛刊，1931，1（1）：8.
④ 晋阳学刊编辑部.朱希祖传略［M］//晋阳学刊编辑部.中国现代社会科学家传略：第5辑.太原：山西人民出版社，1985：55.
⑤ 这一时期的研究成果，可以参考赵世瑜，邓庆平.二十世纪中国社会史研究的回顾与思考［J］.历史研究，2001（6）：161-162.

体研究中，已经呈现出多学科交叉互补的研究特点，如顾颉刚就运用了人类学、民俗学的田野调查方法，在 20 世纪 20 年代对北京的妙峰山香会、东岳庙，福建泉州的铺镜、广东东莞的城隍庙等做过初步的研究。20 世纪 30 年代，中山大学的梁方仲和厦门大学的傅衣凌都开始注意到传统史籍之外的方志、黄册、鱼鳞图册、易知由单、契约文书等地方文献的价值，将之运用到各自的社会经济史研究中。对于田野工作的重视，突破了传统史学研究只关注精英文本的做法，田野经验和民间文献是对历史重新解读的重要方法，"走向历史现场"对今后的中国社会史研究产生了极为深远的影响。[1] 另外，这一时期从事其他社会科学研究的学者也基于各自的学科背景考察中国历史，如宗教学研究者江绍原所著《发须爪——关于它们的迷信》（开明书店，1928年）和《中国古代旅行之研究》（商务印书馆，1937年），人类学家李安宅的《仪礼与礼记之社会学的研究》（商务印书馆，1941年），许地山的《扶箕迷信底研究》（商务印书馆，1931年）等。还有费孝通的《开弦弓》、林耀华的《金翼》、许烺光的《祖荫下》、杨懋春的《台头村》等在国外出版的中国社会人类学研究名著，也都不同程度地体现出对于历史的关注。

（二）作为"社会发展史"的中国社会史研究

1927 年北伐战争结束，国共合作破裂，国民大革命运动失败。为了认识革命失败后中国的形势和社会性质，从而弄清革命的目标和解决"中国向何处去"的问题，不同政治派别开始了对中国社会性质问题的讨论。1928 年6—7 月召开的中共六大认定当时中国社会的性质是半殖民地半封建，中国革命的性质仍是反帝反封建的民主革命。这一论断引起中共党内"托派"的异议和以陶希圣为代表的国民党改组派的批评，由此引发了围绕中国社会性质问题的激烈论战。以陶希圣为代表、以《新生命》杂志为阵地的"新生命派"认为，中国社会是金融商业资本之下的地主阶级支配的社会，而不是封建制度的社会；以严灵峰、任曙、刘仁静为代表、以《动力》杂志为阵地的"动力派"认为，当时的中国是资本主义关系占主导的地位；以王学文、潘东周等为代表、以《新思潮》杂志为阵地的"新思潮派"认为，沿海等少数地方资本主义经济较普遍，而多数地方的封建性较强，基本认同中国社会的半殖民地半封建性质。

---

① 陈春声. 中国社会史研究必须重视田野调查［J］. 历史研究，1993（2）：12.

现实中国社会的问题来源于历史，因而论战不可避免地延伸到历史上中国社会性质的探讨。关于人类社会形态的演进，马克思在《政治经济学批判》中有段经典表述："大体说来，亚细亚的、古代的、封建的和现代资产阶级的生产方式可以看作是经济的社会形态演进的几个时代。"① 当时论战的焦点也主要集中在如何理解这一段表述，围绕什么是亚细亚生产方式、中国古代是否经过奴隶制阶段、何谓"封建社会"以及中国封建社会的历史断限和特征、鸦片战争前中国社会的性质等问题展开论战。② 这些问题表面上是学术问题，但在当时则是是否承认马克思主义的普遍指导意义和是否承认中国革命的反帝反封建任务的政治问题，恰如论战的积极参与者之一王宜昌在一篇总结性短文中描述的社会史大论战的目的："我们研究中国社会史的目的，在一方固然是在于学术真理的探讨，但更重要的却是为的认识当前的社会，由理解当前社会底必然法则，从而变革社会。"③

社会史大论战虽然更多地与现实政治相关联，但也仍体现出中国史学的革命性转向。首先，这一时期的中国学者尝试借助西方社会科学特别是马克思主义的理论和概念作为解释工具，对中国社会的长时段变化进行探索，这极大地促进了马克思主义唯物史观在中国的传播，通过论战，许多学者接受了马克思主义，一些非马克思主义学者也对唯物史观表现出浓厚的兴趣。④ 另一方面，它打破了以往的王朝更替的话语体系，用一种进化论的观念探索中国历史的发展进程，同时，由于集中讨论中国社会形态的演进问题，论战中的学者也持续关注中国经济史和社会史，研究领域包括生产力、生产方式、社会阶层和社会结构等，再次助推史学研究范围的拓展。我们从这些特点中仍然可以找到与以后的社会史研究的联系。

综上，在 20 世纪上半叶，尽管学者对社会史的理解有较大差异，做出的具体研究成果和运用的理论、方法也各有不同，但他们有一点是共通的，即都是在试图摆脱传统政治史的研究模式的问题意识促动下，一反过去只关注社会精英和政治人物、事件的做法，倡导关注普通民众和社会变迁的历史，同时都在尝试着借助各种社会科学理论对中国历史进行解释。这一时期，冠

① 马克思.《政治经济学批判》序言［M］//中共中央马克思恩格斯列宁斯大林著作编译局. 马克思恩格斯选集：第 2 卷. 北京：人民出版社，1995：33.
② 侯外庐. 我对中国社会史的研究［J］. 历史研究，1984（3）：3-4.
③ 王宜昌. 中国社会史短论［J］. 读书杂志. 1931，1（4，5）.
④ 杨振红. 社会史论战与中国新史学的成长［J］. 历史研究，2020（1）：24.

以"社会史"名目的研究作品大量出现①，掀起了第一次中国社会史研究的热潮。

三、20 世纪 50—80 年代政治史范式下的中国社会史研究

1949 年后，在社会史论战中成长起来的一批马克思主义史学家成为史学界的领军人物，因此，他们在社会史论战中形成的对社会史的理解，即社会史就是社会发展史、社会形态演进史的认识便成为主导性的观念，也出现了一批社会发展史著作。② 这一时期马克思主义理论占据研究主题和解释工具的支配地位，马克思主义的社会史研究重在关注社会形态及其变迁的历史，学者们的研究也就主要集中在社会性质、社会关系（当时一般称为阶级关系）和民众反叛（当时一般称为阶级斗争或农民起义）这几个方面。20 世纪 50 年代以后，中国历史学界的研究重心有所谓"五朵金花"之说，即汉民族的形成、中国历史分期、封建土地所有制、农民战争和资本主义萌芽等研究课题，应该说都在上述三个领域之内。

关于社会性质，集中体现在对中国历史分期问题的讨论。古史分期主要围绕中国古代的奴隶制社会终于何时、封建社会始于何时的问题，实为当年社会史大论战的继续，逐渐形成了关于封建社会分期的"三论五说"。"三论"即西周封建论、战国封建论、魏晋封建论，"五说"即春秋封建说、秦统一封建说、西汉封建说、东汉封建说、东晋封建说。对资本主义萌芽问题的讨论，同样聚焦社会性质和社会形态的研究，但在具体研究中深化了对明中叶东南沿海地区社会变迁的认识。尽管这些讨论现在看来都有简单套用西方社会形态理论和比附西方资本主义生产关系特点的痕迹，但由于讨论需要大量实证研究作为基础，所以上述讨论还是极大地促进了学术界对社会经济史、

---

① 仅以著作为例，有熊得山的《中国社会史研究》（上海昆仑书店，1929 年）、陶希圣的《中国社会之史的分析》（上海新生命书局，1929 年）与《中国社会史（古代篇）》（重庆文风书局，1944 年）、郭沫若的《中国古代社会研究》（上海联合书店，1930 年）、易君左的《中国社会史》（世界书局，1934 年）、邓初民的《中国社会史教程》（桂林文化供应社，1942 年）以及周谷城、侯外庐、吕振羽、郭沫若的系列著作等多种。

② 如艾思奇的《历史唯物论、社会发展史》（三联书店，1951 年）、华岗的《社会发展史纲》（三联书店，1950 年）、徐仑的《什么是奴隶制社会》（华东人民出版社，1953 年）与《什么是封建社会》（华东人民出版社，1954 年）等。

特别是区域社会经济史的研究。

社会关系与民众反叛问题的讨论是结合在一起的，这一时期对于社会关系的研究集中于阶级关系、特别是地主与农民阶级的关系，这与当时学界对于中国封建社会的阶级关系和社会主要矛盾的普遍认识紧密相关，因此，农民战争史的研究一度成为显学，涌现了大量的研究成果。虽然存在僵化理解和运用阶级斗争理论的某些问题，但就关注下层民众的历史而言，仍可视为"眼光向下"的社会史研究的一种延续。

这一时期的史学研究日益缺乏多元化，历史解释变得更为简单和单一，能给予社会史研究以无限活力的多学科、跨学科研究法在这一个时期也几乎无人问津，但仍有部分学者对社会生活史表现出关注。如董家遵的《中国收继婚之史的研究》（岭南大学西南社会经济研究所，1950年）、王瑶的《中古文人生活》（棠棣出版社，1951年）、姚薇元的《北朝胡姓考》（科学出版社，1958年）等。还有一些断代史或通史著作中也涉及不少社会史的内容，如吕思勉的《隋唐五代史》（中华书局，1959年），分上下两册，上册叙述政治史，下册讲述社会史；邓之诚的《中华二千年史》（中华书局，1956—1958年），分3册，中册和下册叙述了明清两代的社会生活。

值得一提的是，在这一时期，由于中国多民族国家的现实需要，伴随着中国民族社会历史调查工作的展开，虽然人类学等学科被取消或停办，但民族学却存在下来且得到很大的发展。一批人类学家、社会学家，如林耀华、费孝通等人，以民族学家的身份继续从事相关研究，并培养了一批青年学者，通过少数民族研究把20世纪30年代以来以田野调查为特点的中国社会研究保存下来。从1956年开始，一批青年民族学工作者分成8个组（后来增设为16个组），分赴各少数民族地区进行实地调查工作，后将调查结果汇集成各种少数民族调查资料集。据中国社会科学院民族研究所的统计，当时整理出的调查资料有190余种，约1400万字，整理完毕尚未付印的有150余种，1500多万字。① 到20世纪50年代末60年代初，民族社会历史调查基本结束，在此基础上，出现了包括各少数民族简史等在内的"民族问题五种丛书"及

---

① 这些统计数字还没有包括调查研究的原始资料以及16个调查组在地方上编印和整理的大量资料。参见林耀华. 新中国的民族学研究与展望 [M] //林耀华. 民族学研究. 北京：中国社会科学出版社，1985：82.

大量调查报告。① 这些成果虽然难免带有当时的意识形态色彩，但毕竟使得利用社会科学理论和方法研究中国社会史的传统在一定程度上得以延续。

整体来说，与20世纪上半叶相比，本应内容丰富、方法多元的社会史研究在这一时期的发展趋势有所停滞。虽然包括社会性质、阶级关系和民众反叛在内的社会发展史研究继续深入，但由于学者对马克思主义的教条化理解和对西方史学新动向的不了解，致使相关人文社会科学的理论、方法在中国社会史研究中难以得到应用。因此，即使是与社会史相关的各主题研究，也与社会史批判传统政治史的新史学初衷逐渐背离，其问题意识和分析框架甚至回到传统政治史的老路上去。

四、"眼光向下"与"自下而上"：20世纪80—90年代的社会史研究

20世纪80年代是中国思想学术界打破禁锢、恢复发展的重要时期。中国学界在对既往的史学研究进行深刻反思的过程中，出现了两个重要的突破口：一是重新思考阶级问题，其结果是突破了阶级分析是认识中国古代社会的唯一方法的僵化观念，把认识社会的目光扩大到了多种社会关系、社会群体和社会生活，并开始关注中外历史的比较，这有利于对西方理论如何适应中国本土历史研究进行思考。② 二是对马克思主义的重新认识，其结果是学者们一致认为，过去几十年里，史学界对马克思主义理论进行了教条化的理解和诠释，历史研究形成了一套僵化死板的思维模式，研究领域也很狭窄，课题单调，对马克思主义规律观的运用存在着公式化的倾向。要扭转弊端，必须在新的形势下重新认识马克思主义理论，尤其是重视中间层次的理论建设，扩大历史研究的范围，并且要适应"当今世界人文学和社会科学的互相渗透"这一大趋势，借用社会学、心理学、经济学、政治学、人类学、地理学、语

---

① 王建民，张海洋，胡鸿保. 中国民族学史：下卷［M］. 昆明：云南教育出版社，1998：57-215.

② 《历史研究》杂志社和南开大学历史系分别于1983年和1985年先后召开了两次重要的讨论会，即"'中国封建地主阶级研究'学术讨论会"（可参见宋元强，高世瑜. "中国封建地主阶级研究"学术讨论会述要［J］. 历史研究，1984（3）：182-192）、"'中外封建社会劳动者生产生活状况比较研究'讨论会"（会议论文收入南开大学历史系，天津师范大学历史系，中国世界中世纪史研究会，等. 中外封建社会劳动者状况比较研究论文集［M］. 天津：南开大学出版社，1989），通过讨论，与会学者达成了上述学术共识。

言学等手段来研究历史。①

学术界的反思也推动了社会史的重新发展，1986 年初，冯尔康发表《开展社会史研究》一文，认为"恢复、开展社会史的研究，已是当今史学界一个刻不容缓的课题"②；同年 10 月，第一届中国社会史年会召开，标志着中国的社会史研究真正走上了复兴之路。此后直到 20 世纪末，中国社会史不管是在理论探索，还是在具体研究方面都取得了骄人的成绩。如果从研究者的问题意识出发，我们可以将这一时期的社会史研究划分为两个阶段，其间的转变可以概括为研究理念的从"眼光向下"到"自下而上"。具体说来，第一阶段是指 20 世纪 80 年代中期到 90 年代初，社会史研究者主要致力于史学研究领域的拓宽，在反思 50 年代以来中国史学界研究领域相对狭窄的基础上重提"眼光向下"，倡导将研究目光下移，关注那些被遗忘的下层社会的历史，这与 20 世纪上半叶的"新史学"主张颇有异曲同工之妙。第二阶段是 20 世纪 90 年代至 21 世纪初，学者对社会史的认识发生变化，开始倡导研究者的身份下移，从民众的角度和立场"自下而上"地重新审视国家与权力，审视政治、经济和社会体制，审视帝王将相、重大的历史事件和现象，因而社会史可以不避讳研究政治、事件和精英的历史。

（一）"眼光向下"

20 世纪 80 年代中后期，学者对社会史概念的认识多持专史说，即认为社会史是历史学的一门分支学科，研究对象应该限定在与其他史学分支学科不同的社会生活、社会结构、社会行为等方面。在对社会史这一分支学科规划相对清晰的研究范围时，从社会生活、社会文化、社会风俗（这也可包括在前两者内）、社会群体、社会问题等较为具体的社会史研究领域到社会结构、社会变迁、社会运行、社会控制、社会功能等更为宏观和抽象的研究范畴，都有不同学者从不同角度予以支持，由此极大地扩展了史学研究的范围，这也是社会史为 20 世纪 80 年代以来的中国史学界发展所做出的最显著贡献。

这一时期出版了大量社会史通史性著作，如龚书铎主编，曹文柱、朱汉

---

① 这可以一次重要的学术研讨会为代表，即 1986 年 8 月在天津师范大学召开的由北京大学历史系、中国人民大学历史系、北京师范大学历史系和史学研究所等单位联合发起的"全国史学理论研讨会"，可参见天津师范大学历史系史学理论与历史比较研究室．全国史学理论研讨会综述［J］．天津师范大学学报（社会科学版），1986（6）：53-66.

② 冯尔康．开展社会史研究［J］．百科知识，1986（1）：22.

国副主编的《中国社会通史》（山西人民教育出版社，1996年），分为先秦、秦汉魏晋南北朝、隋唐五代、宋元、明代、清前期、晚清、民国8卷；断代通史论著则有李泉、王云、江心力编著的《中国古代社会史通论》（天津人民出版社，1996年）、乔志强的《中国近代社会史》（人民出版社，1992年）、晁福林的《夏商西周的社会变迁》（北京师范大学出版社，1996年）、马新的《两汉乡村社会史》（齐鲁书社，1997年）、齐涛的《魏晋隋唐乡村社会研究》（山东人民出版社，1995年）、朱瑞熙的《宋代社会研究》（中州书画社，1983年）、李文海的《世纪之交的晚清社会》（中国人民大学出版社，1995年）、陈旭麓的《近代中国社会的新陈代谢》（上海人民出版社，1992年）、张静如和刘志强主编的《北洋军阀统治时期中国社会之变迁》（中国人民大学出版社，1992年）、张静如和卞杏英主编的《国民政府统治时期中国社会之变迁》（中国人民大学出版社，1993年）等等。具体的研究更是琳琅满目，广泛涉及社会生活、社会风俗、社会结构、社会组织、民间宗教等领域，研究主题包括衣食住行、各类社会人群、礼俗、娱乐、婚姻、家庭、宗族、移民、秘密结社、会党、商会、灾荒与社会救济等等。①

　　上述研究成果之丰硕，足以显示20世纪80年代以来中国史学家把研究目光从精英和政治事件转向民众、基层社会和日常生活后取得的巨大成绩。应该说，这种"眼光向下"的研究取向，是对20世纪上半叶新史学研究旨趣的一次间断后的接续，但不管从研究的规模，还是从研究领域拓展的广度以及有意识地运用多学科方法的程度上来说，这一时期的社会史研究都是在一种更高层次上的回归。

　　但是，问题依然存在。"眼光向下"看历史意味着研究者的目光投放到更为宽阔的领域，使史学研究的内容更加丰富多元，并由此带动了史料来源的扩展和研究方法的更新。但研究者的立场既然是"从上"而"向下"看的，因此可能会不自觉地带有某种优越感，以俯视的姿态看待芸芸众生，一些研究选题也难免带有某种猎奇猎艳的色彩，只是为了满足我们对于过去某些知之甚少的东西进行了解的欲望，缺乏代入历史上普通人的视角并与其共情的立场。同时，由于过分强调或曲解了"眼光向下"，导致社会史研究往往忽视对重大历史问题的解释与反思，似乎只关注一些鸡毛蒜皮的生活琐事，被批

---

① 具体研究成果可参见常建华，郭玉峰，孙立群，等. 新时期中国社会史研究概述：下编"中国社会史论文.著作索引"［M］. 天津：天津古籍出版社，2009：371-824.

评者指责为"碎片化"或"剩余的历史"研究。这些问题在 20 世纪 90 年代中期以后有所改善，即在"眼光向下"的研究视野之外，一些学者开始倡导"自下而上"的社会史研究，这一转变与当时对于社会史概念的重新认识有紧密的关联。

（二）"自下而上"

20 世纪 90 年代，关于社会史概念的认识出现了新学科、综合学科说和新方式、新范式说。其中，新范式说将社会史视为"一个取代传统史学的政治史范式的新范式"，使得社会史研究突破了专史说在研究领域上的局限，强调从问题意识而非研究范围来界定社会史。

与这种看法合拍的正是"自下而上"的视角转换。所谓"自下而上"或"眼光向上"看历史，强调的是研究者立场的调整，即从普通人和底层社会的角度来重新审视国家、政治、重大事件、精英人物等传统史学研究向来关注的"大历史"。王朝的兴衰更替是剧烈的社会变动的产物，不仅帝王将相这些政治舞台上的主角卷入其中，经历这一切的每一个普通人也无法置身事外，他们的命运会被如何裹挟？他们会以怎样的方式参与甚至改变这些历史进程？如果能从他们的视角来重新探究历史上的政治和权力的异动，研究者对很多问题的看法就有可能深化或跟以往有很大的不同。因此，"自下而上"的社会史研究并不排斥政治史，也正是在这一时期，中西方学界都开始反思社会史研究对于政治因素的忽视，进而倡导"政治史的复兴"，当然，此时"复兴"的"政治史"并不是以往占据支配地位的作为范式的传统政治史，而是被社会史"介入"和"重新界定"的"新政治史"。①

"自下而上"研究历史，可能导致一些理论假设发生变化，如强调下层社会史的时候，预设的理论框架是精英/民众、大传统/小传统、国家/社会等二元对立的概念；而转换研究视角后，则是把握二者的互动关系，理解二者如何共同建构一个地方社会，如何共享一种文化。因此，在 20 世纪 90 年代以来的中国社会史研究中，就出现了新的研究取向，即区域社会史研究的开拓和对国家与社会关系问题的探讨，它们都集中反映了"自下而上"的研究视野。

---

① 杨念群. 为什么要重提"政治史"研究 [J]. 历史研究，2004（4）：10-13；赵世瑜. 社会史研究向何处去？[J]. 河北学刊，2005，25（1）：66-68.

1. 区域社会史研究

区域社会史研究是伴随着社会史的复兴而兴起的。20 世纪 80 年代以来，思想文化界开始解冻，各省市纷纷成立或重建社会科学院，并成立历史研究所，主要研究本地区的历史，地方史研究开始复兴，新的地方史志的编撰工作也纷纷展开。但区域史并不等同于分门别类地叙述一地之地理沿革、历史变迁、风土人情的地方史，因为"区域史属社会史的分支"①，也就是说，区域史的研究应该具有社会史的研究视野。中国幅员辽阔，地区性差异大，因而把中国的历史变迁置于空间维度下进行考察是最切实可行和可将研究引向深入的方法；同时，整体社会史的研究最可能的是在特定区域内进行尝试，也就是说，区域社会史把特定地域视为一个整体，全方位地把握它的总体发展，这既是一种整体社会史在特定区域内的研究尝试，又可以在实践中推动整体社会史研究的深入发展。

大致说来，20 世纪 90 年代以来区域社会史研究具有两个显著的特点：一是由于研究视野的扩大，研究的地域范围也就不再仅仅局限于商品经济较为发达的个别区域，而是把研究目光投放到各级地区，大到包括若干省市的区域、省市，小到一个镇、一个县、一个乡、一个村落，研究范围的扩大极大地有助于我们更加全面地、整体地了解历史上的中国社会；二是注重地域社会的"整体的历史"，即全方位地立体地考察地域社会，从特定地域的生态环境、文化资源、权力网络、社会生活等方面，力图展现出这一地区的立体全景，并且在历时性的研究中，加入其他社会科学，如社会学、人类学、地理学等学科的理论与方法，注重结构与功能的共时性的分析，这对于向整体社会史方向的迈进有着重要的意义。

在此认识基础上，学术界产生了相当一批区域史研究成果，如乔志强、行龙主编的《近代华北农村社会变迁》（人民出版社，1998 年）系统描述了1840 年以后的华北乡村社会；王振忠的《明清徽商与淮扬社会变迁》（三联书店，1996 年）研究了明清徽商的土著化过程与盐业城镇的发展以及与东南文化变迁的关系；魏宏运主编的《二十世纪三四十年代冀东农村社会调查与研究》（天津人民出版社，1996 年）、朱德新的《二十世纪三四十年代河南冀东保甲制度研究》（中国社会科学出版社，1994 年），则是试图展现 20 世纪

---

① 万灵. 中国区域史研究理论和方法散论 [J]. 南京师范大学学报（社会科学版），1992（3）：93.

三四十年代华北尤其是冀东农村社会形态的基本面貌；樊树志的《明清江南市镇探微》（复旦大学出版社，1990 年）、陈学文的《明清时期杭嘉湖市镇史研究》（群言出版社，1993 年）、罗一星的《明清佛山经济与社会变迁》（广东人民出版社，1994 年）等，不再局限于重点研究明清市镇经济发展的传统做法，开始把视野扩展到市镇社会整体性的探讨。还有一些学者对个别小村落、社区进行了细致的考察，如梁洪生、邵鸿将中国古代宗族社会的"活化石"——江西乐安县流坑村，尤其是上可追溯到五代时期的千年大族董氏家族作为调查对象，开展了专题研究；① 钱杭、谢维扬对江西泰和县农村的调查，则把研究主要集中在当代大陆农村宗族活动的现状上，他们的研究成果主要反映在《传统与转型：江西泰和农村宗族形态——一项社会学的研究》（上海社会科学院出版社，1995 年）一书中。

2. 国家与社会

伴随区域社会史向整体研究和纵深方向发展，对国家与社会关系的讨论也日益引起学者的重视。自启蒙时期的学者按照社会契约论的理解建构了国家与社会之间的关系后，该问题就成了西方自由主义与保守主义、新自由主义与社群主义等派别论争的主题。与西方的国家与社会逐渐分离甚至二元对立模式不同，传统中国的国家与社会几乎一直处于胶合的状态，表现为一种相当复杂的互动关系。史学界从 20 世纪 80 年代末尤其是 90 年代以来开始大量地以国家与社会关系作为分析模式，进行中国社会史的研究。从单纯的基层社会研究转向以基层社会切入关注国家与社会之间复杂关系的研究，这对于中国社会史走向更为整体、视野宏观的研究意义重大。

这方面的研究成果总是与区域社会史研究结合在一起，原因在于区域社会的建构过程可以比较清晰地反映出国家与社会之间的关系，同时，由于传统中国的国家与社会的胶着状态，区域社会的建构过程也只有在国家历史的观照下才能得到更好的理解。20 世纪 90 年代，一些从事区域社会史研究尤其是华南社会研究的学者，将人类学的方法积极运用于社会史研究，把文献资料和田野调查紧密结合起来，致力于透过区域社会的历史脉络理解国家与社

① 梁洪生. 家族组织的整合与乡绅——乐安流坑村"彰义堂"祭祀的历史考察［M］// 周天游. 地域社会与传统中国. 西安：西北大学出版社，1995：57-67；邵鸿. 竹木贸易与明清赣中山区土著宗族社会之变迁——乐安县流坑村的个案研究［M］//周天游. 地域社会与传统中国. 西安：西北大学出版社，1995：68-77.

会的关系，探究传统中国国家的整合过程，产生了一批优秀的研究成果。

在基层社会制度方面，学者通过对各种国家行政制度在基层社会的运行、实施情况来探讨国家权力与乡村社会的互动关系。如刘志伟通过考察明清时期里甲赋役制度在广东地区的实行情况，探讨了代表国家力量的地方政府与基层社会之间的复杂关系及其变动趋势。① 郑振满通过考察明后期福建的财政危机，探讨地方政府职能的萎缩与基层社会的自治化进程。② 王先明则着眼于清王朝实施乡村社会控制的主要制度——保甲制，考察了晚清以来国家权力向乡村社会的延伸在乡土社会权力制约下屡受挫折的过程。③

从民间信仰和传说的角度探讨国家与社会的关系，也成为这一时期的研究热点。正如有的人类学家指出的，从 20 世纪 80 年代以来人类学界表现出对历史的空前重视，而社会史学界也出现了一批对人类学课题深感兴趣的学者，正是这两股潮流的涌现，使中国民间宗教的研究出现了新综合的景象，从而深化了对民间宗教的研究。④ 如陈春声对樟林地区三山国王的系列研究⑤、刘志伟对珠江三角洲地区北帝信仰的研究⑥，由于研究的是华南这一"边陲社会"，因此他们研究的主要兴趣在于，通过考察一些地方性神明为寻求正统性所做出的种种努力，探讨中国传统国家如何通过文化思想控制来实现国家权力向地处边陲地带的基层社会的渗透。而赵世瑜则关注处于天子脚下的明清北京城，研究非国家正祀的民间信仰为获得国家的认同采取了哪些措施，以此探讨国家权力与民间社会的互惠、互动关系。⑦ 对于民间传说，一

---

① 刘志伟. 在国家与社会之间——明清广东里甲赋役制度研究 [M]. 广州：中山大学出版社，1997.

② 郑振满. 明后期福建地方行政的演变——兼论明中叶的财政改革 [J]. 中国史研究，1998（1）：147-157.

③ 王先明，常书红. 晚清保甲制的历史演变与乡村权力结构——国家与社会在乡村社会控制中的关系变化 [J]. 史学月刊，2000（5）：130-138.

④ 王铭铭. 社会人类学与中国研究 [M]. 北京：生活·读书·新知三联书店，1997：170.

⑤ 陈春声. 社神崇拜与社区地域关系——樟林三山国王的研究 [M] //中山大学历史系. 中山大学史学集刊：第二辑. 广州：广东人民出版社，1994：90-106；陈春声. 三山国王信仰与清代粤人迁台——以乡村与国家的关系为中心 [M] //周天游. 地域社会与传统中国. 西安：西北大学出版社，1995：118-128.

⑥ 刘志伟. 神明的正统性与地方化——关于珠江三角洲地区北帝崇拜的一个解释 [M] //中山大学历史系. 中山大学史学集刊：第二辑. 广州：广东人民出版社，1994：107-125.

⑦ 赵世瑜. 国家正祀与民间信仰的互动——以明清京师的"顶"与东岳庙为个案 [J]. 北京师范大学学报（社会科学版），1998（6）：18-26.

些学者也开始利用人类学的方法，注意将文献文本与口传文本等异文进行比较，以重新阐释这些传说的文化意义。如刘志伟对脍炙人口的珠玑巷传说进行重新解读，探讨了宗族构建与国家体制的关系，从一个非常新颖的角度展示了地方社会被国家力量渗透的过程。①

还有一些学者积极关注法律制度在基层社会的运作情况或者是基层社会自身产生的具有法律约束性的规约的运行状况。这可以两部专著为例：一是朱勇的《清代宗族法研究》（湖南教育出版社，1987年），作者在书中非常细致地分析了宗族私法的类型、特点和功能，并且还探讨了宗族私法与国家的关系；另一本是梁治平的《清代习惯法：社会与国家》（中国政法大学出版社，1996年），这是一部非常典型的法律社会史著作，运用了大量法律社会学的理论，探讨中国传统社会的习惯法与国家法的关系。

还有不少学者从不同的角度切入来探讨这一问题，比如对地方宗族、乡族的研究，这仍可以华南学者的研究为例。如郑振满的《明清福建家族组织与社会变迁》（湖南教育出版社，1992年）通过将不同类型的家族组织及其演变置于具体的地理空间进行分析，试图探讨乡族的自治化与国家权力向下渗透的相互关系。科大卫（David Faure）与刘志伟从宗族、地方礼仪的角度探讨地方社会与国家整合的过程。② 又如朱英从商会这一课题切入，其著作《转型时期的社会与国家》（华中师范大学出版社，1997年）中大量运用"市民社会"这一理论，探讨社会与国家的关系。

概言之，以国家与社会这一理论作为社会史研究的分析性话语，使得各种选题分散的基层社会研究具有了相对统一的理论指向和更为深刻的问题意识及更加广阔、宏观的研究视野，关注基层社会与国家的互动关系，既是重新和深入认识传统中国的一个重要突破口——而且是过去被忽略的一个突破口，又是中国的社会史研究走向整体史所迈出的重要一步。

总地来说，20世纪90年代以来，区域社会史的新发展，不管是关注区域的整体社会史，还是以区域社会为研究空间探索国家与社会的互动过程，都

① 刘志伟.附会、传说与历史真实——珠江三角洲族谱中宗族历史的叙事结构及其意义[M]//上海图书馆.中国谱牒研究——全国谱牒开发与利用学术研讨会论文集.上海：上海古籍出版社，1999：149-162.

② 科大卫，刘志伟.宗族与地方社会的国家认同——明清华南地区宗族发展的意识形态基础[J].历史研究，2000（3）：3-14；科大卫.国家与礼仪：宋至清中叶珠江三角洲地方社会的国家认同[J].中山大学学报（社会科学版），1999（5）：65-72.

极大地有利于中国社会史研究向全面、整体、深入的方向发展。这使学者越来越注意将传统中国社会的历史整合过程置于具体的地域空间加以考察，注意区域的整体研究，使地方史的叙述脱离"以抽象的中国为中心的框架"和"宏大叙事的结构"，从地方的视角重新理解中国和世界，进而重写中国史。从这个角度而言，区域社会史是具有方法论意义的。①

五、走向多元：21 世纪中国社会史研究的新发展

在总结和继承 20 世纪社会史研究取得的既有成绩的基础上，在新的问题意识和多学科合作的引领下，进入新世纪的中国社会史研究，在诸多新的研究路向上取得了突破，以更加开放和多元的姿态焕发出强劲的活力。

新旧世纪之交，两部社会史研究著作的先后出版，对于展现新世纪中国社会史研究的"继往开来"之势，可谓极具标志性。一部是周积明、宋德金、郭莹主编的两卷本《中国社会史论》（湖北教育出版社，2000 年），另一部则是杨念群主编的《空间·记忆·社会转型："新社会史"研究论文精选集》（上海人民出版社，2001 年）。前书集结中国社会史学界 40 多位优秀学者，从社会史的理论、方法与具体研究实践对改革开放 20 年来的中国社会史研究进行了总结。后书则以"新社会史"命名，旗帜鲜明地呼唤社会史研究的未来，其中收录的各篇论文呈现出来的区域社会史、历史人类学、社会文化史、法律社会史等诸多研究路径，也的确昭示着此后 20 年间中国社会史研究新的发展方向。

（一）历史人类学

回顾 21 世纪中国社会史研究的新进展，历史人类学无疑是最引人瞩目的领域。20 世纪 70 年代后期，法国年鉴学派史家雅克·勒高夫（Jacques Le Goff）在讨论新史学的发展方向时，提到历史学应"优先与人类学对话"，认为"史学、人类学和社会学这三门最接近的社会科学合并成一个新学科"，并用"历史人类学"这个名称来概括它。② 比这稍早，20 世纪五六十年代，出

---

① 赵世瑜. 作为方法论的区域社会史——兼及 12 世纪以来的华北社会史研究 [J]. 史学月刊，2004（8）：5-8.

② 勒高夫. 新史学 [M] //勒高夫，诺拉，夏蒂埃，等. 新史学. 姚蒙，编译. 上海：上海译文出版社，1989：36, 40.

于对功能主义人类学普遍缺乏历史感的反思和批判，人类学家也开始关注历史，其中代表性的人物是英国人类学家埃文思-普里查德（Edward Evans-Prit-chard），他强调历史学，尤其是社会学化的历史学，对于人类学研究的重要性，号召两门学科的合作。① 此后的 20 世纪七八十年代，"历史人类学研究风行一时"②。有学者将两门学科相互关注和影响的这一过程形容为"史学的人类学化与人类学的历史化"。③

对于如何理解历史人类学，历史人类学是人类学还是历史学的分支，等等，学者还有不同的看法。由于要在传统的学科体系之下，给历史人类学划定一个明晰的学科范围，明确其独特的研究范畴、研究对象和基本准则，的确存在相当大的困难，因此，不少学者建议不要画地为牢地执着于历史人类学的学科归属问题，而是将之视为一种研究方法和视角、一种研究趋向或研究风格。④

"历史人类学"的概念虽然源自西方，但在中国的社会史研究中，被称为"历史人类学"的研究取向却直接来自 20 世纪 90 年代以来区域社会史的研究实践，尤其是从事"华南研究"的学术群体在理论、方法与具体实践上的创造性开拓。20 世纪 80 年代末，中山大学、厦门大学的陈春声、刘志伟、郑振满等历史学家，上承梁方仲、傅衣凌开创的社会经济史学术传统，又得益于与萧凤霞（Helen F. Siu）、科大卫、丁荷生（Kenneth Dean）等学者的国际合作，通过一系列研究计划，相继展开了对珠江三角洲、潮汕、香港新界、莆田平原等区域的田野调查与合作研究，研究群体内部不断融合，在研究理念上也逐渐形成共识，即从事区域研究的目的是考察不同地方社会面貌与历史上文化建构的关联，通过探究不同区域整合进国家的路径和历史过程从而更

---

① 埃文思-普里查德. 论社会人类学 [M]. 冷凤彩，译. 北京：世界图书出版公司，2010：105-109.

② 西佛曼，格里福. 走进历史田野——历史人类学的爱尔兰史个案研究 [M]. 贾士蘅，译. 台北：麦田出版股份有限公司，1999：21.

③ 张小军. 史学的人类学化与人类学的历史化——兼论被史学"抢注"的历史人类学 [J]. 历史人类学学刊，2003，1（1）：1-28.

④ 比尔吉埃尔. 历史人类学 [M] //勒高夫，等. 新史学. 姚蒙，编译. 上海：上海译文出版社，1989：238；张佩国. 近代江南乡村地权的历史人类学研究 [M]. 上海：上海人民出版社，2002：73；赵世瑜. 历史人类学：在学科与非学科之间 [J]. 历史研究，2004（4）：22-24；黄国信，温春来，吴滔. 历史人类学与近代区域社会史研究 [J]. 近代史研究，2006（5）：46-47.

好地理解不同时代的中国。进入 21 世纪后，"华南研究"发展更为迅速，2001 年"中山大学历史人类学研究中心"成立，2003 年《历史人类学学刊》开始出版，同年 8 月开始在全国范围内举办历史人类学高级研修班，截至 2018 年，已先后举办了 12 期，培训了数百名学员，也培育了目前从事历史人类学研究的中坚力量。2010 年，科大卫教授获得香港政府大学委员会的资助，开展了为期 8 年的"中国社会的历史人类学研究"项目，吸收了大量从事田野工作和区域研究的中国与海外学者参与其中。可以说，经过 30 余年的发展，中国的历史人类学研究已经逐渐形成了较为稳定的学术共同体和研究共识。

对于历史人类学研究的理念、旨趣和方法，可以借用赵世瑜总结的 3 个核心概念，即"结构过程"（structuring）、"礼仪标识"（ritual marker）与"逆推顺述"来加以概括。① "结构过程"是萧凤霞和刘志伟在研究珠江三角洲地区历史的基础上提出的概念，历史人类学研究要完成"从国家的历史到人的历史"的转变，即"以人的行为作为历史解释的出发点"②，因此，研究者应该分析特定区域的个人或人群有目的的行动如何织造了关系和意义结构的网络，这个网络又如何影响了人们的行动，史学家应该致力于展现地域社会文化结构的动态过程。③ "礼仪标识"，也被译为"礼仪标签"或"礼仪标记"，是科大卫在主持"中国社会的历史人类学研究"项目时提出的一个重要的分析概念，即"地方社会的成员所认为是重要的客观且可见的礼仪传统标识"（objectively observable indications of ritual traditions considered to be significant by members of local society），包括称谓、拜祭核心（神、祖先等）、建筑模式（如家庙）、宗教传统、控产合股、非宗教性的社会组织。④ 赵世瑜则进一步指出，在实际研究中，"礼仪标识"还可以包括具有神圣性的自然物（比如榕树、社坛里的石头）、口述传统、壁画与雕塑等图像、仪式行为（如

① 赵世瑜. 结构过程·礼仪标识·逆推顺述——中国历史人类学研究的三个概念 [J]. 清华大学学报（哲学社会科学版），2018，33（1）：1-11.
② 刘志伟，孙歌. 在历史中寻找中国——关于区域史研究认识论的对话 [M]. 香港：大家良友书局，2014：12-26.
③ 刘志伟. 地域社会与文化的结构过程——珠江三角洲研究的历史学与人类学对话 [J]. 历史研究，2003（1）：54-64.
④ 科大卫. 从礼仪标签到地方制度的比较——"中国社会的历史人类学"研究项目介绍 [M] //末成道男，刘志伟，麻国庆. 人类学与"历史"——第一届东亚人类学论坛报告集. 北京：社会科学文献出版社，2014：239.

打醮）以及碑刻、科仪书等文本。① 这些礼仪标识往往是帮助我们理解乡村生活、理解乡民和国家如何沟通并使地方社会与国家政治生活连接起来的重要切入点。所谓"逆推顺述"，是历史人类学特定的研究方式或技术，就是"将在自己的田野点观察到的、依然活着的结构要素，推到它们有材料可证的历史起点，然后再从这个起点，将这些结构要素一一向晚近叙述，最后概括出该区域历史的结构过程"②。

透过上述三个概念，我们可以更清晰地认识中国历史人类学研究的对象、切入点和方式，也因而可以更容易理解历史人类学研究者为何如此重视田野调查和民间文献——这几乎是历史人类学在研究方法上最具标识性的特征。民间文献是乡民在日常生活中产生和使用的文献，从中可以发现官方和士人以外更多普通人的思维与行为逻辑。在田野中不仅可以发现和搜集这些资料，还能帮助我们回到历史现场去解读这些文字记录的历史以及文字传统以外的世界，从而重新审视具体地域中"地方性知识"与"区域文化"被创造与传播的机制，并最终有可能重新解释中国的社会历史。③

随着历史人类学研究的发展，学者们的研究区域早已走出华南，拓展到华北、江西、两湖、江南、西南的广大区域，产生了一批优秀的研究成果，探讨问题的深度和使用的民间文献的类型，都有了很大推进。④ 正如科大卫在21 世纪之初所呼吁的那样，"现在是需要扩大研究范围的时候"，我们"需要到华北去，看看在参与国家比华南更长历史的例子是否也合乎这个论点。需要跑到云南和贵州，看看在历史上出现过不同国家模式的地区（我是指南诏和大理）如何把不同国家的传统放进地方文化"，因为"只有走出华南研究的范畴，我们才可以把中国历史写成是全中国的历史"，不仅于此，"我们最终

---

① 赵世瑜. 结构过程·礼仪标识·逆推顺述——中国历史人类学研究的三个概念 [J]. 清华大学学报（哲学社会科学版），2018（1）：5.
② 赵世瑜. 结构过程·礼仪标识·逆推顺述——中国历史人类学研究的三个概念 [J]. 清华大学学报（哲学社会科学版），2018（1）：8.
③ 陈春声. 走向历史现场 [J]. 读书，2006（9）：19-28.
④ 相关研究成果可参见赵世瑜，申斌. 从社会史到中国社会的历史人类学 [J]. 日本中国史学会. 中国史学，2015，25：43-45.

的目的是把中国史放到世界史里"①。毫无疑问，这一研究设想正在付诸实践。

（二）社会文化史

20 世纪 70 年代，由于不满意于当时盛行的经济、社会与文化的结构主义式的历史研究模式，欧美学界的一些历史学家在后结构主义或后现代主义理论的影响下，借鉴社会学、人类学的研究方法从事历史研究，西方史学由此发生了一次"语言转向"或"文化转向"，出现了许多新的研究领域和方法，这种新的史学研究实践通常被称为"新文化史"或"新社会文化史"。它初兴于法国和美国，后来逐渐波及意大利、英国、德国、西班牙、瑞典等欧洲国家。按照英国文化史家彼得·伯克（Peter Burke）的总结，新文化史"是对一种更陈旧的体制和更陈旧的'新史学'的一种有意识的反叛"，研究课题包括物质文化史、身体史、表象史、记忆社会史、政治文化史、语言社会史、行为社会史等等。②

新文化史不同于之前历史研究的"新"特点，有的学者概括为三个方面："自下而上的角度和以小人物为中心的论述""强调文化本身的自主性，不把文化看作是某个时代社会关系和经济活动的反映或表现""不重视探究和揭橥历史现象的因果关系，也不认为历史活动有其根本的一致性（如历史会走向进步等等）"③。在这些特点中，强调文化的独立性和能动性，应该是西方新文化史研究最核心的主张，即反对文化从属于社会和经济的理解，强调文化的独立；不仅如此，文化还能反过来塑造或影响着社会和经济，即强调文化的能动性，"社会和经济等我们通常所认为的实体也是被文化所创造，并在文化的实践中被不断地再生产"，因此，新文化史研究者会特别强调"仪式"与"象征物"的文化实践如何形成对社会的创造与再生产。④

比西方新文化史研究的发展稍晚，中国的社会文化史研究兴起于 20 世纪80 年代末 90 年代初。此时，社会史、文化史研究相继重新发展，一些学者提

---

① 科大卫．告别华南研究［M］//华南研究会．学步与超越：华南研究会论文集．香港：文化创造出版社，2004：30．"这个论点"是指"地方社会的模式，源于地方纳入国家制度的过程""我们了解一个地区的社会模式"，需要了解这个地方纳入国家的时间和方式。参见同文第 29 页。

② 伯克．西方新社会文化史［J］．刘华，译．历史教学问题，2000（4）：25-29．

③ 王晴佳，李隆国．外国史学史［M］．北京：北京大学出版社，2017：394．

④ 李宏图．当代西方新社会文化史述论［J］．世界历史，2004（1）：31．

出结合两种新兴的研究路向，引入社会史的维度使文化史的研究不再局限在精英文化范围内，同时也能以文化史的深度增加社会史叙述的思想深度和文化意涵。如刘志琴在 1988 年先后发表《复兴社会史三议》和《社会史的复兴与史学变革——兼论社会史和文化史的共生共荣》两篇文章，虽然还没有明确提出"社会文化史"这一概念，但提出了社会史与文化史相结合的"社会文化"及"社会的文化史"这一新的研究思路。① 20 世纪 90 年代初，李长莉撰写《社会文化史：历史研究的新角度》一文，明确提出"社会文化史"是"综合历史学、社会学、文化学及文化人类学的理论和方法，作为历史研究的一个新角度和新方法而提出来的"，指出其研究内容为"人与人之间、人与社会之间的生活方式及其观念的历史，即一定历史时期的社会组织、制度、道德、风俗习惯、娱乐方式、传播方式、语言文字等与思想观念之间的相互关系"。② 此后十余年间，一批学者在社会文化史理论、方法和具体研究上做了许多探索，达成了一些基本共识，如关于"社会文化史"学科概念的内涵与定义，虽然学者在新学科和新的研究视角、新方法等认识上有不同意见，但都认为社会文化史是社会史和文化史相结合的交叉学科或交叉视角，应当打通社会史与文化史，综合运用两种学科的方法进行研究。这一时期也出版了具有代表性的社会文化通史性著作，如刘志琴主编、李长莉等人执笔编写的三卷本《近代中国社会文化变迁录》（浙江人民出版社，1998 年）。

20 世纪八九十年代是中国的社会文化史研究初步发展的时期，研究者大多是顺着同时期文化史、社会史的研究而走向社会文化史这一新路向的，较少受到西方新文化史研究潮流的影响。因此，中国社会文化史研究的萌发具有明显的"本土性特征"，体现了中国史学自身的发展逻辑。③ 20 世纪 90 年代末以来，西方新文化史的研究理念、方法和具体成果被大量引介到中国，对中国史学尤其是社会文化史产生了极大影响，更多的年轻学者进入社会文化史的研究队伍，推动了新时期中国社会文化史研究的快速发展。

---

① 史薇（刘志琴）．复兴社会史三议 [J]．天津社会科学，1988（1）；刘志琴．社会史的复兴与史学变革——兼论社会史和文化史的共生共荣 [J]．史学理论，1988（3）．两文均收入梁景和．中国社会文化史的理论与实践 [M]．北京：社会科学文献出版社，2010：65-81.

② 李长莉．社会文化史：历史研究的新角度 [M]//赵清．社会问题的历史考察．成都：成都出版社，1992：384-385.

③ 梁景和．西方新文化史与中国社会文化史（代序）[M]//梁景和．中国社会文化史的理论与实践．北京：社会科学文献出版社，2010：22.

西方新文化史研究经过数十年的发展，理论体系已经比较成熟，概念工具也非常丰富，随着欧美学界的新文化史研究论著被大量引介到国内，中国的社会文化史研究开始向西方已有的社会文化史研究借鉴一些概括性和建构性的中层理论，如"公共领域""公民社会"等概念，"文化建构""语言分析"等方法，"记忆史""表象史"等领域，对于中国社会文化相关领域的研究具有较高的适用性。① 由于新的理论、概念的引入，中国的社会文化史涌现了许多新的研究领域，主编《中国社会文化史读本》的刘永华认为，"中国社会文化史研究的论题，并不限于国家认同、神明信仰、宗教仪式和历史记忆，举凡对时间、空间的认知和想象，对气味、景观的感知，对社会空间的营造，对书籍的阅读，对身体的建构，乃至信息的传播与交流、社会性别的表述、习俗的承传、现代性的体验、物质文化及地方戏曲，都可以进行社会文化史分析。"② 中国历史解释的原有框架也因此发生了一些具有深刻意义的转变，比如有着深厚学术积淀的近代社会文化史研究，正在影响近代中国历史解释体系经历由"革命史观""现代化史观"向"社会文化史观"的转型。③

总地来说，就研究对象从精英转向普通大众、自下而上的研究视角、多学科合作的研究方法等取向来看，新文化史或社会文化史都与"旧"的社会史研究有着千丝万缕的联系。因此，在中国的研究实践中，社会文化史多数情况下并非作为社会史的反叛形象或替代物出现，而是已有的社会史研究范式的补充、并存和交融，它以结合社会史分析与文化史诠释的视角、极富创新的理论解释工具、不断拓展的研究领域、微观研究和深度描述的历史编纂方式，为社会史研究开启了新的学术增长点。

（三）日常生活史

与西方新文化史兴起差不多同时，20世纪70年代中期，在德国和意大利先后兴起了所谓"日常生活史"的研究，至80年代后期逐渐成为热潮。④ 日

---

① 李长莉. 中国社会文化史研究：25年反省与进路 [J]. 安徽史学，2015 (1)：151.
② 刘永华. 中国社会文化史读本 [M]. 北京：北京大学出版社，2011：429.
③ 陈廷湘. 从"革命史观"到"社会文化史观"——中国近代史解释体系的演变与趋向 [J]. 四川大学学报（哲学社会科学版），2018 (5)：112-123.
④ 德文"日常生活史"一词为 Alltagsgeschichte，意大利相似的学派称 Microstoria，直译为"微观史学"，刘新成认为，意大利"微观史学"与德国"日常生活史"的主旨无异，故而一般也归入日常生活史学派。参见刘新成. 日常生活史与西欧中世纪日常生活[J]. 史学理论研究，2004 (1)：35.

常生活史的出现既与西方社会对现代性的全面反思有关，更与学术领域的诸多变化有着紧密的联系，如西方哲学界对于日常生活世界的本质及其特性的探讨，文化人类学的发展，史学界对日益"社会科学化"的史学"见物不见人"、过分关注社会结构而忽视生活世界等研究特点的省思和批判。

所谓"日常生活"，匈牙利马克思主义哲学家赫勒在《日常生活》一书中将其界定为"使社会再生产成为可能的个体再生产要素的集合"①。简言之，日常生活研究关注的是"具体的人，而非整体化的人类或社会"，是"具象的人的日用常行、生活空间及其日常观念和行为的运作机制等比较具体的内容，而非整体、抽象的社会思想、体系和制度等"②。

整体来看，日常生活史具有微观研究、以"全面史"（integral history）取代"整体史"（total history）、目光向下关注"历来被忽视的人群"、强调"他者"立场的解释、重视研究主体的"体验"、包罗万象的研究内容、广泛的史料来源等特点。③ 就这些研究特色而言，日常生活史与前述新文化史或社会文化史具有较高的相似性，甚至与"旧"的社会史研究也有着不绝如缕的继承关系。刘新成在梳理西方日常生活史理论与实践的基础上，总结了日常生活史与传统史学、作为"新史学"的社会史之间的源流与差异，"如果说，传统史学的视线集中在少数精英、帝王将相身上，新史学把视野扩大到各个阶层，并以此为基础构建起一个宏观的社会结构，那么日常生活史则是将目光向下移，深入'架构'之中，去捕捉生活于其间的个体，那些普通的、然而活泼生动的人"④。

强调对普通民众生活史的关注，一向是社会史研究的鲜明特征。因此，不管是 20 世纪上半叶以"新史学"形象出现的社会史，还是 20 世纪 80 年代以后被视为历史学分支学科的社会史，都将社会生活作为社会史研究的主要内容。进入 21 世纪以来，西方的日常生活史研究逐渐为中国学者所知，一些学者开始倡导中国社会史研究需要从社会生活转向日常生活，建立日常生活

---

① 赫勒. 日常生活 [M]. 衣俊卿，译. 哈尔滨：黑龙江大学出版社，2010：3.
② 余新忠，郝晓丽. 在具象而个性的日常生活中发现历史——清代日常生活史研究述评 [J]. 中国社会科学评价，2017（2）：83.
③ 刘新成. 日常生活史与西欧中世纪日常生活 [J]. 史学理论研究，2004（1）：39-42.
④ 刘新成. 日常生活史与西欧中世纪日常生活 [J]. 史学理论研究，2004（1）：47.

与历史变动的联系，从而完成"社会生活史"向"日常生活史"的转变。①

虽然都是关注"生活史"的研究，但"社会生活史"与"日常生活史"又有着明显的区别，余新忠将之概括为四个方面：首先，研究内容上，"日常生活史关注的是一定时空中具体的个人，是对个体生活的全面呈现，不仅包括社会生活，也包括情爱、消闲、家庭生活等私人生活"。其次，研究方法和理念上，社会生活史的"整体史"研究路径是"通过将具体细碎的生活放在整体的历史框架中来呈现"，而日常生活史的"全面史"研究路径，则是"叙述围绕着个人而展开，通过对个人生活方方面面的呈现，来分析概括出一个时代和地域中人们生活的'常识'，并从'常识'来透视一个国家和地区的时代风貌和特征"。再次，日常生活史尽可能围绕具体的人来展开，避免社会生活史研究中常见的"见物不见人"的问题。最后，社会生活史研究常以现代或西方为标准，"对传统社会生活方式以及中国社会的所谓惰性展开批判"，而日常生活史研究则希望进入中国的情境，细致呈现历史上人们的日常生活经验，"并通过与现代生活方式的关照来省思'现代性'以及人类文明的走向"。② 以上论述虽是为了厘清"社会生活史"与"日常生活史"二者的差异，但从研究内容、方法、取向和理论预设等方面，极为精准地勾勒了日常生活史研究的基本特征。

在倡导和实践日常生活史研究的中国学者中，南开大学的常建华教授及其带领的社会史研究团队可谓中坚力量。2009 年，南开大学中国社会史研究中心在新一轮的研究规划中，就将中国日常生活史设计为该中心 5—10 年的研究重点。自 2011 年开始，该中心连续 5 年主办了以中国日常生活史为主题的研讨会，涉及日常生活的多样性、生命与健康、地方社会、民生问题、物质文化等内容。③ 在这 10 余年间，中国日常生活史在理论探讨和不同历史时期的各类主题研究上不断推进。④ 2017 年，《中国日常生活史读本》出版，从生育与生命周期、日常交往、消费与逸乐、性别与生活、城乡日常生活等不

① 常建华. 从社会生活到日常生活——中国社会史研究的再出发［N］. 人民日报，2011-03-31.

② 余新忠，郝晓丽. 在具象而个性的日常生活中发现历史——清代日常生活史研究述评［J］. 中国社会科学评价，2017（2）：84.

③ 张笑川. 中国社会史导论［M］. 上海：上海教育出版社，2020：25.

④ 相关研究成果，可参见常建华. 中国日常生活史研究的回顾与展望［M］. 北京：科学出版社，2020.

同领域，反映了中国日常生活史从基本理念到研究实践的最新进展。① 不过，整体来看，中国日常生活史的研究目前尚处于起步阶段，未来还有很大的发展空间，也需要更多更有分量的成果对日常生活史的研究理念进行实践和检验。

总地来说，历史人类学、社会文化史或新文化史、日常生活史这三种学术路径，大致涵盖了 21 世纪以来中国社会史研究取得新发展的主要领域。三者之间并非界限清晰、非此即彼，不管是研究理念和方法，还是具体研究内容，都往往互有重合、互相启发。它们的共通之处在于，都希望突破过于"结构化"的社会史研究，进一步拓展历史研究的边界，更多地与人类学对话，强调文化的能动性，更重视具象的人的生活体验和感受，从"人"的角度而非国家的角度来理解历史。这些新的研究取向，都是 20 世纪 70 年代率先发生在欧美史学界，又于世纪之交先后传入中国，给中国社会史研究注入了新的动力。同时，也不应该忽视这些学术路向也建基于中国本土的历史研究实践，有着中国社会史研究自身的发展逻辑，如 20 世纪 80 年代以来的区域社会史研究实践之于历史人类学，20 世纪 90 年代以来社会史与文化史的融合之于社会文化史、新文化史研究，中国社会史向来强调的"生活史"研究取向之于日常生活史。概言之，21 世纪中国社会史的新发展，是"以本土思想、本土经验会通外来理论方法"，使得"社会史的理论建构日益丰满并充满活力"，并最终拥有"与国际学术界平等对话的能力"的过程。②

推荐阅读书目：

[1] 蔡少卿. 再现过去：社会史的理论视野 [M]. 杭州：浙江人民出版社，1988.

[2] 常建华. 新时期中国社会史学 [M]. 天津：天津人民出版社，2018.

[3] 梁景和. 中国社会文化史的理论与实践 [M]. 北京：社会科学文献出版社，2010.

[4] 刘志伟，孙歌. 在历史中寻找中国——关于区域史研究认识论的对话 [M]. 香港：大家良友书局，2014.

[5] 赵世瑜. 历史人类学的旨趣——一种实践的历史学 [M]. 北京：北

---

① 常建华. 中国日常生活史读本 [M]. 北京：北京大学出版社，2017.

② 周积明. 中国社会史研究 70 年的回顾与思考 [N]. 光明日报，2019-10-14（14）.

京师范大学出版社，2020.

[6] 周积明，宋德金，郭莹. 中国社会史论 [M]. 武汉：湖北教育出版社，2000.

[7] 勒高夫，诺拉，夏蒂埃，等. 新史学 [M]. 姚蒙，编译. 上海：上海译文出版社，1989.

[8] 彼得·伯克. 法国史学革命：年鉴学派，1929—1989 [M]. 刘永华，译. 北京：北京大学出版社，2006.

第二讲

科举制度与中国传统社会的阶层流动

本讲所要讨论的核心问题是科举制度下的社会流动性议题。这里的"流动"指的是社会阶层内的纵向身份流动，而非横向的地域流动。总体而言，在科举制度创立和完善以前，地方社会中的布衣百姓阶层流动性相对较差，向上的个人发展空间有限。无论是上古三代的世卿世禄制，两汉的察举与征辟制，还是魏晋南北朝形成的九品中正制，均存在着社会流动性弱和阶层板结问题。自隋唐设立科举制度以来，虽然阶层流动问题并没有立即得以扭转，但是经过长时间的发展和应试观念的普及，特别是当宋代新兴"士人阶层"登上历史舞台后，科举制度成为主流的官员选拔机制，而科甲及第也成了士人争相竞逐的终极目标。这一时期不仅于科举制度完善与定型是一关键时期，而且士人在晋升的社会流动性方面也大大加强。自宋代以降，科举制度在中国传统社会中一直发挥着重要功用，也见证着社会阶层流动的代际升降。

一、从荐举到科举：科举制的创立与士人阶层的崛起

（一）"上品无寒门，下品无势族"——社会流动性的板结

在科举制度创立之前，中国古代的官员主要来自世袭贵族、高门大族和一些被荐举入仕者。自西周施行封建制度以来，世袭贵族不仅拥有封地和百姓，即"授民授疆土"的权利，而且他们在行政上的官职和权威也是世代承袭的。至战国时期，这种封建的状况逐渐被官僚制度所取代，君主开始以任免官员、国家发放俸禄的形式构建起官僚体系，"士"阶层也逐渐兴起，和知识、才能建立起更多的关联。但总体而言，这一时期的社会主流是被世袭的贵族阶层所把控的，地方布衣跨越阶层的事例并不常见。

降及汉代，虽然国家政治运行有复兴封建之势，但官员选拔制度却以察举制和征辟制为主线。两汉的察举制以"贤良方正"和"孝廉"为主要内容。自汉初政权定鼎以来，历代帝王均下诏举"贤良方正、能直言极谏"之士，意图为政权网罗更多的人才。以"贤良方正"入仕的西汉士大夫有晁错、董仲舒、公孙弘等，皆可谓一时之选，相较于传统的世卿世禄制，察举制具有一定的开放性和流动性。其后，董仲舒还曾在汉武帝初年提出了举贤良"岁贡二人"的主张。

诏举"孝廉"相较于仕于庙堂的"贤良方正"而言，更多是选拔在地方上担任官职者，所以钱穆在评论举"孝廉"时就提出"盖孝廉出于乡官小吏，非有才学，恐不足以应天子之诏"①的观点。不过，举"孝廉"确为地方士人的出仕构架起了一座桥梁。汉武帝时期，郡国举"孝廉"的制度逐步固定，也成了在野士大夫入仕的主要途径。至东汉年间，诏举"孝廉"定期举荐，设定中额，并佐以考试。这在一定程度上保证了官僚体系的正常运行，也对后来的科举考试有着借鉴意义。通过察举制，一些地方有能力和学养的士人得以入仕朝廷，为其补充了新鲜血液。与察举制相并行的是征辟制度，以士人名望作为选拔标准，既有二千石以上官员在地方自行征辟者，也有朝廷直接闻地方士人贤名而征召者。

虽然在科举制度正式成立前，汉代已经发展出察举制和征辟制度，并成为地方士人主要的入仕途径，但围绕这些制度也日渐形成了举荐者和被举荐者以门生、故旧形成的关系网，虽然有考试形式的出现，但多流于形式。在选拔士人入仕的同时，还出现了凭借对于儒学经典知识的把控，世代占据高位、累世公卿的大家族，如四世三公的弘农杨氏家族、四世五公的袁氏家族等，而这些家族的子弟反过来又在察举和征辟制度中占据优势，形成了"不良"的循环，遂造成东汉末年的门第产生，使得察举制度弊端丛生。换言之，两汉的察举制和征辟制人为主导色彩过浓，虽然相较于封闭的世袭官职有所开放，但是由于没有确定的考试选拔标准与相应措施，所以社会流动性并没有得以大幅度的提升，甚至累世公卿现象的出现有演变为旧日贵族之势，更成为后世门阀制度的渊薮。

至曹魏时期，政府推行"九品中正制"，先由各州郡推举大中正官，继而再选出小中正官，这些大小中正官按照上上、上中、上下、中上、中中、中

---

① 钱穆.国史大纲[M].北京：商务印书馆，1996：172.

下、下上、下中、下下九个等级对所考察的士人给出品级评定，并附上评语。但是，本出于选拔人才而创设的"九品中正制"，却日渐沦为高品大族维系家门的工具。大小中正官员多被大族成员担任或掌控，因此被选为上品入仕者也大多来自这些大家族内部。故而魏晋时期官僚选拔制度的封闭性和排他性日渐增强，累世担任高级官员已成为一种常态，形成了"高门世族"的门阀政治。稍差一些的家族被视为次等的"士族"，而位列最后的是未能凭品入仕的"庶族"。高门大族与庶族间的阶层界限在此时已经成为入仕的壁垒与鸿沟。可以说，九品中正制的创设和发展日渐脱离了制度创立之初选拔人才、收乡里"清议"之权的初衷，已经沦为了世家大族巩固家门势力的工具，逐步形成了"上品无寒门，下品无世族"的状况。这一情况的形成是自东汉以来察举、征辟制和累世公卿大家族发展流弊的沿袭。

降及东晋时期，门阀政治发展至顶峰。晋元帝司马睿之所以能够以宗室疏属继承帝位，正是由于北方南渡的诸高门大族竭力拥戴的结果，以致出现了"王与马，共天下"的局面。东晋时期，以琅琊王氏、太原王氏、颖川庾氏、陈郡谢氏等为高门世族的典型代表，他们世世代代把控朝政，出现了"旧时王谢堂前燕"的封闭性庙堂体制。甚至北朝的鲜卑政权——北魏的君主也效仿南朝的门阀政治，建立起以皇族元氏加之穆氏、陆氏、贺氏、刘氏、楼氏、于氏、嵇氏、尉氏八氏的鲜卑门阀大族，与北方汉族的清河崔氏、范阳卢氏、太原王氏、博陵崔氏、荥阳郑氏、陇西李氏等相匹敌，成为当时北朝高门世族的标准。这种门阀政治在东晋后期，由于"寒人"日渐掌控官僚体系中的重要职位而稍有削弱，原属次等的"士族"，甚至庶族士人开始占据朝堂重要职位，特别是担任一些军事要职，而原来的高门世族成员或体质赢弱，畏惧劳苦，或清高自持，以敷粉施朱为乐，逐渐成为一种政权体制内装点朝堂门面的"摆设"，但士庶界限依旧难以逾越。

这种封闭性极强的官僚政治，不仅体现在出仕为官上，也表现在婚姻关系的建立上，门阀世族内部累世联姻。在南朝，曾有南齐御史中丞沈约弹劾东海王氏后人王源嫁女一事，责其"玷辱流辈，莫斯为甚"。之所以有弹劾之举，只因为沈约认为王源要和属于庶族的满璋之子联姻，是"衣冠之族，日失其序"的典型代表，甚至出现了一时"王满联姻实骇物听"的局面①，故而王源此举遭到强烈反对与弹劾。又如，归降南朝梁武帝的侯景意图与王、

---

① 钱穆. 国史大纲［M］. 北京：商务印书馆，1996：303.

谢家族联姻以提高自己的声望和地位，故他请求梁武帝出面代为说辞。但根深蒂固的王谢风流和高门声望，使得梁武帝也是望而却步，只好说"王、谢非偶，可于朱、张以下访之"①。虽然如朱、张、顾、陆等姓氏也是南朝数百年来的名门望族，但可见相较于王、谢之家还是有些差距，更非侯景这样的叛将所能"高攀得起"的。由此可见，东晋以来所形成的门阀世族体制，不仅影响着南朝与北朝的庙堂政治，而且这种体制封闭性很强，极大地阻滞了社会流动性，地方布衣百姓可以说成了朝政的绝缘体，而这种情况直到科举制创设并最终定型后才得以根本性的扭转。

（二）科举制的设立与唐初贡举制下的荐举遗风

隋朝一统天下后，许多新制度得以创立，而设立于隋炀帝大业年间的科举制度就是影响后世1300余年的重要创新。所谓科举制度，就是由中央设立的以考试作为选拔途径，集科考与选官为一体的官员选拔制度。学界一般以隋炀帝大业元年（605）作为科举制度的创设起始点，以清代光绪三十一年（1905）作为终结点。科举制度的创立使得地方乡野士人入仕有了常规性和制度化的保障与途径，扭转了两汉察举制与征辟制、魏晋南北朝时期九品中正制被大家族把控的弊端，在确立选官制度和加强中央集权方面有其进步意义。但是，隋代二世而亡，科举制度的发展和完善主要是在唐宋时期实现的。

唐代的科举分为常科和制科两种。常科每年定期举行，而制科为皇帝临时下诏求才的考试，无定期。唐代的科举制度为地方士人开辟了入仕的途径，可以通过开放性的自主报名方式，即"怀牒自列于州县"以应试，合格者可以出仕为官。经高宗、武后改革后，唐代的科举制度进一步发展与巩固，增加了殿试和武举考试，不仅使得天下士子尽出天子之门，实现了士人与天子的直接联系，而且改变了以往文武不分、共同选拔的现象。

在文试考试中，唐代初期，常科主要包含明经、明法、明算、秀才、进士、明书等科目，发展至玄宗时期已经逐渐形成了以明经和进士二科为主要考试科目的科举体系。其中，明经科强调记诵，中士相对容易，而进士科要考时务策、诗赋、杂文等，难度较大，固有"三十老明经、五十少进士"之说。士人尤以中进士科为荣耀且中率极低，仅有1%~2%②。如《新唐书》

① 钱穆. 国史大纲 [M]. 北京：商务印书馆，1996：303.
② 周腊生. 唐代状元奇谈·唐代状元谱 [M]. 北京：紫禁城出版社，2002：3.

所言，"大抵众科之目，进士尤为贵，其得人亦最为盛焉"①。正因如此，才会在唐代中后期诗人孟郊笔下，出现了应试落第后"两度长安陌，空将泪见花"②的悲叹和《登科后》中"昔日龌龊不足夸，今朝放荡思无涯。春风得意马蹄疾，一日看尽长安花"③的强烈反差。在周匡物笔下，也同样出现了科举及第后"遥望龙墀新得意，九天敕下多狂醉"④的狂喜之态。

然而，我们不应该想当然地认为科举制度创立后立即扭转了魏晋南北朝以来形成的荐举和门阀政治的态势。实际上，科举制度在唐初三代和此后相当长的一段时间内，虽然在一定程度上为天下士子打开了仕进之门，但进士科及第者同样要经过为官者的保荐才可成功，而家世背景同样是被录取的重要考量因素。换言之，唐初三代的进士及第群体更多体现的唐初社会的"门阀"特性，而与宋以后的"士人"特性不同⑤。笔者曾著文以徐松所著《登科记考》为核心讨论唐初三代科举入仕者的背景，其中受到地方官员荐举是成功的重要因素。例如，张越石、张楚金二人是贞观元年被时任并州都督的李勣荐举才能最终及第的⑥，又如贞观八年李义府进士及第乃由剑南道巡察大使李大亮"以义府善属文，表荐之"最终擢第。⑦

除了荐举之外，高门依然是唐初科举入仕的一大特点。例如，武德五年（622）中举的李义琛和李义琰兄弟，二人为陇西李氏，北齐尚书考功郎中李蒨之曾孙，唐县令李玄德之子，可谓高门大族⑧。又如，贞观二十二年（648）中举的杨玄肃为弘农临高杨氏。曾祖杨华，北齐银青光禄大夫、泽冀二州刺史，开国公。祖杨仲舒，开府仪同三司、骠骑大将军。父杨盛德，幽州归义县令。⑨就是留下"人面桃花相映红"美好诗句和爱情故事的崔护，也是来自博陵崔氏这样的大家族。以上这些事例说明了在科举制度创设后，

① 欧阳修. 新唐书：卷44. 选举制［M］. 北京：中华书局，1975：1166.
② 全唐诗：卷374. 孟郊三［M］. 上海：上海古籍出版社，1986：931.
③ 全唐诗：卷374. 孟郊三［M］. 上海：上海古籍出版社，1986：931.
④ 全唐诗：卷490. 周匡物［M］. 上海：上海古籍出版社，1986：1238.
⑤ 王学深. 唐初三朝进士科及第群体初探——以《登科记考》为中心［J］. 唐都学刊，2016，32（1）：25-32.
⑥ 徐松. 登科记考［M］//丛书集成续编：第41册. 上海：上海书店出版社，1994：293.
⑦ 徐松. 登科记考［M］//丛书集成续编：第41册. 上海：上海书店出版社，1994：296.
⑧ 王学深. 唐初三朝进士科及第群体初探——以《登科记考》为中心［J］. 唐都学刊，2016（1）.
⑨ 王学深. 唐初三朝进士科及第群体初探——以《登科记考》为中心［J］. 唐都学刊，2016（1）.

并没有立即放弃自汉代察举、征辟制度创立以来所形成的荐举之风，也没有立即扭转高门家族把控政治的态势，而是经过相当长的一段时间之后才将这种现象改变。

自唐中晚期后，开始了学界所言的"唐宋变革"时期，由唐前期的关陇、山东模式转向唐后期及宋代的江南模式，科举取士日渐稳定，凭借科举制度进入朝堂内的地方士人日渐增多，特别是南方士人呈现出后来居上的态势。安史之乱前，南方进士已经达到 29 人，集中在江南、淮南两道。至唐后期，这一趋势更加明显。冻国栋所著的《唐代人口问题研究》一书对比了唐前后期进士变化形态，指出最为明显的是江南道进士由前期 14 人，变为后期的177 人①，北方五道合计进士 245 人，南方合计进士 225 人，南北双方进士人数趋近平衡，而此时南方经济也随之逐渐赶超北方，尤其是江南、淮南两道逐渐转变为全国经济和文化的中心。这一扭转的态势在钱穆所著的《国史大纲》中以"南北经济文化之转移"为题有着深入的论述，在此笔者不再赘述。而这一时期，庙堂中宰相等高级别官员的选用已经更多是源自科举出身者，当世的士人也逐渐确立起科名干禄为士大夫正途的观念。② 但即使如此，旧日大家族并没有立刻消逝，而是与新兴士人阶层进行着激烈的博弈，故史学大家陈寅恪就曾提出唐后期的"牛李党争"实际上就反映出科举士人集团和旧贵族集团的对峙③，而这种新旧集团更替随着唐中期的安史之乱和后期黄巢起义冲击而最终完成。

（三）"唐宋变革论"假说的提出

科举制度的创设为官僚体制内注入了新鲜的血液，打破了流品界限，破除了门第阻碍，有助于社会流动性的增加，使得地方布衣士人可以进入庙堂之内。但是正如上文所述，唐代在科举制度之外，还存留有较强的荐举风尚，新旧双方力量的此消彼长经过了长时间的动态变化，直到唐末宋初才完成了彼此的最终更替，即传统的贵族化大族退出历史舞台，取而代之的是凭借科举入仕的新兴士人阶层。那么，在唐宋之间发生了何种变化，新旧势力又如

① 冻国栋. 唐代人口问题研究［M］. 武汉：武汉大学出版社，1983：316.
② 金滢坤. 中国科举制度通史：隋唐五代卷 上册［M］. 上海：上海人民出版社，2017：11.
③ 陈寅恪. 政治革命及党派分野［M］//陈寅恪. 隋唐制度渊源略论稿 唐代政治史述论稿：中篇. 北京：生活·读书·新知三联书店，2001：236-320.

何更替的呢？我们不妨一起来了解一种学界所提出的理论——"唐宋变革论"。

"唐宋变革论"是由日本学者内藤湖南及其弟子宫崎市定所提出并发展阐释的学术观点，已成为"京都学派"最为重要的学术观点之一。所谓"唐宋变革"是指由唐代向宋代发展过程中，社会在政治、经济、文化、思想等诸多方面发生了变化，产生了过渡期前后两种形态。其中与官僚选拔和流动性关联性较强的就是科举制度由唐转宋已经成为"一家独大"的人才选拔机制，增强了社会的新陈代谢能力。"唐宋变革论"的观点虽然有胡如雷先生及"东京学派"学者的不同意见，但此观点发展至今已被视为研究唐史和中国史时代分期的重要论据之一。

作为改变中国社会发展形态的"唐宋变革"这一"过渡期"，其起始点已基本锁定在"安史之乱"或"两税法"施行前后，即公元755年至780年时限，而相对于时间认同集中的起点，"唐宋变革"的终点学者则意见不一，跨越北宋整个时代，分为北宋初年论，以太宗朝为下限；北宋中叶论，以欧阳修古文运动及王安石变法为标志；北宋末年论，以北宋朝廷南迁、社会转向"内在"为依据。但无论哪一个时间节点作为下限，都指向了一个共同的重要变化，就是累世发展的大族们，在唐后期逐渐趋于消亡，取而代之的是北宋以来活跃于政治舞台上的"新士人阶层"。伊佩霞（Patricia Buckley Ebrey.）所著《早期中华帝国的贵族家庭——博陵崔氏个案研究》①、姜士彬（David Johnson）所著《世家大族的没落：唐末宋初的赵郡李氏》② 以及孙国栋所著《唐宋之际社会门第之消融》③ 均将目光投向唐代社会"世族"的消亡，他们被"士人阶层"这一"新贵族"群体所取代，而与之相关联的科举制度在其中起着至为重要的作用。包弼德（Peter Bol）和宇文所安（Stephen Owen）则将研究着眼于"文"或"文风"的转变，这一转变代表着唐宋变革之际"士"的思想的变迁。这些变化中包含着科举制度的演进、政治主体的交替、经济所有制的变型，但其核心本质即中国自东汉起至唐宋之际终的古

① EBREY, P. B. *The Aristocratic Families of Early Imperial China: A Case Study of the Po-ling Tsui Family* [M]. Cambridge: Cambridge University Press, 1978.

② JOHNSON, D. G. *The Last Years of A Great Clan: The Li Family of Chao Chun in Late T' ang and Early Sung* [J]. Harvard Journal of Asiatic Studies, 1977 (1): 5-12.

③ 孙国栋. 唐宋之际社会门第之消融——唐宋之际社会转变研究之一 [J]. 新亚学报, 1959, 4 (1).

代"门阀"社会宣告终结,而较之"社会流动性"更强,社会参与度更广泛的"士人社会"最终确立。①

让我们来看两个大世族消亡的事例。博陵崔氏和赵郡李氏家族成员是隋唐时期典型的高门世族,子弟入仕无须考试,凭借郡望即可为官,这成了世族身份的一种特权和象征。不过随着世族对于"城市化"的日渐向往,他们逐步离开郡望所在地而集中到朝廷所在的京畿地区,并于身后安葬于洛阳、长安等地,这一转变打破了他们和故土的联系。尤其是当"城市化"倾向同河北等世族故土屡受契丹等北部少数民族入侵及六镇叛乱等各种战争影响相结合时,这种变化使得如博陵崔氏和赵郡李氏等世族逐渐失去了世族赖以维系的"地方基础"(local base),他们无法再维持独立于朝廷的昔日生活方式,而更多的是与朝廷盛衰变得休戚相关、无路可退,凭借朝廷对世族的照顾授官为生。隋唐两代的朝廷自身虽然力图打压世族势力,废除了九品中正制,但两代皇室亦看重和追求郡望的身份,以弘农杨氏和陇西李氏为傲,故世族在隋唐社会犹可维系。但"安史之乱"以后,世族的地方势力被极度削弱,一方面如崔氏和李氏众多人口在战乱中丧生,另一方面崔氏与李氏地方田产随着战乱流失。此外,"安史之乱"使得地方武将阶层兴起,这种状况持续到宋初,五代与宋朝当权者作为新兴贵族的继承者,他们出身不显,更无意恢复旧世族的身份,王朝不再需要旧世族对其政权的襄赞与认同,导致了如博陵崔氏和赵郡李氏为代表的世族走向消亡,故唐宋之际的战争并非简单的政权交替,而更像姜士彬所言的"阶级之战"。

谭凯(Nicolas Tackett)所著的《中古中国门阀大族的消亡》一书,则以黄巢之乱作为分水岭,讨论了这一场战乱对于世家大族的毁灭性打击,可以说彻底消亡了贵族生存的政治、经济、文化等基础,与朝廷休戚相关的贵族随着唐王朝的灭亡而消失②。以博陵崔氏和赵郡李氏为代表的世族的消亡为新兴贵族提供了前车之鉴,即使名望再高的世族家庭依旧可能随着社会的动荡与变迁而消亡,而自南宋至明清逐渐发展的宗族组织可视为是对这种消亡可能的一种对抗。将视野放眼于地方的士人群体为了不重蹈世族覆辙,成为时

---

① 包弼德. 斯文:唐宋思想的转型 [M]. 刘宁,译. 南京:江苏人民出版社,2001;宇文所安. 中国"中世纪"的终结:中唐文学文化论集 [M]. 陈引驰,陈磊,译. 北京:生活·读书·新知三联书店,2014.

② 谭凯. 中古中国门阀大族的消亡 [M]. 胡耀飞,谢宇荣,译. 北京:社会科学文献出版社,2017.

代牺牲品,他们着力强化宗族组织,以弥补新贵族的宗族组织缺陷,应对时代变迁的危机。

(四) 两宋科举制度的完善与士人阶层的崛起

经历了这场大冲击后,旧日世族无法再凭借郡望维护往日的门庭地位,而进入朝堂的方式转变为凭借科举的成功才能获得。因此,以研习儒家经典和文学为要义的士人最终占据了历史舞台。入宋以来,由于中央集权的加强,地方藩镇割据威胁得以解除,统治者更加利用科举制度作为选拔人才的手段,而这一策略促进了贵族家族的消亡和士人群体地位的上升,实现了对士人群体晋升流动性的政策性和常规化的保证。钱穆在《国史大纲》中就曾论及"唐代晚年,南方地位已高,但并不能跨驾中原之上。北宋则南人考进士,人数又多,北人考明经,人数又少,显分优劣"①。实际上,以上论述阐述了"唐宋变革"前后所发生的变化,不仅南北态势发生转换,科举更成为士人群体进入官僚体系的重要平台,以此作为重要媒介,新阶层与旧贵族逐渐完成了权势的转换。可以说,士人群体在两宋的舞台上扮演了重要的角色,而"重用士人""与士人共治天下""加强集权"也成了宋代不可变更的祖宗之法。同时士人更希望利用科举制度入仕朝廷,通过"得君行道"的方式将自己的理念灌输给君王,并以自己的理论施行改革,无论是庆历新政、王安石变法,还是南宋朱熹理学学派的兴起,他们对于当时社会现状的不满推动着他们对于改革的渴求。

正是在这种大转换的背景下,宋代科举制度得到稳定的发展,形成了三年一考的科举体制。初级考试由地方州、转运司举行,称为解试,合格者被送至礼部参加省试,由礼部主持考试,合格者向皇帝奏闻,参加由皇帝亲自主持选拔的殿试。与唐代进士榜分甲乙二等不同,宋代科举进士分五甲,其中第一、二甲赐进士及第,第三、四甲赐进士出身,第五甲赐同进士出身。宋代录取人数较唐代大为增加,有学者统计宋代科举成功者是唐代的 7 倍左右②。这在一定程度上极大扩充了士人阶层的力量,增强了社会流动性,使得地方士人可以凭借科举这种常规化、又相对公平的选拔考试进入官僚体系内。据统计,两宋宰相九成以上为科举出身者,由此可见科举在宋代的影响力。除了考试本身制度政策的完善外,宋代还创设了许多科举考试管理制度,例

---

① 钱穆. 国史大纲 [M]. 北京: 商务印书馆, 1996: 724.
② 张帆. 中国古代简史 [M]. 北京: 北京大学出版社, 2001: 204.

如誊录、弥封、搜身、锁院、别试等，对今日的考试管理工作还有着一定的影响和借鉴意义。

在北宋后期的王安石变法中，一度进行了以官学替代科举制度的尝试。经过王安石的改革，"三舍法"得以推行。"三舍法"规定上舍 100 人，中舍 300 人，下舍 2000 人，上舍优秀者直接入仕为官，这就将学校与入仕直接挂钩。更进一步的是蔡京将太学与地方州县学挂钩，即州县学优秀者升入太学，使得官学构成了北宋后期完整的入仕选拔的体系，这也奠定了明清科举必由学校的基础。因此，在 12 世纪，官学发挥着同科举一样重要的作用，面向更为广大的阶层开放了教育的大门。随着北宋新政变法的失败，科举制度重新获得了原有的地位，也完成了唐宋时期在科举取士上的变革。一方面，无论在行政制度上还是士人的观念中最终确立起科举制度的主流位置，另一方面也完成了士人阶层代替传统贵族的更替。

二、中央与地方：科举、理学与士人地方主义的兴起

（一）南宋科举制度下流动性的提升

降至南宋时期，科举制度进一步完善，有学者提出南宋是科举"自由竞争时代"。柯睿格（E. A. Kracke）以公元 1148 与 1256 两个年份的题名录作为研究依据，提出的核心观点是宋代的科举所吸收的"新血"较多，具有较大的社会流动性。在 1148 与 1256 年的两份题名录中，柯睿格分析了士子直系三代先祖中有无仕宦的家族背景，并着力分析了"新人"，即无仕宦背景者的地域。公元 1148 年和 1256 年这两个时间节点上非官员家族进士的比例分别达到 56.3% 和 57.9%。此外，在 1148 年的题名录中尚有 70% 的"新人"进士的籍贯可以追溯至北方地域。他们或避女真入侵南下，或移民而来。但是，到了 1256 年，"新人"只有 1 人追溯至北方地域。这无疑显示了南方士子在科场方面强于北方的事实，尤其是随着南宋首都南迁至临安，更是着力提拔南方士人。柯睿格认为南宋政府不采取定额制的科举策略使得南方有才能的士子能够脱颖而出，同时降低了人口密度高地域的竞争强度，充分体现了宋

代社会阶层的社会流动性。①

与之同时，柯睿格还考察了在 1148 年考中进士的 330 人中，有家世（官宦）背景者 122 人，无背景者 157 人；而在 1256 年的 601 名进士中，有背景者 241 人，无背景者 331 人。柯氏进一步统计后认为，虽然在第一级的进士中有背景者稍多（他认为是教育资源优越的原因导致），但总体上无背景的进士排名较高，即两份题名录中 66% 与 65% 的"新人"占据了二等、三等进士，有背景者大多占据着四等、五等的排名。因此，柯睿格得出结论：在南宋的科举考试制度下，"新人"占据着更重要的比例，并认为这是宋代科举流动性高的表现。虽然对于南宋是"自由流动"时代的观点尚有争论，但通过柯睿格的研究可知，南宋时代的科举制度已经成了士人晋升入仕的主要凭借。甚至学人魏希德（Hilde De Weerdt.）还在南宋科举盛行的背景下分析了各种思想流派间将科举视为相互争夺的文化空间。②

需要注意的是，在两宋之际北方并非为宋朝独有，而是先后与辽、金对峙而立，其后北方为金朝所有。虽然两个朝代均为少数民族政权，但都保留了科举制度以作为延揽人才的手段。辽朝以南北面官制度"因俗而治"，以"汉法治汉人"，故其科举的主要应试对象是其疆域治下的汉人和渤海人。自辽圣宗后，参酌唐、宋科举制度，取士日渐常规化。甚至在辽朝晚期，科举制度的影响力和观念已经影响了契丹人，以致他们往往突破阻力应试科举，并最终推动了辽朝将科举制度向契丹人开放的转变。③ 步入金朝后，金海陵王的统治时期成为金代历史的分水岭，科举制度逐渐兴盛，这与这一时期统治者意图吸纳汉族士人进入官僚体系内、强化自身的正统地位有着关联。

海陵王之后的金世宗、金章宗更加注意吸收汉人的文化，以及获得汉人的支持，科举因而成为汉人入仕的重要途径。总体上，金代科举大兴后，录取人数增多，吸收汉人文化，更多转向宋型文化。在科举取士的方向上，也

---

① KRACKE, E. A. Family Vs. *Merit in Chinese Civil Service Examinations Under The Empire* [J]. Harvard Journal of Asiatic Studies, 1947 (2)：103-123；Kracke, Edward A. Jr. *Region, Family, and Individual in the Chinese Examination System* [M] //Fairbank, John K. eds. Chinese Thought and Institutions. Chicago：University of Chicago Press, 1957：258-260.

② 魏希德. 义旨之争：南宋科举规范之折冲 [M]. 胡永光，译. 杭州：浙江大学出版社，2016.

③ 武玉环，高福顺，都兴智，等. 中国科举制度通史：辽金元卷 [M]. 上海：上海人民出版社，2015：13.

更多强调了文学的重要性，这与北宋后期的发展有着相似之处。金晚期，官方对科举大力支持，录取人数急剧增加，加之士人集体的自发维系，对金代文化复兴起到重要作用。二者互为表里，科举录取的增加为士人提供了更广阔的空间，使这些士人家庭成为国家的一部分，维护政权的稳定。反之，这种士身份的认同，对于金代文化复兴极为有利，这也就是包弼德所言及的金朝更具包容性的"文明化"（civilization）注脚①。国家对士人的资助表现在扩大科举录取人数，中央设立国子监、太学，地方广建官学，通过一系列努力赢得汉族士人的支持，也对抗了守旧的女真贵族，同时提升了士人的数量，而降低素质低下吏的比例。

（二）科举与儒学的复兴

诚如上文所述，南宋是科举制度的大发展和最终定型期，社会流动性高，但也伴随着考试竞争激烈程度的陡增，致使诸多士人参加科举后铩羽而归。在数量供过于求的大环境下，大量地方上的士人无法出仕，不得不闲居乡间寻求对地方的关注与影响，并致力于哲学、历史、文学、教育等诸多方面。一方面与南宋从北宋的开放性发展逐渐转向"内在"、社会趋于保守和禁锢的大背景相契合，另一方面也是以朱熹为代表的理学家所着力追求的结果。所谓理学，是在两宋之际所形成和发展的一种儒学思想体系，不仅包含了缜密的哲学思想理论，而且提出治、道分离的概念，将治统归于历朝执政的天子，而道统则由具有儒学修养和道德的士人负责。理学重要性的体现，是以提倡个人道德和修养，进而帮助国家施政实现的。理学家还提倡理学的地方化，以转向内在的方式，关注地方事务，增进认同，更加贴近生活。比如理学提倡乡约、社仓、祭祀、讲学、聚会、反省、读书等活动，通过这种地方活动和读书方式不断增强自身的道德修养，而不沉溺于文学创作，将"道"的获得与北宋所提倡的"文"或文学相分离。但是南宋时期的理学运动并不否定科举的重要性，而且希望通过科举所带来的入仕机会最终实现个人的理想抱负。诚如朱熹所言"居今之世，使孔子复生，也不免应举"②。

正是由于以上因素，这一时期的科举成功者继续通过解试、省试、殿试入仕为官，成为官僚队伍中的一员，而一些科场失意者则或多或少地参与到

---

① BOL，P. K. Seeking Common Ground. *Han Literati under Jurchen Rule*［J］. Harvard Journal of Asiatic Studies，1987（2）：534-535.

② 黎靖德. 朱子语类：卷13. 学7［M］. 长沙：岳麓书社，1997：第1册：219.

地方的建设中来。其中一个重要的建设方面就是书院。在朱熹和他的志同道合的理学家团队中，他们对于"内圣"的追求是希望最终转向"外王"的，依靠"得君行道"从而对现行政治制度和秩序进行改革，以他们的理论为正统建立起一个理学化的新天地。在陈雯怡所提出的"南宋书院复兴"运动中，① 理学逐渐成为一种最为重要的思想意识，并以当时最重要的理学家朱熹为代表展开。朱熹希望将对"道德"的追求和理学理念通过书院网络传递给士人。因此，朱熹等理学家着力希望恢复以岳麓、白鹿洞和石鼓为代表的官助书院，转变教学模式，将自己的理念独立地传授给士人，赋予书院新的内涵，即官方资助与私学精神并存，并以这些大型且知名的官方书院建立起新典范。比如朱熹在《石鼓书院记》和吕祖谦《白鹿洞书院记》等记文中都表达了对单纯追求科举利禄之学的不满，而希望将书院变为研习道学、讲求义理的场所。

当然，即使是在官学化并不明显的南宋初年，以朱熹为代表的理学家们所建立的书院内，他们依旧不能完全排除教授科举之学的内容，因为这些内容毕竟是当时社会最广为士子接受的知识体系和内容，也是社会上的主流风气，以致在《朱子语类·学七·力行》中，朱熹就有大量对于当世士人追逐科举考试的评论。因此，包括朱熹和吕祖谦在内的士人承认科举存在的合理性，甚至还在科场考试内容上和叶适为代表的"永嘉"学派有着一番争夺，② 但是理学家强调不应将个人的精力完全投入利禄之学中，而忽视兼顾道德修养，故而问题从对制度的批判转向"反求诸己"。如朱熹所言"专一做举业功夫，不待不得后枉了气力，便使能竭力去做，又得状元时，亦自输却这边工夫了"③。虽然在书院讲授内容及对科举的承认态度上，理学家做出了某些让步，但讲学式书院依旧是"道学"的寄托和象征。不过随着理学的兴起，即使个别理学家放弃了科举应试，但对于整个社会的科举应试风尚、科举制度和社会流动性并没有大的影响，甚至其讲求读书明理以提升道德的方式，提升了士人对于儒学经典的追求，于学风的转变和科举的成功反倒是有一定的促进作用。

---

① 陈雯怡. 由官学到书院——从制度与理念的互动看宋代教育的演变 [M]. 台北：联经出版社，2004.

② 魏希德. 义旨之争：南宋科举规范之折冲 [M]. 胡永光，译. 杭州：浙江大学出版社，2016：172-186.

③ 黎靖德. 朱子语类：卷13. 学7 [M]. 长沙：岳麓书社，1997：第1册：218.

（三）地方网络的形成与科举的中断时期

南宋以来随着受到外界的压力剧增，以及科举的竞争激烈，地方传统日渐兴起。北宋与南宋作为文化的高峰，培养了大批士人，但社会背景使得他们大多没有出仕为官的机会，因此士人地方化的倾向日益明显。入元后，在不兴科举的情况下，大多士人依旧选择从事文化学术活动，编纂、创作诗文。1982年，郝若贝（Robert Hartwell）在《哈佛亚洲学刊》上发表了《750—1550年期间中国的人口、政治和社会变迁》一文，着重强调了在750—1550年中国史上发生的经济重心南移、人口增长等经济变化以及由经济变化引发的南方科举相较北方更加兴盛的现象，更谈及了社会流动性问题①，自宋代以来地方士人更加强调地方而非中央的图景被勾勒出来。韩明士（Robert Hymes）深化这种论述，他以江西抚州为重点印证了自宋以来地方士人关注的重心已经由朝廷转向地方，提出了"精英地方化"的理论，并认为这一现象正肇始于两宋之交。更具体地说，北宋初年以来以中央和全国性视角建立自己仕途、婚姻网的士人们，至南宋时期目光开始投向地方，更加关注地方事务，并通过交友、婚姻等建构起地方网络，最终在南宋—元这一关键时期合流，完成了精英地方性的转型。②

但是，当南北归于元朝一统后，科举作为唐宋以来官员的主要选拔制度戛然而止。元代是注重家世和根脚的，不以科举为重，甚至在开国50年的时间里不行科举。学者姚大力认为即使开科举之后，上层的翰林官也只是为了点缀升平而无法入机要③。萧启庆通过研究大致认同姚氏观点，并认为元代较多的进士是出于仕宦背景的家庭，"新血"较少。尤其是对蒙古人和色目人而言，开科举实际上为他们开拓了另一条为官的途径，而他们科场成功后，也更易成为中上层官僚。④ 在蒙古与色目和大部分汉人子弟中，中式的家庭背景多来自军户，而南人则形成鲜明对比，58.8%的士人来自儒户家庭，其余则

① HARTWELL, R. M. *Demographic, Political, and Social Transformations of China*, 750–1550 [J]. Harvard Journal of Asiatic Studies 42, 1982 (2): 365–442.

② HYMES, R. P. *Statesmen and Gentlemen: The Elite of Fu-Chou, Chiang-Hsi, in Northern and Southern Sung* [M]. London: Cambridge University Press, 1986.

③ 姚大力. 元朝科举制度的行废及其社会背景 [J]. 元史及北方民族史研究集刊, 1982 (6): 48–49.

④ 萧启庆. 元代科举与菁英流动——以元统元年进士为中心 [M] //萧启庆. 内北国而外中国——蒙元史研究 上册. 北京: 中华书局, 2007: 185–215.

来自平民家庭。这也说明了汉人和南人完全出自无仕宦和无学术背景之家者甚少。综上所述,萧启庆认为在元代科举中真正无背景的"新血"比宋、明两代要少,汉人和南人在科举方面竞争更为激烈①。在这种政治环境下,直接导致了士人对地方事务的关注度进一步加强,而地方士人的入仕更多又回到了个人社会网络和被荐举入仕的轨道上来。

那么,在不开科举和精英地方化的大背景下,士人以何种方式提升自身地位,甚至入仕呢?韩明士在《非典型绅士:宋元儒医》一文中着重探讨了"儒医"这一特定角色在宋元时期的身份定位,和士人成为医的一种认同。②他着重讨论了医的社会地位是怎样的以及如何转变为医等问题。韩明士以抚州为例强调儒医角色在宋元之际的重要转变。他以宋代抚州 8 个案例说明在宋代的医的身份中,并无那些功名持有者或地方士绅参与其中,而元代的 18个案例则显出了与宋代的区别,一些医的身份与地方精英家庭挂钩,一些旧的士人家庭向医者转变,元代一些地方士人以行医建立起了地方声望,而这是宋代所未曾有过的事情。同时,一些有名望的医生被视为地方精英的成员。

在元代的抚州并未有大的动荡,因此并非传统认知中蒙古入侵所引发的混乱导致了士人身份的转变,而随着科举的恢复,地方儒士数量回升,也并非如之前研究者所言的大幅度下降。为此,韩明士要回答的问题就是什么使士人从医?他通过制度上的转变和士人自己的价值观的转变回答此问题。在制度上虽然宋代就专门设立了官方的太医局,但元代在地方上同样兴建了地方医学校与官学平行。地方医学校选拔优秀人才进入中央,对提升医者地位具有重要的作用,而将医学学习机构遍布中央和地方,有如北宋末年官学的推广一样。

在士人的认同上,宋代将医书视为重要的典籍之一,士人学医也被视为博学的表现,可以说医学是一个令人尊敬的学术领域,但对于以医为业则显得态度不明。朱熹认为医书可以学习,但不应视为一个单一的职业。当时的士人也反对将参加医学类科举视为入仕的正规途径。然而,在元代中央将医官的品级较宋代提升三级,而最为重要的是吴澄。作为元代著名的理学家,

---

① 萧启庆. 元代科举与菁英流动——以元统元年进士为中心 [M] //萧启庆. 内北国而外中国——蒙元史研究. 北京:中华书局,2007:185–215.

② HYMES,R. P. *Not Quite Gentlemen? Doctors in Sung and Yuan* [J]. Chinese Science,1987,8:43–44.

吴澄与北方的许衡有"南吴北许"之称。他认为医与儒的地位是相等的，应该受到同样的尊敬，也是"士人阶层"内的成员，反对将"士"与"医"割裂对待。在他所作的《赠建昌医学吴学录序》中，明确了"儒"与"医"的关系，吴澄认为：

讥儒学子而易业于医？予谓医儒一道也！儒以仁济天下之民，医之伎独非济人之仁乎！彼以称号曰儒，而瘠人以肥己，害人以利己者不仁甚矣，恶得谓之儒。盖儒之为儒，非取其有日诵万言之博也，非取其文成七步之敏也，以其孝悌于家，敦睦于族，忠信于乡，所厚者人伦，所行者天理。尔今虽以医进，而能修孝悌，敦睦忠信之行，是乃医其名，儒其实也，而又何讥焉？！①

可以说，吴澄的以上对于"儒"与"医"的论断更加关注道德标准，而非社会职业划分本身，这对于提升医的地位和为士人"不为良相便为良医"的认同提供了绝好的注脚。

韩明士认为士人身份最重要的三个关键词是收入、为官、建立人际网络。在元代，在停止科举及科举竞争激烈度无法满足士人出仕希望的前提下，医的职业成了一种满足他们愿望的可能，因为从医也满足以上三个关键词。首先，医生可以有较为丰厚的收入。其次通过地方医学、中央太医局和特殊的医学考试，他们可以入仕为官，并通过医官迁转其他官阶。最后，在元代主要的推荐为官的背景下，人际关系网成为入仕最为重要的因素，而医生接触的人比士人甚至更加广泛，更多来自高级官员阶层，因此人际网络的建立成为他们重要的人脉资源。所以，韩明士的结论是对于一些士人家庭，对医的转向是儒业功名下降的自然选择。元代在政策上降低了儒业入仕的途径，而教官的削减，反而开启了医官的大门。这种转向是10—14世纪士人们面对社会、政治、经济的转变所做出的选择，士人们也在元朝的统治下以各种形式扩大着自己的影响，如义田、祠堂等。元代对于南方士人的宽松控制使得南宋地方化倾向在元代得以保持，但科举的不兴，使得士人与文化和社会地位相剥离，因此士人在地方上自发地建造着认同。

虽然士人建构起自己的认同和人际网络，甚至另辟事业途径，但总体而言元代在缺失科举制的情况下，社会流动性是较低的。元仁宗时期虽有"延祐复科"之举，但此后科举制度在元代后期时断时续，其间因权相伯颜废止

---

① 吴澄. 吴文正集，卷30［M］//景印文渊阁四库全书：1197册，台北：台湾商务印书馆，1986：324-325.

还曾一度中断。所以说，科举制度并非元代固定的选官主流形式。不过元代科举制度却延续南宋末期以来理学的官方话语地位，并以朱熹《四书章句集注》作为标准用书。实际上，元朝科举制的一个重要意义就是确立了理学在科场中的绝对地位，并以四书作为取士首场的考试内容，奠定了此后明清600年四书在科场中的地位和重首场的"惯习"。然而，即使有恢复科举之举，科举选拔也并非元朝主要的选拔人才的制度，而更多是如上文所述需要凭借自己营造的网络被荐举入仕，可以说这一时期的社会流动性大为减弱，甚至较之隋唐之前，因为受到"四等人"的制度限制，大量汉族士人的阶层流动性进一步下降，而地方的书院成为元治下汉族文人的精神归宿、身份认同所在以及为生之本。可以说，在元代统治下由于科举制度的中断，社会流动性陡然降低。

三、科举必由学校：明清科举制度的确立与运行

（一）明清时期三级科举体系的确立

明朝定鼎天下后，也一度将科举制度停止，直到洪武十五年（1382）才重新开设。根据礼部颁布的定制，应试的天下士子必须先在地方州县参加基层的科举考试，获得生员功名（秀才）进入县学、府学进一步学习和应试后，才能最终获得参加接下来乡试、会试和殿试的资格。这一做法将科举制度和北宋末年的官学改革做法结合起来，形成了"科举必由学校"的状态。

明代的科举考试遵循了宋代的传统，每三年举行一次，分为乡试、会试和殿试三级考试，其主要考试内容为四书、五经、论、判、表、诏、时务等内容，并以南宋朱熹的注疏作为权威注解版本。值得一提的是，到明中期以后，由于四书文和经义文章的写作格式日渐固定，文章写作中包含四段对偶文字，即起股、中股、后股和束股，故史称八股文。

明清两代改变了宋代五甲进士的划分，而以三甲取而代之。其中一甲三人，分别为状元、榜眼、探花，赐进士及第。二甲人数若干，赐进士出身。三甲人数若干，赐同进士出身。

洪武三十年（1397），明代科举发生了一次重大的事件，称为"南北榜案"。这一年科举会试中试者全为南方人，引得朱元璋的猜忌，认为其中必定有舞弊情况，否则不能有如此巧合之事。结果朱元璋将主考官问斩，重新考

试选才，却又全部选择了北方人。这造成了明代科举发展历史上一个重要制度的形成，即区域定额取士，称为南北卷。按照规定，北榜、中榜和南榜分别取士35%、10%和55%，以保证地区间取士的相对均衡性。其中北卷包括山东、山西、河南和陕西四省，北直隶的顺天、保定、真定、河间、顺德、大名、永平、广平12个省府和延庆州、保安州，以及辽东、大宁、万全三个都司。中卷范围是四川、广西、云南、贵州四省，以及南直隶的庐州、凤阳、安庆7个省府和徐州、滁州、和州。南卷包括浙江、江西、福建、湖广、广东五省，以及南直隶的应天、松江、苏州、常州、镇江、徽州、宁国、池州、太平、淮安、扬州16个省府和广德州①。明成祖朱棣即位后，更将科举取士视为国策，其言："科举是国家取人才第一路。"② 正是在明代这种国策下，天下各阶层之人无不对科举心向往之，以致形成了"夫以科目取士非古也，然上之用人以科目为重，下之进身以科目为荣"③ 的局面。

明代形成的科举体系基本上被清代继承，并有所发展。在传承方面，清代科举制度沿袭了童生试、乡试、会试、殿试的考试体系，乡、会试每三年举行一次，若恰逢皇帝或皇太后万寿、登基等喜事，则临时加开科举考试一科，称为恩科。清代武科考试也与明代相仿，具有传承意义。可以说，通过科举制度，明清两代朝廷选拔了大量士人进入官僚体系内，扩大了统治基础，有效地对官僚队伍进行新陈代谢。在发展方面，清代不仅开设有博学鸿儒科和经济特科，还因民族特色开设有翻译科考试，并逐渐形成了满洲翻译科考试和蒙古翻译科考试，以满文译汉文为满洲翻译，而以蒙古文译为满文者为蒙古翻译。

更为重要的是，清代施行了分省定额制度，这是在明代区域定额取士上的一大进步。所谓分省定额，就是在会试环节中每个省份依据地方文风、人口比例等条件，分配给一定的录取额度。虽然各地录取人数不等，但是其总的用意是要平衡各省、各地域间的政治、文化资源，保证各地均有进入朝廷供职的人才。清代分省取士制度极大地平衡了各地取士人数，保证了地域间东西部与南北方的均衡发展，也体现着中国古代考试制度不断自我革新的趋

---

① 郭培贵. 中国科举制度通史：明代卷 [M]. 上海：上海人民出版社，2017：382.
② 明太宗实录：卷28. 永乐二年二月己酉 [M]，台北：中研院史语所校印，1962：507.
③ 何乔新. 椒邱文集：卷10 [M] //景印文渊阁四库全书：1249 册，台北：台湾商务印书馆，1986：163.

势与发展脉络。特别是为了扶植边远省区人文教育水准的提高，清代对云南、贵州的取士中额不断增加以避免中式士子一地过多、另一地过少的情况出现。① 分省定额制度的创立极大地提升了阶层流动性，使得各地布衣士人均获得了应试为官的机会，增强了各地士子的向心力。

当然，任何制度在其优点之外，也有弊端存在，分省定额所带来的一个负面效应就是冒籍问题的陡增。一些科举考试竞争激烈的大省如江苏、浙江等地士子，会去云南、贵州、广西等地冒籍应试，挤占当地中额，造成"土客之争"的局面。正如夏卫东所说："分省取士制度将考生之间的自由竞争严格限制在本地区之内，造成各地考试的竞争程度不一。南方省份由于文风兴盛，竞争激烈，而北方省份名额虽然不多，但竞争相对容易，大量南方士子冒籍便造成了这一负面效应。"② 但总体而言，清代的分省定额制度是对科举制度的又一次重要发展，也是保证地域公平和增进社会流动性的必要手段，甚至对于今天的高考各省录取名额分配政策还有着影响和借鉴作用。

（二）明清时期的社会流动性与"贱民"群体的无资格应试

明清科举体制下，士、农、工、商四民均有机会参加科举考试并出仕为官，可以说这一时期的社会流动性在制度上是开放和包容的，大量原本为贫民者进入庙堂，我们可以称之为绝对意义上的流动。然而，虽然在政策上允许士、农、工、商百姓参与科举考试，但实际上科举的成功却并非公平的在四民中分配，而是与经济情况和家庭背景等息息相关。试想，一个经济相对欠发达的农民家庭或手工业家庭，如何能够支持一个成年劳动力长年从事读书与应试，而放弃赖以为生的农业或小手工业经济呢？实际上，经过考察可知，科举中试者家庭内完全无功名和官职背景的布衣比例，远没有想象的高。

讨论明清时期科举制度内阶层流动性议题的经典著作，莫过于何炳棣在1962年所出版的《明清社会史论》一书③。作者运用上百种史料，分析了四万余个中式士人的案例，采用社会流动学的理论视角讨论了明清500年间科举阶层流动问题。何炳棣以士子三代直系亲属作为考察对象，得出的明清时期家庭三代内非官宦背景的布衣士子很多，比例可以达到四成以上，从而总

① 王学深. 清代乾隆朝科举冒籍问题概述 [J]. 中国考试, 2016 (4)：56-64.
② 夏卫东. 论清代分省取士制 [J]. 史林, 2002 (3)：47-51.
③ HO, P. T. *The Latter of Success in Imperial China：aspects of social mobility*, 1368－1911 [M]. New York：Columbia University Press, 1962.

结性地提出明清数百年间科举流动性高的结论。然而，这一论断不断受到质疑与挑战，早在上文提及柯睿格发表论文论述南宋科举高度流动性的1947年，潘光旦和费孝通实际上就发表了《科举与社会流动》一文，利用915份硃卷考察出清代贡举以上的功名持有者五代亲属的社会流动性，而其比例只有13.3%。换言之，只有13%左右的上层士绅是"绝对意义"上的向上流动，这一结论也比何炳棣只考察三代亲属功名所得出的结论为低①。近年，王志明在《清嘉庆以后科举与社会流动中的城乡差别——以1802—1903年进士〈同年录〉所载进士居地为中心的分析》一文中通过对嘉庆朝以后4250位进士分析得出了三代家族内无功名持有者的比例为15.4%②，与潘光旦和费孝通两位先生的数字较为接近，也印证了艾尔曼（Benjamin A. Elman）所提出的地方精英凭借科举进行"政治、社会与文化再生产"的观点③。

这些考察再次提醒我们，科举流动性在实践中远没有想象的那样高。又如在科举和地方士绅兴起的研究中，郝若贝和韩明士就认为何炳棣仅仅将直系三代亲属作为代际流动比率的依据毫无意义，而是应将这一研究范围扩大，而且不仅要囊括父系亲属，同样应包含母系亲属。④ 虽然有一些质疑，但是何炳棣对于明清科举制度下的社会流动议题的讨论却有着重要的开创性意义，而且何氏所言及的流动性不仅有向上的社会流动，还有向下的流动性，甚至横向流动，这相较于单纯的科举入仕研究更加全面和丰富。

在考察科举入仕者家境背景之外，明清时期人数的激增也加剧着竞争，使得社会流动的大门虽然敞开，但对个体而言却是高低不一的。实际上，明清时期大量士子长期困于科场，如同坐着"文化监狱"。典型事例无过于明清时期三位文学家归有光、蒲松龄与吴敬梓。归有光曾先后5次乡试落第，8次会试落榜，蹉跎科场40年。蒲松龄则在获得生员功名后，同样困于科场40余年而不获举人功名，晚年曾发出"无似乃祖空白头，一经终老良足羞"的哀叹。写出《儒林外史》的吴敬梓也曾3次乡试折戟，而他笔下所描绘的

① 潘光旦，费孝通. 科举与社会流动［J］. 社会科学（清华大学），1947，4（1）.

② 王志明. 清嘉庆以后科举与社会流动中的城乡差别——以1802—1903年进士《同年录》所载进士居地为中心的分析［J］. 安徽史学，2017（4）：33-40.

③ ELMAN, B. A. *Political, Social, and Cultural Reproduction via Civil Service Examinations in Late Imperial China* ［J］. Journal of Asian Studies, 1991, 50（1）：7-22.

④ HARTWELL, R. M. *Demographic, Political, and Social Transformations of China, 750-1550* ［J］. Harvard Journal of Asiatic Studies, 1982, 42（2）：365-442.

"范进中举"事例，更体现出明清时期久困于科场士人的异常精神状态与可悲之状。这种科场激烈的竞争情况在艾尔曼看来，"可视为一场激烈的争夺战"，而何炳棣则认为"明代生员名额增加，但导致了科举下层上升途径的壅塞，而清朝控制住了生员名额，但由于人口的过快上涨，更突显了上升比例递减的事实"①。

但是无论如何，明清时代的四民阶层是可以正常应试和出仕为官的，无论在政策上还是在实际选拔中均不乏成功案例，虽然对于流动性高低比例尚存在争议，但不可否认的是科举制度所带来的社会流动性加速和常规化。这种制度化的保障和阶层变动之门的敞开可视为绝对意义上的社会流动。然而，明清时期也存在着阶层板结问题，即完全不流动情况。实际上，在明清时期有一部分特定人群被视为百姓阶层以下的"贱民群体"，如疍户、优伶、九姓渔户、乐户、长随、捕快等，按照律例他们没有参加科举考试的权利，更不要谈及出仕为官。甚至他们的婚姻也只能进行内部选择，而不可以同"良民"进行婚配，更谈不到在司法上的平等。

据清代《大清会典》规定"出身不正，如门子、长随、番役、小马、皂隶、马快、步快、禁卒、仵作、弓兵之子孙、倡优、奴隶、乐户、丐户、疍户、吹手，凡不应应试混入，认保派保互结之五童互相觉察，容隐者五人连坐，廪保黜革治罪"②。清代的律例在制度层面将贱民拒绝于科举大门之外，世代无法改变其"低贱"的社会地位。虽然雍正年间废除"匠籍"、乐户等贱民身份，但是需要很长时间才有考试的资格。乾隆三十六年（1771）陕甘学政刘墫就上奏乾隆帝请求准许削籍乐户等应试捐纳，得到奏报后乾隆帝同意所请，让礼部议复刘墫，"凡削籍之乐户、丐户、疍户、渔户、应以报官改业之人为始，下逮四世，本族亲支皆清白者方准报捐应试"③。由此可见贱民即使开豁之后仍然很难参加科举考试，而优伶、皂隶等贱民阶层更是从法律上都没有参加科举的资格。

正是在这种流动性近乎为零的背景下，一些"贱民"为了改变自己的社会地位采用冒籍的方式参加科举考试，希望改变身份地位。例如，乾隆十六

① HO, P. T. *The Latter of Success in Imperial China: aspects of social mobility*, 1368 – 1911 [M]. New York: Columbia University Press, 1962: 179–183.

② 钦定大清会典（光绪）：卷32. 礼部 [M] //续修四库全书：794 册. 上海：上海古籍出版社，2002：292.

③ 清高宗实录，卷886. 乾隆三十六年六月庚辰 [M]，北京：中华书局，1986：873.

年（1751）原云南布政使宫尔劝的长随杜七之子杜时昌，虽然已经过继给杜冕为嗣，但是依旧不准冒籍考试。① 乾隆五十八年（1793）安徽盱眙县一位皂隶的孙子参加武科举考试，当即遭到众人反对。盱眙知县杨松渠认为，这位皂隶的孙子有童生身份，而且该童生的父亲早在其祖父充当皂役之前就已经出继给他人，因此皂役的贱民身份应随之去除，与这个武童无关，于是该县官批准他参加考试，并将处理结果上报。但是两江总督书麟批驳了该县官的意见，认为即使情况如此也"究属违例"，遂将这个县官降一级调用。② 乾隆六十年（1795），江西学政邹炳泰参奏前任学政沈初滥准皂役之子冒籍应考。先是童生饶昌期等控告焦模泰系皂役之子，不应入学。事情本属简单，如果沈初就此黜革焦模泰就可结案，但是沈初害怕饶昌期等有挟嫌索诈情节，"乃沈初于该生具控时，未经审讯即将原告斥革，而于被告冒籍应考的焦模泰转置不问。今据审明焦模泰实系皂役之子，应行斥革，饶昌期等并无挟嫌讹诈情事"，最终将意存祖护皂役之子的前任学政沈初交部议处。③ 由此数例就可以窥见明清时期贱民冒籍科举应试现象的全貌。贱民在封建社会中是被人所鄙视的一个等级群体，无论从业、婚丧嫁娶还是法律地位等，与良民阶层有着较大的区别，为了改变社会地位而冒籍科举也就不足为奇了。

（三）相对的流动：科举家族的形成

在明清科举制内，存在着大量科举家族。科举家族这一提法最早见于张杰所著《清代科举家族》一书中，他提出地方望族与科举连续成功的相关性，进而家族凭借科举"长期保持望族的家声"。④ 实际上，在明清社会中，如明清时期的福州府就出现了"同榜四进士""五子登科""一门四代七进士，三世宫至尚书"的科举鼎盛局面。⑤ 根据统计，清代福建科举家族共 12 个，其中福州府的科举家族数量为 11 个，泉州府 1 个⑥，如螺州陈氏家族、鄂里曾氏家族、文峰林氏家族等。这些家族的出现除了地理上的客观因素外，他们

---

① 大清律例汇辑便览：卷8. 户律户役 [M]，湖北臧局汇辑，同治十一年（1872）：5.

② 大清律例汇辑便览：卷8. 户律户役 [M]，湖北臧局汇辑，同治十一年（1872）：6.

③ 清高宗实录，卷1493. 乾隆六十年十二月辛丑 [M]，北京：中华书局，1986：980.

④ 张杰. 清代科举家族 [M]. 北京：社会科学文献出版社，2003：19.

⑤ 王学深. 清代福州府科举家族初探——以洪塘鄂里曾氏为中心 [J]. 福建师范大学学报（哲学社会科学版），2016（2）：140-150.

⑥ 方芳. 清代科举家族地理分布的特点及原因 [J]. 济南大学学报（社会科学版），2009，19（5）：39-44.

自身的家族文化传统、联姻策略、家族交友圈，甚至科举家族间的相互影响等因素都促使科举家族的出现及长时间维系。在某种意义上说科举家族的成员更多地占据了科举资源，相应地抑制或降低了地方其他士子的中式率，故而可以视为对流动性有一定的阻滞。

根据学者方芳的统计，清代全国共存在 166 个科举大家族，涵盖了进士1400 余人，其中以江苏和浙江为最多，分别为 33 个和 25 个，占总科举家族数的 35%，紧随其后的省府有山东、安徽、河南等，分别有 20、18 和 14 个科举家族，这也与各省地理位置、经济状况、文风强弱和家族传统有着直接关联。笔者曾经对清代福州府曾氏科举家族做过讨论，世代内均有功名持有者和出仕为官者，自明朝中叶曾氏家族开始读书应举，到清末将近四百年时间，其中有中秀才者 77 人，中举人者 40 人，五贡生者 5 人，中进士者 9 人，入翰林院者 3 人，中解元者 1 人。[1] 对于曾氏科举之盛，曾克耑的评论为"吾闽所称为世家者也"[2]。当晋升为科举家族后，婚姻网络和交友网络对于科举成功会进一步起到助力作用。

虽然科举家族是凭借应试人通过正常的科举考试实现的，但家族内的诸多优势却又是其他普通应试者所不具备的。比如功名持有者众多和家族文风背景，会保证科举家族成员的文化水准，甚至许多弟子的授业师均是由家族成员构成。又如，科举家族内多人为官的仕宦背景和因此形成的交友网络，对于提升家族声望和为科举的潜在成功提供了保障，无疑也相较于普通应试者有着更为雄厚的经济基础，而在此之外的婚姻网络是对政治、经济和文化资源的再拓展。以清代为例，长洲彭氏、天门蒋氏、吴县潘氏、常熟翁氏、桐城张氏等家族，不仅在举业上不乏成功的子弟，相应地在仕宦上也形成了代际间的连续性。例如长洲彭氏家族不仅出现了彭定求和彭启丰的祖孙状元，为"世所希见"，且家族数代内均有进士功名获得者，彭氏科目之盛被昭梿称为"当代之冠"[3]。相应的，明清时期科举家族的出现，虽然是科举制度下流动性的产物，却反过来在一定程度上限制了流动性。科举家族所占据的政治、经济和文化资源保证了他们赢于起跑线上，也在很大程度实现了他们对于成

---

① 王学深. 清代福州府科举家族初探——以洪塘鄂里曾氏为中心 [J]. 福建师范大学学报（哲学社会科学版），2016（2）：140-150.

② 曾克耑. 曾氏家乘序 [M] //曾氏家学续编. 香港，1962：1.

③ 昭梿. 啸亭续录：卷 3 [M]. 北京：中华书局，1980：444.

功的再复制。故而在某种意义上说，科举家族的出现是在明清时期科举绝对流动性背景下的"变相性"的世族再现①。

（四）流动的变调：捐纳

除了正常科举考试之外，明清社会中还存在着通过捐纳的方式改变社会身份，从而实现身份流动的情况。所谓捐纳，就是通过向国家和省府捐献一定的银两，从而获得荣誉头衔、功名或官职的行为。换言之，捐纳是经济实力决定了政治地位，极大冲击了科举制度选官的相对公平性，也将士商阶层的界限完全打破。更需要注意的是，虽然一些有经济能力者捐纳入仕增加他们的流动性，却挤占了传统科举应试士人的机会与生存空间，而对于这部分应试士人而言，流动性则处于下降状态，而这一状况到了清后期尤为突出。

随着清后期以来军需的日渐增加，国库常额收入已渐渐难以支持，尤其历时九年的川陕白莲教起义，更是耗费两亿白银，无疑雪上加霜，故自嘉庆四年（1799）始，即规定各省封储制度，开展捐纳事宜。根据汤象龙的研究，在嘉庆五年（1800）至道光二年（1822）的 22 年中，捐纳共得银 4400 余万两，年均收入 200 余万两②，道光元年（1821）至三十年（1850）间，捐纳得银 3300 余万两，年平均 100 万两以上③。至咸丰太平军起以后，捐纳所得更是不可计数，捐纳得银数所占银库比例从乾隆年间的 10%~20%，骤增至嘉道年间的 50%~60%，甚至在嘉庆七年（1802）和九年（1804），捐纳得银分别占银库比例为 82.77% 和 72.68%④。

---

① 另外一种"变相性"世族的情况是，作为少数民族政权的清代，很多满洲旗人家族内子弟或承袭爵位，或通过笔帖士或侍卫起家。他们不通过科举考选，却能凭借皇家恩典和世代恩荫为官，常有数代一品的贵族家庭出现。清初五大臣之一的额亦都家族就世代公爵不断，成为这种旗人勋贵家族的代表。再如章佳氏阿克敦—阿桂—阿必达—那彦宝、那彦成家族，富察氏米思翰—马齐、李荣保、马武—傅恒—福康安、福昌安、福隆安、福灵安—德麟、丰绅济伦家族等等。甚至在昭梿笔下还记载有父子、祖孙世代"宰相"的情况出现，如高斌—高晋—书麟、温达—温福—勒保、尹泰—尹继善—庆桂等，可谓不胜枚举。由于篇幅所限，清代旗人勋贵家族笔者不做详细考察，但这种满洲旗人家族世代勋贵的现象同样是流动性低的表现。参见昭梿．啸亭杂录：卷 2. 本朝父子祖孙宰相 [M]. 北京：中华书局，1980：31.
② 汤象龙．鸦片战争前夕中国的财政制度 [M] // 汤象龙．中国近代财政经济史论文选．成都：西南财经大学出版社，1987：187-241.
③ 汤象龙．道光朝捐监之统计 [M] // 汤象龙．中国近代财政经济史论文选．成都：西南财经大学出版社，1987：30-45.
④ 罗玉东．中国厘金史 [M]. 北京：商务印书馆，2010：9.

通过捐纳入仕者在官僚队伍中所占比例在清代逐渐上升，从清中前期的两成，逐渐增加至后期的五成。根据艾尔曼的研究，捐官比例从乾隆中叶的22.4%，增长至同治年间的51.2%和光绪时期的49.4%。（见表2-1）

表2-1　清代官员及科甲、荫补、捐纳所占比例变化①

年份	官员数量	科甲比例%	荫补比例%	捐纳比例%	其他比例%
1764	2071	72.5	1.1	22.4	4
1840	1949	65.7	1.0	29.3	4
1871	1790	43.8	0.8	51.2	4.2
1895	1975	47.9	1.2	49.4	1.5
增减率		-24.6%		+27.0	

如此大规模捐官和捐衔行为，致使捐纳官员在官僚阶层所占比例逐渐升高，以致官风大坏，正如学者伍跃所言，"嘉庆年间以后，财政上捉襟见肘的清朝政府陆续开办可以捐纳任官资格的大捐，导致捐纳出身者有如过江之鲫，纷至沓来"②。尤其是一些目不识丁、不知律例又贪腐的捐纳者，成为地方州县亲民官，引发吏治腐败问题。例如光绪二十五年（1899），河南新蔡县知县徐仁麟捐得知县实职，刚到任上便大肆敛财，令当地士子大为不满，引发抗议，终至徐仁麟被罢职③。同年，山东巡抚参劾莒州知州钱心润。钱本就是安徽怀宁县捐纳的监生，后在三十九岁时以朝廷新海防捐名目，例捐得山东平原县知县④，并于光绪二十二年（1896）赴任。他"在平原任内，不洽舆情，道路以目。其在莒州任内，匿灾不报，罔恤民艰，催逼钱粮，民受追呼之苦，遂致州人不服"⑤。这些事例真实反映了在科举制度外一些有经济能力者但文化程度低下之人通过捐纳的方式进入官僚体系内，实现了自我的社会流动，却致使吏治下滑严重，挤占了传统科举应试士人的空间，降低了他们的流动

① ELMAN, B. A. *Civil Examinations and Meritocracy in Late Imperial China* [M]. Harvard University Press, 2013：247.
② 伍跃. 中国的捐纳制度与社会 [M]. 南京：江苏人民出版社，2013：200.
③ 驻马店市地方史志编纂委员会. 驻马店地区志（下）[M]. 郑州：中州古籍出版社，2005：1839.
④ 秦国经. 清代官员履历档案全编：第28辑 [M]. 上海：华东师范大学出版社，1997：216.
⑤ 中国第一历史档案馆. 光绪朝朱批奏折：第十四辑——内政·职官 [M]. 北京：中华书局，1995：581.

性，也加速了政权的瓦解。

结　语

科举制度的创设对于中国历史的发展具有重要意义。这种意义不仅仅体现在选官方式上的变化，更体现在科举考试本身的影响力和对于后世的影响上。归纳起来，可以将其总结为三点：

第一，科举制度选贤与能，促进了教育的发展。正如晚清时期在华的传教士卫三畏所观察到的"从科考的结果看，中国政府的高官阶层中的不少官员都怀有让人极为敬佩的才能和知识……它有效地维持了这个国家庞大的机器的运转，也保持了一种不衰的崇文风气"①。

第二，科举制度是统治的稳定器与调节器。特别是常规性的科举选拔，不仅对社会阶层流动大有益处，而且通过乡试和会试的开科，士子无论远近均将地方与中央联系起来，增强了向心力。正如钱穆在评论科举制度时所言："必有大批应试举人，远从全国各地，一度集向中央，全国各地人才，都得有一次之大集合。不仅政府与社会常得声气相通，即全国各区域，东北至西南，皆得有一种相接触相融洽之机会，不仅于政治上增添其向心力，更于文化上增添其调协力。"②

第三，文化辐射力。科举制度不仅对我国历史的发展有着深远的影响，也同样对世界有着影响和借鉴作用，不仅朝鲜、琉球、安南效法明清开科取士，而且科举制度对于近代欧美文官制度也有着借鉴作用。正因为如此，西方往往将中国的科举制度翻译成"civil service examination"，以西方近代文官选拔制度作为科举制度的直接指代。丁韪良在论及科举制对西方的影响时曾言及："西国莫不慕之，近代渐设考试以取人才，而为学优则仕之举。今英、法、美均已见端，将来必至推广。"③

当然，在以上众多深远意义之外，回到本文所关切的核心问题——流动

---

① WILLIAMS. S. M. *The Middle Kingdom*: *A Survey of the Geography*, *Government*, *Education*, *Social life*, *Arts*, *Religion of the Chinese Empire and Its Inhabitants* [M]. New York: Wiley and Putnam, 1848: 451.

② 钱穆. 国史新论 [M]. 北京：三联书店，2001：259.

③ 丁韪良. 西学考略，卷下 [M]，北京：京师同文馆，1883：53.

性议题，不妨在此再做一小结。科举制度创设后，改变了传统的荐举风尚，降低了人为的主导因素，以相对更加公平的考选平台和开放的政策，保证了地方各阶层百姓进取之门的敞开。因而从这一角度而言，科举制度的创设对于社会流动性的提升有着绝对意义，它为士人入仕提供了一个相对公平的"文化空间"，也扭转了士、农、工、商分隔的状态，四民之间和官绅之间的流动性增强。当然，在这一绝对流动意义之外，随着科举制的发展，也逐渐衍生出了相对流动性和不流动性问题，前者如科举家族的出现和捐纳的盛行，而后者则突出地体现在"贱民"群体无法应试问题上。

关于科举流动性议题自 20 世纪 40 年代柯睿格率先讨论后，一直是学界所关注的热点问题之一，海内外众多学人均有着深入的研究和讨论，甚至梅斯克尔（MENZEL，J. M.）在 1963 年还组织编辑了《科举：学而优则仕？》的专题论文集，① 囊括了柯睿格、何炳棣、张仲礼、费孝通、魏复古等众多学者的文章，主题大多围绕科举流动性展开，并将科举作为士人摄取权力的核心媒介。直到近年以来，这一问题依旧被学人所关注。张天虹在《历史研究》上发表《"走出科举"：七至二十世纪初中国社会流动研究的再思考》一文，对于中国科举史研究中的"流动"与"不流动"讨论进行再整合与再思考，并提出走出科举来看社会流动性问题的观点②。徐泓近作《明代向上社会流动再探》一文也捍卫了何炳棣有关明代社会流动性高的学术观点③。以上这些讨论，均是在社会史范畴内对科举制和传统社会流动性议题的有益检视，并持续引发着人们对这一问题的关注与思考。

推荐阅读书目：

[1] 何炳棣. 明清社会史论［M］. 徐泓，译注. 北京：中华书局，2019.

[2] 李世愉，胡平. 中国科举制度通史·清代卷［M］. 上海：上海人民出版社，2015.

[3] 潘光旦，费孝通. 科举与社会流动［J］. 社会科学（清华大学），1947（1）.

---

① MENZEL, J. M. *The Chinese Civil Service；Career Open to Talent？*［M］. Boston：D. C. Heath and Company, 1963.

② 张天虹. "走出科举"：七至二十世纪初中国社会流动研究的再思考［J］. 历史研究，2017（3）：137-148.

③ 徐泓. 明清社会史论集［M］北京：北京大学出版社，2020：325-362.

［4］商衍鎏.清代科举考试述录及有关著作［M］.天津：百花文艺出版社，2004.

［5］徐泓.明代向上社会流动再探［M］//徐泓.明清社会史论集.北京：北京大学出版社，2020：325-362.

［6］张杰.清代科举家族［M］.北京：社会科学文献出版社，2003.

［7］张天虹.“走出科举”：七至二十世纪初中国社会流动研究的再思考［J］.历史研究，2017（3）.

［8］ELMAN，B.A. *A Cultural History of Civil Examinations in Late Imperial China*［M］.Berkeley：University of California Press，2000.

［9］HARTWELL，R.M. *Demographic，Political，and Social Transformations of China*，750 - 1550［J］.Harvard Journal of Asiatic Studies，42，1982，pp.365-442.

第三讲

自然灾害与中国历史发展

一、中国灾害史研究状况概述

中国自古是一个多灾的国家。何谓"灾"？有的学者认为，古人所谓的"灾"实指天灾，"是泛指水、火、旱等自然破坏力给人类社会生活或生产造成的祸害如水灾、旱灾、风灾、虫灾、地震等各种自然灾害而言的"①。有的学者对"灾害"一词做出以下界定："凡是直接危险人类生命财产和生存发展条件的各类破坏性自然异常事件就是灾害"②。"灾"的发生很可能导致"荒"，《春秋谷梁传注疏》称："五谷不升为大饥，一谷不升谓之嗛，二谷不升谓之饥，三谷不升谓之馑，四谷不升谓之康，五谷不升谓之大侵"③。"灾荒"应是灾害和饥荒的合称。邓拓指出，所谓"灾荒""乃是由于自然界的破坏力对人类生活的打击超过了人类的抵抗力而引起的损害；而在阶级社会里，灾荒基本上是由于人和人的社会关系的失调而引起的人对于自然条件控制的失败所招致的社会物质生活上的损害和破坏"。面对自然灾害的不断侵袭，历代社会采取了多种措施抗灾救荒。所谓"救荒"就是"人们为防止或挽救因灾害而招致社会物质生活破坏的一切防护性的活动"④。

就中国灾害史的学术历程来讲，大概包括如下三个方面。

---

① 孟昭华．中国灾荒史记［M］．北京：中国社会出版社，1999：1-2.
② 卜风贤．农业灾荒论［M］．北京：中国农业出版社，2006：48.
③ 春秋谷梁传注疏［M］．范宁，注．影印本．长春：吉林出版集团有限责任公司，2005：258.
④ 邓拓．中国救荒史［M］．北京：北京出版社，1998：5-6.

（一）20世纪二三十年代中国灾害史研究的起步

中国近代意义的灾害史研究起步于20世纪二三十年代。竺可桢先生较早运用现代科学解释灾荒史，他从自然科学的角度探索了灾害发展的规律。在20世纪20年代，竺可桢发表了《论祈雨禁屠与旱灾》等一系列论文，竺可桢也是1949年以前发表灾荒史研究成果最多的作者。1931年，波及16省的江淮大水灾发生，有更多学者因此开始从事灾害史的研究。1937年，邓拓所著的《中国救荒史》由商务印书馆出版，该书是中国第一部较为完整、系统、科学地研究中国历代灾荒及救荒思想的专著，也是马克思主义救荒史学筚路蓝缕的开山之作。该书"以其翔实的史料、缜密的分析、科学的历史观和现实主义的批判精神"，成为当时研究中国救荒问题的"扛鼎之作""并将中国救荒史的研究推进到一个全新的阶段"①。该书分三编，第一编和第二编分别为历代灾荒的史实分析和救荒思想的发展，第三编为"历代救荒政策的实施"，该编分消极救荒政策和积极救荒政策，分别从赈济、调粟、养恤、除害、安辑、蠲缓、放贷、节约方面论述了历代消极的救荒政策，又从重农、仓储、水利、林垦等方面论述了历代积极的救荒政策。此外，这一时期，潘光旦《民族特性与民族卫生》一书从优生学的角度解析了灾害对民族素质的影响②，蒋杰《关中农村人口问题》运用马尔萨斯人口学理论对1928年西北大饥荒进行人口学调查③，陈高傭整理了《中国历代天灾人祸表》等④。

（二）20世纪90年代后中国灾害史研究的发展

从1949年中华人民共和国成立直至"文化大革命"结束，从人文社会科学领域对灾害史的研究几近陷于停顿⑤。服务于当时国家的经济建设和防灾减灾工作，来自地震、水利等政府部门和研究机构的自然科学工作者，对历史时期的自然灾害史料进行了大规模的整理，并在此基础上探讨中国自然灾害的演变规律和空间分布特征，进而对未来灾害的可能趋势进行中长期预测，取得了极为丰富的成果。20世纪80年代以来，灾荒史作为社会史的一个分

---

① 李文海，夏明方. 邓拓《中国救荒史》研究的抱负与卓见 [N]. 北京日报，2008-06-06.
② 潘光旦. 民族特性与民族卫生 [M]. 上海：商务印书馆，1937.
③ 蒋杰. 关中农村人口问题 [M]. 咸阳：国立西北农林专科学校，1938.
④ 陈高傭. 中国历代天灾人祸表 [M]. 上海：上海书店，1939.
⑤ 朱浒. 二十世纪清代灾荒史研究述评 [J]. 清史研究，2003（2）：104-109.

支，取得了突破性的发展。中国人民大学李文海教授于这一时期率先成立"近代中国灾荒研究课题组"，该课题组先后出版了《中国近代灾荒纪年》及其续编、《灾荒与饥馑：1840—1919》《中国近代十大灾荒》等著作①，这些研究成果从资料与理论方面均拓宽了灾害史的研究路径，带动了一批学者开始从事相关领域的研究。20世纪90年代以后，灾害史的研究队伍日渐壮大，一批内容丰富、质量上乘的研究成果的出现，使灾害史学科的理论框架逐步清晰、学术内容相对完整、资料依据更加充分。在相关研究中，主要内容包括历代自然灾害发生的成因、灾害的具体情形、灾害发生的影响、政府和社会的救灾制度及救灾活动、救灾产生的社会问题等等。

（三）国外的相关研究

美国学者艾志端评述西方学术界20世纪以来的中国灾害史研究认为，迄今为止，西方的中国灾害史研究已经是一个"成果丰硕、发展成熟的领域"，其研究课题涵盖多个方面，比如世界史上的清代救灾活动，饥荒与中国的政治经济学、人口统计学、生态学的相互影响，救灾和清政府的功能，对饥荒的文化和宗教反应等多个问题②。在中国救灾制度史方面，学术影响较大的当推法国学者魏丕信（Pierre-Etienne Will）《18世纪中国的官僚制度与荒政》一书。该书以方观承《赈纪》所载的1743—1744年直隶大旱灾的赈济活动为中心，通过使用大量的明清档案及赈灾手册、行政法规汇编、地方志及文集等史料，对明清荒政问题予以全方位研究。该书在第二编"国家干预"部分对官僚组织、勘灾、赈济、供给、价格调控、加强恢复与生产等荒政的具体措施进行了详细论述，作者认为18世纪清王朝拥有一个成熟稳定的官僚体系，这一官僚体系能够聚集大量资源，进行粮食和资金的跨地区调运，承担大规模、长时期的救灾活动，大大减轻了自然灾害对普通人民的打击。该书"是最早关于传统国家在防备和救济饥荒方面的作用的后传统（post-traditional）的分析，它提出了一些关于国家的这种努力对中国社会历史的影

① 李文海，林敦奎，周源，等.中国近代灾荒纪年 [M].长沙：湖南教育出版社，1990；李文海，林敦奎，程歗，等.中国近代灾荒纪年续编 [M].长沙：湖南教育出版社，1993；李文海，周源.灾荒与饥馑：1840—1919 [M].北京：高等教育出版社，1991；李文海，程歗，刘仰东，等.中国近代十大灾荒 [M].上海：上海人民出版社，1994.
② 艾志端.海外晚清灾荒史研究 [N].中国社会科学报.2010-07-22.

响的重要问题"①。相关研究还有美国学者李明珠（Lillian M. Li）的专著《华北的饥荒：国家、市场与环境退化（1690—1990）》②、艾志端《铁泪图：19世纪中国应对饥馑的文化反应》等③。

总体来说，经过几代学人的努力，中国灾害史研究逐步走入更广泛、更深入的问题层面，因而也获得了更广阔的研究空间。在21世纪的今天，从世界范围来看，社会发展对人和自然的关系，其中也包括灾害史的研究，提出了客观的强烈要求，这必然成为一种强大的推动力量，促进灾害史研究的发展和进步。

二、自然灾害与中国历史发展

（一）无岁不灾，无处不荒

自然灾害是全人类的共同大敌。人类一直在同各种自然灾害的顽强斗争中艰难地发展着自己。中国地域辽阔，地理条件和气候条件都十分复杂，自古就是一个多灾之国。当代中国从事灾害学研究的自然科学工作者认为，中国历史上存在四个重大灾害群发期，即夏禹宇宙期、两汉宇宙期、明清宇宙期、清末自然灾害群发期或清末宇宙期④。

在这些时期，自然灾害十分频繁而严重，灾害呈多发、群发而持久的趋势。其中，夏禹宇宙期又称夏禹洪水期，时间为公元前2010年至公元前1610年，历经400年。相传的大禹治水正是发生在这一时期，不少先秦文献中记载了大禹治水的史实。作为新石器时代末期环境变迁的重要事件，大禹治水也成为研究中国早期文明不可回避的问题。根据中国学者的研究："一系列地象异常、气象异常、天象异常、文化异常，充分说明公元前2000年前后是一个由暖变冷的低温期、大洪水期、地震多发期、文化断层或跃变期，而且是

① 魏丕信. 十八世纪中国的官僚与荒政 [M]. 徐建青，译. 南京：江苏人民出版社，2003，1980年法文版评论.
② 李明珠. 华北的饥荒：国家、市场与环境退化 [M]. 石涛，李军，马国英，译. 北京：人民出版社，2016.
③ 艾志端. 铁泪图：19世纪中国对于饥馑的文化反应 [M]. 曹曦，译. 南京：江苏人民出版社，2011.
④ 夏明方. 从清末灾害群发期看中国早期现代化的历史条件——灾荒与洋务运动研究之一 [J]. 清史研究，1998（1）：70-82.

在异常的天文背景下发生的。这一切，毫无疑问地证实了距今4000年前后的大禹洪水期是一个自然灾害异常期或自然灾害群发期，相应地，在中国文化史上也是一个异常期，是中国历史上一个重要的文化断层和跃变期。"① 另外，两汉宇宙期为公元前200年至公元200年，历时400年。这一时期，气候处于低温期，地震频发，人口减少，海面上升。明清宇宙期为1500年至1700年，历时200年。此时地震处于活跃期，旱涝灾害严重，气候处于小冰期。清末宇宙期为1810年至1911年，历时100余年。这一时期，"丁戊奇荒"等特大旱灾、特大水灾频发。

对于中国历史上灾荒频度的研究，西方学者马龙格（D. M. Mallong）、何西（A. Hosie），中国学者竺可桢、陈达、邓拓等均进行过统计。根据邓拓的不完全统计，从公元前1766年至1937年，3703年期间，水、旱、蝗、雹、风、疫、地震、霜、雪等各种灾害共达5258次②。其中，水、旱灾最多，"据文字记载，从公元前206年到1949年的2155年间，几乎每年都有一次较大的水灾或旱灾"③。再据邓拓的研究，从公元前206年到1936年的2142年间，旱灾共计发生1035次，平均每两年就有一次；水灾共计1037次，平均约两年就有一次④。西方学者瓦尔特·马罗利（Walter H. Mallory）曾著书称中国为"饥荒的国度"，中国经济史学家傅筑夫也指出："一部二十四史，几无异一部灾荒史。水、旱、虫、蝗等自然灾害频频发生，历代史书中关于灾荒的记载自然就连篇累牍"⑤。

（二）自然灾害的影响

1. 人口锐减

无岁不灾、无处不荒是中国历史上自然灾害发生的一个基本特点。从空间分布上，水灾、旱灾、蝗灾等灾种不仅发生频繁，而且成灾规模大，涉及范围广，持续时间长，灾荒的发生常常造成巨大的生命财产的损失。据统计，

---

① 郝平，高建国. 多学科视野下的华北灾荒与社会变迁研究 [M]. 太原：北岳文艺出版社，2010：41.
② 邓拓. 中国救荒史 [M]. 北京：北京出版社，1998：53.
③ 李文海. 警惕大自然的惩罚 [M]//李文海. 南窗谈往. 南宁：广西人民出版社，1999：158.
④ 邓拓. 中国救荒史 [M]. 北京：北京出版社，1998：54.
⑤ 傅筑夫，王毓瑚. 中国经济史资料：秦汉三国编 [M]. 北京：中国社会科学出版社，1982：96.

中国历史上死亡万人以上的重大气候灾害，仅西汉初年至鸦片战争前就有144次。如果加上死亡万人以上的地震灾害，至少在160次以上。明清时期，因旱涝、风雹、冻害、潮灾、山崩、地震等灾害死亡千人以上者，明代共370次，死亡共627.4502万人；清代413次，死亡共5135.1547万人，合计明清两代死亡千人以上灾害共783次，死亡共5762.6万余人。① 另外，各种自然灾害的侵袭导致大量土地荒芜，粮食减产甚至绝收，人口大量流移，生态环境恶化，严重制约着农业生产的发展。

2. 社会经济发展遭到破坏

自然灾害的发生，对社会经济带来极大破坏。前述人口锐减，必然导致劳动力锐减，使得土地多遭荒芜废弃。同时，严重的自然灾害导致农作物遭到破坏，粮食减产甚至绝收，遭遇严重灾害的灾区，很多年都难以恢复元气。光绪初年发生了惨绝人寰的"丁戊奇荒"，严重的旱灾对重灾区山西省带来了严重的影响，山西人口平均亡失率在50%~60%，死亡和流失数在800万~1000万。② 因为劳动力长期缺乏，大量土地无人耕种，导致山西灾后很长时间内疮痍难复，农业经济再生产速度延缓，时任山西巡抚曾国荃曾感慨："二十年后，元气可稍复乎"?③ 光绪十三年（1887），河南郑州黄河决口，被淹者达十数州县，其中，灾情严重的中牟被淹十分之七，扶沟、淮宁、西华等县合境已淹十之八九，据后来御史何福堃奏称："查郑州决口，几及两年，所有被水村庄无屋可居，无田可种，嗷鸿遍野，惨不忍言。"④

严重的自然灾害的发生，还会对耕地带来极大毁坏。有的学者对清代自然灾害对耕地的毁坏情况进行了如下统计（如表3-1）⑤：

① 陈玉琼，高建国. 中国历史上死亡一万人以上的重大气候灾害的时间特征 [J]. 大自然探索，1984（4）；高建国. 自然灾害基本参数研究（一）[J]. 灾害学，1994（4）：65-73.

② 郝平. 山西"丁戊奇荒"的人口亡失情况 [J]. 山西大学学报哲学社会科学版，2001，24（6）：10-13.

③ 肖荣爵. 曾忠襄公书札：卷14 [M]. 影印本. 台北：文海出版社，1970.

④ 中国第一历史档案馆藏. 军机处录副奏折：赈济灾情类 [A]. 档号：3/168/9634/16.

⑤ 闵宗殿. 关于清代农业自然灾害的一些统计——以《清实录》记载为根据 [J]. 古今农业，2001（1）.

表 3-1　清代耕地毁坏类别及数量统计

耕地毁坏类别	冲塌	水淹	沙压	合计
耕地毁坏数量（单位：顷）	16511	13034	11473	41018

除去对耕地的严重破坏，自然灾害还会使得大量牲畜死亡，尤其是作为生产资料的耕牛的大量死亡，对灾后恢复生产有极大影响："国以民为本，民以食为大，牛少则不能多垦矣"①。总体而言，本来就"靠天吃饭"、对气候状况等外部条件十分依赖的小农经济，一旦受到自然灾害的侵袭，往往会遭到沉重的打击而一蹶不振。

3. 社会稳定受到影响

严重的自然灾害往往还危及社会稳定和封建国家的统治。根据统计，中国古代大规模的 13 次农民起义中，12 次起义爆发的原因中有自然灾害的因素，其中直接削弱甚或推翻了王朝统治的有 8 次，而引发起义的自然灾害则大多为水灾、旱灾和虫灾②。天灾还和"人祸"相连，是导致政权更迭的重要原因之一。比如西汉时期灾荒频仍，新莽末年因"连年久旱，百饥穷，故为盗贼"③。隋炀帝大业七年（611），山东、河南大水，漂没三十余郡，加以官吏侵渔百姓，人民被迫群集起义，反抗隋王朝。唐朝僖宗乾符元年（874），爆发了王仙芝、黄巢起义，其直接原因也是当时非常严重的旱灾和蝗灾，灾民无以生存情况下，地方官救灾不力，甚至"上下相蒙，百姓流殍，无所控诉，相聚为盗，所在蜂起"，黄巢起义虽然最终被镇压，但唐王朝也是大厦将倾，唐朝末年，甚至出现了"城中人相食，父食其子，而天子食粥，六宫及宗室多饿死"④。明末直隶、河南、山东、山西、陕西、甘肃、浙江、江苏连续发生特大旱灾、蝗灾及大疫灾，受灾地区赤地千里，米价昂贵，饿殍载道，北方地区农业遭受严重打击，社会矛盾激化，"饥民相聚为盗"，最终导致李自成起义。李自成到达北京时，北京城正饱受鼠疫的侵袭："崇祯十六年夏秋间发生的腺鼠疫至十七年春天转化为肺鼠疫。北京城中的人口死亡率大约为

① 俞森. 郧襄赈济事宜［M］//李文海，夏明方. 中国荒政全书：第二辑第一卷. 北京：北京古籍出版社，2004：155.
② 赫治清. 中国古代灾害史研究［M］. 北京：中国社会科学出版社，2007：473.
③ 班固. 汉书：卷九九王莽传［M］. 北京：中华书局，1990.
④ 欧阳修. 新唐书：卷 52 食货志 2［M］. 北京：中华书局，1975.

40%甚至更多"①。明王朝守卫北京城的力量疲弱不堪："京师内外城堞凡十五万四千有奇，京营兵疫，其精锐又太监选去，登陴诀羸弱五六万人，内阉数千人，守陴不充。"② 羸弱的守备力量根本无法抵挡李自成起义军的进攻，因此，农民军很快攻陷北京城。

辛亥革命前，全国灾情颇重。宣统元年（1909），诸多省份大雨成灾，两湖地区诸水暴涨，滨湖各地垸堤多处冲溃，灾民合计达二百多万口。江苏、安徽、浙江等地入夏以后连降暴雨，灾民荡析离居，凄苦万状。在东南沿海地区，广东、福建等省飓风暴雨成灾，河水涨发，田庐遭淹。东北吉林、奉天等省市夏间同样大雨滂沱，水患颇重。此外，甘肃连遭亢旱，春间甚至有人相食之事，夏间又连降大雨，成灾甚重。宣统二年（1910），东北三省鼠疫猖獗，疫毙人数达五六万口之多。与此同时，长江中下游诸省遭遇特大水灾，苏北、浙东、皖北及湖南常德府均属重灾区。连年水患导致收成无望，米珠薪桂，饿殍载途，灾区极广，仅江皖两省极贫灾民已有二百数十万。宣统三年（1911），东三省鼠疫猖獗，夏间又复水灾严重，江河涨溢，遍野哀鸿。山东、直隶诸省也迭遭大雨侵袭，并有鼠疫蔓延。长江中下游诸省依然水患肆虐。湖北、湖南、江苏、安徽、浙江、江西等省，夏间大雨时行，田庐淹浸。因为连年灾荒，百姓流离失所，苦不堪言，抢米风潮层见叠出。据统计，光绪三十二年（1906），全国发生抗捐、抢米及饥民暴动等反抗斗争约199起，其中一些规模和影响较大的事件，主要发生在浙江、江苏、安徽、湖北、江西、广东数省。宣统元年（1909），全国下层群众的自发反抗斗争约149起，规模较大的抢米风潮和饥民暴动发生在灾情最重的甘肃、浙江两省。宣统二年（1910），抗捐、抢米等风潮陡然上升到266起，其中的抢米风潮，主要发生在长江中下游的湖北、湖南、安徽、江苏、江西5省③。灾荒频发，对当时的社会生活和政治生活带来了严重的影响，以武昌起义为肇端的辛亥革命运动，就是在这样的背景下爆发并迅速席卷全国的。

---

① 曹树基，李玉尚. 鼠疫：战争与和平——中国的环境与社会变迁（1230—1960）[M]. 济南：山东画报出版社，2006：117.

② 谷应泰. 明史纪事本末：卷79 [M]. 上海：上海古籍出版社，1994：348.

③ 李文海. 清末灾荒与辛亥革命 [J]. 历史研究，1991（5）.

三、中国历代政府救灾经验

在长期和自然灾害进行斗争的过程中，中国人民对灾害有了深刻认识，总结了一系列防灾、减灾、救灾的经验。《礼记·月令》称，仲春之月"振乏绝"，许慎《说文解字》称："振，举救也。"① 可见，面对灾害的发生，中国人很早就有赈济思想和实践的产生。比如，大禹治水发生的时段当为龙山文化末至二里头文化初相交接的时期，当时，黄河中下游发生严重洪灾，大禹通过实地勘察、测量，整体规划科学的治水方案，并且身先士卒，历经13年治理水患，终于取得了治水的成功。大禹治水的成功，标志着华夏先民具有了一定的抗御自然灾害的能力。中国古代社会将救济饥荒的法令、制度与政策、措施统称为"荒政"。康熙朝《大清会典》卷二十一在"户部·田土"之下专设"荒政"目，宣称"恤荒之政，诚为拯民急务，我朝深仁厚泽，立法补救，凡遇水旱虫雹，议报勘，议缓征，议蠲，议赈，规制具在，虽值岁荒，民不失所，法至善也"②。就荒政的具体内容来说，《周礼·大司徒》所列的荒政十二条长期以来被后世奉为救荒圭臬，其具体内容为散利、薄征、缓刑、弛力、舍禁、去几、眚礼、杀哀、蕃乐、多婚、索鬼神、除盗贼。作为中国最后一个封建王朝，清朝集历代救灾制度之大成，清代乾隆、嘉庆朝会典均对"荒政十二条"所包含的内容重新做了调整和诠释。乾隆朝会典列举的荒政十二条，分别为救灾、拯饥、平粜、贷粟、蠲赋、缓征、通商、劝输、严奏报之期、辨灾伤之等、兴土功、反流亡。相比周礼的荒政十二条而言，乾隆会典列举的荒政十二条更为具体地阐释了灾赈内容，体现了清代中央政府救灾的主旨和基本的法律规章。嘉庆朝会典对荒政十二条重新做了调整，将其内容设定为备祲、除孽、救灾、发赈、减粜、出贷、蠲赋、缓征、通商、劝输、兴工筑、集流亡。其中，备祲、除孽系新增加的规条。备祲为防灾之策，包括奖励农耕、农忙停讼、招徕垦荒等等。除孽即捕蝗和除蛟。在吸纳历代经验的基础上，清朝建立了相当完备、系统的救灾制度，成为历代救灾制度的集大成者。这里以清朝为例，对中国古代救灾、防灾制度进行

---

① 许慎. 说文解字 [M]. 北京：中华书局，1963：254.
② 大清会典（康熙）：卷二一 户部田五. 土二. 荒政 [M]. 影印本. 北京：线装书局，2006.

大概介绍。

(一)救灾制度

概而言之,清代救灾制度的内容主要包括报灾、勘灾、查赈、筹赈、赈灾等多个方面。

1. 报灾与勘灾

报灾,即将灾情自下而上逐级上报,是救灾启动的首要程序。报灾在古代早已有之,作为政府的法令,唐朝开元二十八年(740),即敕诸州如有水旱,"皆待奏报然后赈给,道路悠远,往复淹迟,宜令给讫奏闻"①。明代的报灾办法,洪武时还不拘时限,到弘治中始定期限,规定夏灾不得过五月终,秋灾不得过九月终,万历时又分近地五月、七月报灾,边地七月、九月报灾②。顺治十七年(1660),明确规定报灾期限:直省灾伤,先以情形入奏,夏灾限六月终旬,秋灾限七月终旬。中国幅员辽阔,根据自然环境和生产条件的不同,康熙四十六年(1707),确定台湾报灾不拘定限。乾隆七年(1742),因甘肃省地处西北,节候甚迟,确定推迟甘肃省报灾期限。康熙七年,规定各旗报灾期限为八月初十,逾期不准。乾隆十八年(1753),又定卫所报灾,夏灾不逾六月,秋灾不逾九月。

勘灾即由地方官勘察受灾程度,确定成灾分数。勘灾是确定灾蠲分数及赈济标准的重要依据。明代洪武元年(1368),令有水旱地方,不拘时限,从实踏勘,如果勘察为实灾,税粮即与蠲恤。万历十二年(1584)又议准:"以后地方灾伤,抚按从实勘奏,不论有田无田之民,通行议恤"③。清代将成灾分数按照受灾轻重分成一至十分,受灾六分至十分者为成灾,五分以下为不成灾。雍正六年(1728),定勘灾期限以四十五日为限。如逾限半月以内直至三月以上者,要给予地方官相应惩处。④

---

① 杨景仁. 筹济编 [M] //李文海,夏明方. 中国荒政全书:第二辑第四卷. 北京:北京古籍出版社,2004:53.

② 杨景仁. 筹济编 [M] //李文海,夏明方. 中国荒政全书:第二辑第四卷. 北京:北京古籍出版社,2004:56.

③ 杨景仁. 筹济编 [M] //李文海,夏明方. 中国荒政全书:第二辑第四卷. 北京:北京古籍出版社,2004:68.

④ 大清会典事例(光绪):卷288 户部3 [M]. 影印本. 北京:中华书局,1990:366-368.

2. 查赈

勘灾之后要进行查赈。查赈的目的是划分贫户等差，核对灾民户口，为赈济做准备。"查赈灾荒，乃地方第一紧要事务"。乾隆年间，直隶的做法是，管理赈务的道员依照相应查赈条规，先带同厅印官员清查一两日，之后，厅员带领佐杂、教职等清查一二日，经过层层培训的各级官员携带赈票，分赴派定村庄，查赈时在赈票上填明极贫、次贫的户数、口数。另外，要准备赈簿一本，将每天查赈的户数、口数等进行统计，还要将一月内所查村庄成灾分数，极次贫的户数、口数等，逐一登记。为了加强监督，道府等官员应不断巡历灾区，并按赈簿抽查核对，如果发现遗、滥、浮、开等弊病，及时对承办之员进行追责。对于直隶的查赈办法，乾隆帝称赞"甚属妥协周详"，并多次谕令各地仿照推行。

3. 筹赈

在灾赈过程中，筹集赈需是非常关键的步骤，历代政府也因此逐渐建立和完善了相应的筹赈制度。清代的筹赈，包括朝廷调动、省县协济、地方筹集以及鼓励个人捐输、捐纳的赈捐等。其中，朝廷调拨是清前期救灾钱粮的主要来源，发帑和截漕则是中央首选的筹款赈灾措施。比如，康熙二十年（1681），即发帑银20万两赈济山西饥民。① 康熙六十年（1721），发帑银50万两，差大臣往山陕地方买米赈济。② 乾隆二十二年（1757），河南卫辉等地被灾，朝廷先后发放帑金三百余万两。清代漕粮遍及八省，便于调拨，某些地区发生灾害后，经皇帝批准，可将尚未起运或运输途中的漕粮截留，运往灾区赈灾。截漕可分为截留本省漕粮和截留他省漕粮两种。若本省有漕粮，可以截留办赈。康熙四十七年（1708）十月，江苏、安徽、浙江所属州县被灾，即截留江苏漕粮10万石、安徽漕粮5万石、浙江杭嘉湖三府漕粮8万石减价平粜。③

协济也是清代中央政府重要的筹赈措施。协济包括本省协济和跨省协济。一省中部分州县被灾，可以其他州县仓谷协济赈灾。如若一省被灾，则可动用邻省的粮食储备赈济灾民，是为跨省协济。地方筹集也是筹赈的一种方式。

---

① 清圣祖实录：卷94 [M]. 康熙二十年二月壬寅. 影印本. 北京：中华书局，1986：第1册. 1193.

② 大清会典事例（光绪）：卷271 户部120 [M]. 影印本. 北京：中华书局，1990：96.

③ 清圣祖实录：卷235 [M]. 康熙四十七年十月丙辰. 影印本. 北京：中华书局，1986：第3册. 348.

清代地方筹赈，常以动用仓粮、地丁银、盐课、地方截留银等作为主要手段，但是，这些方式必须奏准皇帝后方可使用。清代的筹赈方式还包括赈捐。所谓赈捐之"捐"，应当包括捐输与捐纳两部分。捐输与捐纳的区别，许大龄先生做了清晰的界定："捐纳与捐输，用语易混，严格言之，捐输系由士民之报效，捐纳则系卖官之行为。卖官者欲求掩饰，咸谓出自援例捐输或报效议叙。"① 晚清以降，由于中央财政匮乏，赈捐所得成为救灾款项的大宗。

4. 赈济

赈灾的具体内容，包括灾蠲、缓征、赈济、平粜、以工代赈、安辑等。

灾蠲，即自然灾害发生时，减免灾民的赋税课征。明代灾蠲数量并无定制："歉岁蠲免之数往往多寡不同者，则时势赢绌为之，出于不得已也"。如洪武年间，凡水旱地方，税粮即与蠲免，成化时凡被灾之地，以十分为率，减免三分，弘治时全荒者免七分，九分者免六分，以是递减至被荒四分免一分而止②。清朝则将灾蠲分数及种类逐步形成定例。雍正六年（1728），定灾蠲比例："被灾十分者着免七分，九分者着免六分，八分者着免四分，七分者着免二分，六分者着免一分。"③ 乾隆三年（1738），又令"将被灾五分之处亦准报灾，地方官查勘明确，蠲免钱粮十分之一"④。

缓征是将受灾地区应征额赋暂缓征收。从缓征时间来看，有缓至次年麦熟后或秋成后征收者，也有分作两年或三年或五年带征者。乾隆三年，规定按照被灾分数确定缓征时间："各省偶遇水旱，勘明被灾不及五分缓征者，仍照例分别缓至麦后及秋后征收外，如本年被灾八九十分者，该年缓征钱粮，分作三年带征，其被灾五六七分者，该年缓征钱粮，分作二年带征。"⑤

赈济是由政府无偿发放粮食、款项及其他物资，以帮助灾民渡过眼前的难关。赈济类别包括发放粮食的粮赈、发放银两的银赈和以煮粥救济灾民的煮赈等。其中，粮食赈济是赈济中最重要的形式。但是，若米谷不足，可以实行粮银兼赈，也可以用赈银代替赈粮。清朝根据各省情形，制定了不同的

---

① 许大龄. 清代捐纳制度：序 [M]. 台北：文海出版社，1977.

② 大清会典事例（光绪）：卷 754 刑部 32 [M]. 影印本. 北京：中华书局，1990：320.

③ 大清会典事例（光绪）：卷 288 户部 3 [M]. 影印本. 北京：中华书局，1990：366-369.

④ 清高宗实录：卷 68 [M]. 乾隆三年五月丙寅. 影印本. 北京：中华书局，1986：第 2 册. 102.

⑤ 大清会典事例（光绪）：卷 282 户部 3 [M]. 影印本. 北京：中华书局，1990：248.

银米折赈标准。其中，直隶省贫民折赈，每米一石定价银一两二钱；贫生折赈，每米一石定价银一两。另外，根据《户部则例》等的规定，清政府会支付一定的因灾坍塌房屋的修缮费、伤亡者的殓理费、治疗费等。以坍房修费为例，清朝针对各省也分别做了详细规定，其中，直隶省水冲民房修费银，全冲者瓦房每间一两六钱，土草房每间八钱。尚有木料者，瓦房每间一两，土草房每间五钱。稍有坍塌者，瓦房每间六钱，土草房每间三钱。在申请维修费用的坍房数量上，每户不得超过三间。类似的规定细密合理，具有很强的可操作性。此外，清代灾赈方式名目繁多，包括正赈、抚恤、加赈、摘赈、续赈、补赈、展赈、抽赈等，每种赈名都有各自的赈灾期限和赈济对象。另外，针对特殊地区及群体，如盛京旗地、官庄地及站丁、贫生、兵丁等，也分别制定了不同的赈济方式。

平粜的目的是平抑灾区粮价。平粜之法起源很早，春秋庄公二十八年（前 666），鲁国饥。臧文仲对庄公说："铸名器，藏宝财，固民之殄病是待。今国病矣，君盍以名器请籴于齐？"于是以鬯圭玉磬向齐国告籴①。战国时魏国李悝作平粜法："籴甚贵则伤民，甚贱则伤农。若民伤则离散，农伤则国贫，故甚贵与甚贱，其伤一也。善为国者，使民无伤，而农益劝。故大熟则上籴三而舍一，中熟籴二，下熟籴一，使民适足价平而止。小饥则发小熟之敛，中饥则发中熟之敛，大饥则发大熟之敛，以粜于民。故虽遇水旱饥馑，籴不贵而民不散。"此法行之魏国，"日益富强"②。清中央把平粜看作是赈济贫民的"第一要务"，平粜所需米粮主要有三个来源，其一为常平仓谷，其二为截留漕米与采买谷石，其三，民间自愿平粜。就平粜的程序而言，首先应该多设场所，然后确定粜给之数与平粜价格，再确定具体平粜流程。平粜过程中也应严防和严惩各种舞弊行为，尤其严禁地方官的任何遏粜和强粜行为。

以工代赈，即以采取兴办工程的措施来赈济灾民。明代林希元把以工代赈看作是一举两得之事，饥荒时期，百姓缺衣乏食，可以借此将城池水利进行修理，"故凡圮坏之当修、湮塞之当浚者，召民为之，日受其直则民出力以

① 陆曾禹．康济录［M］//李文海，夏明方．中国荒政全书：第 2 辑第 1 卷．北京：北京古籍出版社，2004：308.
② 汪志伊．荒政辑要［M］//李文海，夏明方．中国荒政全书：第 2 辑第 2 卷．北京：北京古籍出版社，2004：612.

趋事，而因可以赈饥，官出财以兴事，而因可以赈民，是谓一举而两得也"①。清人陆曾禹也认为，以工代赈在赈灾的同时，还有助于维护灾荒时期的社会秩序。饥民失业，饥寒逼迫，对社会秩序造成威胁，如果兴工作令，则"穷人不暇于为非，全家赖之而得食"②。清代以工代赈的方式主要包括修葺城垣、挑河筑堤、修筑道路桥梁、修缮房屋、庙宇等。

留养和资遣是针对灾民的安辑。灾荒来临，无以为生的灾民纷纷外出求生。大量流民既对灾后生产的重建不利，而且灾民聚集一端，又容易造成事端。历代政府因此非常重视对外出谋食的灾民的防范和安置。留养即对外来饥民收留安置，赈给口粮饭食，搭棚置屋供其栖身。比如，乾隆七年（1742），因上下两江发生严重水灾，饥民四出觅食者甚多，令江南及河南、山东、江西、湖广等省地方官，凡遇江南灾民所到之地，即随地安顿留养，或借寺庙，或盖棚厂，使有栖止之所，并动用该处常平仓谷，计口授粮，据实报销。除了官府出钱外，还劝谕绅士富户收养。为了保证灾民能进行春耕，开春之后，当由地方官员组织将外地流民资遣回籍。乾隆五年（1740），改定资遣流民标准。资送流民路费，每大口日给制钱二十文，小口减半，老病者照例给脚力三分，水程照大小口应给之数减半，给予船价。③

（二）防灾制度

除了救灾制度外，中国历代还建立了防灾减灾的相关制度。比如，用于储粮备荒的仓储制度是国家粮食安全的重要支撑，历朝历代皆有重储重农之风，历代统治者高度重视仓储制度的建设，将粮食仓储视为"生民之大命"，认为"从来养民之道，首重积贮"。以清代为例，清代仓储规模之大、制度之严、影响之广，达到了历代社会的顶峰。清代建立了从中央到地方的多层次的仓储体系。属于国家专项粮食储备的有京仓、通州仓、水次仓、旗仓、营仓等等。京仓、通州仓主要储藏漕粮。清中央向江苏、浙江、江西、安徽、湖南、湖北、河南、山东八省征收漕粮，每年额定400万石，除去改征折色

---

① 杨景仁．筹济编［M］//李文海，夏明方．中国荒政全书：第二辑第四卷．北京：北京古籍出版社，2004：200.

② 陆曾禹．康济录［M］//李文海，夏明方．中国荒政全书：第2辑第1卷．北京：北京古籍出版社，2004：351-352.

③ 杨景仁．筹济编［M］//李文海，夏明方．中国荒政全书：第二辑第四卷．北京：北京古籍出版社，2004：239.

及截留他用的部分，实际运抵 300 多万石。作为"天庾正供"的漕粮，是宫廷及王公贵族、文武百官、京师八旗兵丁的主要粮食来源，清代因此有"京师民食专资漕运"之谚。乾隆十年（1745），京仓所储粮食充足，号称可供十年"官俸兵粮"。水次仓设在运河沿岸，负责漕运所需的粮食储备。旗仓主要保证驻扎东北的旗人及驻军八旗的粮食需求，解决士兵粮食问题的营仓建于军营。另外，以积贮备荒为宗旨的常平仓、社仓、义仓是清代仓储的重要组成部分。在三仓的分布上，作为储粮备荒最基本形式的常平仓自西汉创立，一直为后代沿袭，常平仓作为官仓，设于各直省府、厅、州、县。义仓则为民仓，设于市镇，另外还有同属民办的社仓，设在乡村。这三者构成一个互为补充的仓储网络。常平仓是清代最为重要和普遍的官仓，也是储备粮食救灾的主体："常平仓谷，乃民命所关，实地方之第一要务。"① 清代政府从顺治朝即逐步恢复常平仓之制，将常平仓的功能定位为"春夏出粜，秋冬籴还，平价生息，凶岁则按数给散贫户"②。康熙帝对建仓事宜亲自规划，并在全国范围内大力推行，乾隆时期，常平仓设置和储量达到巅峰。乾隆十三年（1748），全国常平仓谷本额达 4800 余万石，为清代储量最高时期。在常平仓仓本的筹措方面，主要以政府拨款采买为主。比如，雍正三年（1725），因湖北、湖南作为产谷之乡，且交通转运近便，雍正帝命地方官动支库银十余万两，采买谷粮，收贮在省仓及府州县应贮之处。此外，常平仓谷本来源还有截漕增补、官民捐输、贡监捐纳等方式。

社仓、义仓皆为主要以民力而创建之民仓。雍正、乾隆时期，社仓得到大力推广。雍正帝认为，社仓之设，"用意良厚"，他指出，社仓之法，要注意因地制宜，"奉行之道，宜缓不宜急。宜劝谕百姓，听其自为之，而不当以官法绳之"。③ 雍正二年（1724），户部等议准办理社仓办法六条，在各省推广实施。④ 乾隆帝也称："国家重农嘉惠，常平、社仓并行"⑤，他鼓励各地因地制宜，自行设定灵活适用的社仓管理条规，乾隆二十一年（1756），湖南巡

---

① 席裕福，沈师徐. 皇朝政典类纂：卷 153 [M]. 台北：文海出版社，1974：2084.

② 清史稿：志 13. 食货 2 [M]. 北京：中华书局，1976：3555.

③ 清世宗实录：卷 19 [M]. 雍正二年闰四月丁丑. 影印本. 北京：中华书局，1986：第 1 册：308-309.

④ 清世宗实录：卷 26 [M]. 雍正二年十一月戊申. 影印本. 北京：中华书局，1986：第 1 册：400.

⑤ 清高宗实录：卷 883 [M]. 乾隆三十六年四月辛卯. 影印本. 北京：中华书局，1986：第 11 册：831.

抚陈宏谋订立社仓条规二十一条，详细规定了劝捐、出借、社长选任、度量规制、收息办法、官员监管职责等项事宜，内容丰富详晰，可谓集社仓办法之大成。[①] 乾隆三十一年（1766），朝廷调查各省仓储，共有 19 省奏报社仓实贮数额，说明社仓之设几遍全国，储量亦颇可观。其中，贮谷最多的四川省达到 90 余万石。[②] 就义仓而言，雍正四年（1726），清政府以两淮盐商捐银在江南买贮米谷，盖造仓廒，所盖仓廒命名为盐义仓，此后各地开始仿效办理。嘉道时期，因常平仓及社仓多有衰颓，清政府鼓励民间多加发展义仓，义仓的作用与常平、社仓成鼎足之势。

　　清代中期以前，完备的仓储设施和充足的储粮，为国家粮食安全提供了充分的物质保障。晚清因为战争和军需的原因，许多旧有仓储消耗殆尽，晚清政府发起积谷运动，在各地推广积谷仓，积谷仓在仓本筹措、经管办法上于旧有三仓制皆有所取，颇具三仓合一之势，在应对近代自然灾害方面，也起了一定的积极作用。

　　再如，因为水旱频繁，历代政府将农业作为立国之本，提倡重农固本。康熙帝反复强调"农事实为国之本""农务为国家之本，粒食乃兆姓所资"。垦荒也是为中国历代政府所重视和提倡的制度。为了促进农业生产的恢复和发展，清政府奖励垦荒，鼓励将"闲旷未耕之地"及时开垦。顺治元年（1644），即制定奖励垦荒条例。康熙二年（1663），颁布地方官开垦劝惩之例，将垦荒与地方官政绩联系在一起，康熙二十九年（1690），因四川民少而荒多，对凡愿前往垦荒居住者，"将地亩给为永业"。由于积极招民垦荒，顺治八年（1651）到雍正二年（1724）的 73 年间，全国耕地面积增加了一倍多。清政府还积极鼓励对西南、西北边疆地区的开垦，并将关外等禁地对汉族民众解禁，以缓解人口增长所带来的粮食紧张。地方官府依据各地不同的气候变化、生产条件及地理特征，合理引导农民调整种植结构，逐步建立了适合当地的农业耕作模式。比如，位于华北的直隶地区，有清一代粮食种植结构不断优化，由于京师的米谷供应主要来自漕粮，采运成本很高，雍正时大力支持直隶举办营田水利，水稻种植得以较快扩展，所收稻谷部分进入京

---

　　① 刘采邦，张延珂．等．长沙县志（同治）：卷 10 [M]．影印本．长沙：岳麓书社，2010：第 1 册．141-144.

　　② 清朝文献通考．卷 37 [M]．影印本．杭州：浙江古籍出版社，1988：第 1 册：5205-5206.

通各仓，缓解了漕运压力。同时，抗旱耐涝的高粱，高产抗灾的玉米、甘薯，适应性强的豆类等农作物种植不断推广。种植面积的扩大，粮食产量和耕地复种指数的提高，也极大加强了防灾备荒的能力。此外，历代政府皆有相应水利政策，如重视灌溉事业、治理河患等等。如清政府在黄河、运河以及直隶水系流经地域建立了河务河防体系，加强重点地区水利事务的管理，设置相关机构，明确相应职责。为了加强防灾中的信息流通，清代建立了奏报雨水、粮价及农业收成的制度，地方政府均负有报告雨水、粮价、收成的责任，需要将当地自然气候状况、粮食价格变化、农业收成分数，定期或不定期地逐级上报中央。

（三）丰富的救灾资料

在建立了系统、严密的救灾制度之外，中国历代社会还留下了关于自然灾害及其救治的大量历史资料。美国著名的环境史学家约翰·麦克尼尔（John R. McNeill）认为，如果要用文字记录来重建环境史，世界上大部分地区都无法与中国相提并论，因为"在非洲、大洋洲、美洲以及亚洲的大部分，除了最晚近的时期以外，对其他时期有兴趣的历史学家们必须依赖考古学家、古植物学家、花粉孢子学家、气候学家、地质形态学家等等之工作"，唯有在中国，"历史学家可扮演较重要的角色"①。不过，中国的灾害史学家夏明方教授认为，麦克尼尔这一论断似乎只说对了一半，"至迟从中国第一部真正系统的史书《春秋》算起，中国之有关自然灾害的记述至少已有两千多年的历史，其数量之巨大、类型之丰富、序列之长、连续性之强，的确是世界环境史资料宝库中绝无仅有的"②。自《汉书》列"五行志"有比较准确的灾荒记录出现以来，以后正史均效仿其体例记录各种灾荒事件。地方志也多按其例，对本地各种自然灾害的记载十分重视，官方档案、各类官文书、文集中都有大量的灾害史的资料。大约从宋代开始，一批有识之士系统地总结和整理了源自官方和民间的救荒经验和赈灾措施，并著录成书，许多被当时的统治者视为救荒指南，多次刊行，流传颇广。这些文献对于今天认识历史上自然灾害的演变规律，深入了解历史上救灾减灾的经验教训，具有重要的学术价值。

---

① 麦克尼尔. 由世界透视中国环境史［M］//刘翠溶，伊懋可. 积渐所至：中国环境史论文集（上）. 台北："中央研究院"经济研究所，1995：53-54.

② 夏明方. 中国灾害史研究的非人文化倾向［J］. 史学月刊，2004（3）：16-18.

在对历史资料的发掘整理方面，1949 年以后，服务于国家经济建设和社会安全保障的需要，各级政府和科研机构曾经动员力量，对传统文献中关于灾害的记录和信息进行了大规模的搜集、整理和汇编工作，其中产生的代表性成果，如《中国地震资料年表》①、《中国地震历史资料汇编》②、《华北、东北近五百年旱涝史料》③、清代江河洪涝档案史料丛书（中华书局，1988—1993）④、张德二主编《中国三千年气象记录总集》⑤、谭徐明主编《清代干旱档案史料》⑥、温克刚主编《中国气象灾害大典》⑦ 等。2010 年，李文海、夏明方、朱浒主编的《中国荒政书集成》出版⑧，该书收录中国历史上救荒文献 185 种，近 1300 万字，是迄今国内外第一部系统、完备的中国荒政资料汇编。这套书所涉及的内容，上起先秦，下迄清末民初，时间跨度数千年，大体上反映了先秦至清末中国救荒思想和救荒实践的概貌。该书与《中国地震资料年表》、清代江河洪涝档案史料丛书、《中国近五百年旱涝分布图集》一起，被称为中国灾害史研究的四座里程碑。⑨

（四）与王朝兴衰同步的救灾活动

历代政府的救灾活动是其执政能力的重要反映。明代洪武朝是赈济施行较好的年代，"三十余年，赐予布钞数百万，米百余万"。不过，这一力度远难与清代常年耗费银数百万两的赈灾相比，此前的各个朝代更是难望其项背。从历代救灾制度的发展脉络来看，其与王朝的兴衰往往同步进行，阶段性特征十分明显。还是以清代为例。顺康雍时期，由于长期战乱，国家初建，为

① 中国科学院地震工作委员会历史组 . 中国地震资料年表 [M]. 北京：科学出版社，1956.
② 谢毓寿，蔡美彪 . 中国地震历史资料汇编 [M]. 北京：科学出版社，1985.
③ 中央气象局研究所，华北东北十省（市、区）气象局，北京大学地球物理系，等 . 华北、东北近五百年旱涝史料 [M]. 北京：中央气象局研究所等，1975.
④ 包括《清代珠江韩江洪涝档案史料》《清代黄河流域洪涝档案史料》《清代长江流域西南国际河流洪涝档案史料》《清代淮河流域洪涝档案史料》《清代辽河、松花江、黑龙江流域洪涝档案史料清代浙闽台地区诸流域洪涝档案史料》等 . 北京：中华书局，1988—1996.
⑤ 张德二 . 中国三千年气象记录总集 [M]. 北京：凤凰出版社，2004.
⑥ 谭徐明 . 清代干旱档案史料 [M]. 北京：中国书籍出版社，2013.
⑦ 温克刚 . 中国气象灾害大典 [M]. 北京：气象出版社，2005—2008.
⑧ 李文海，夏明方，朱浒 . 中国荒政书集成 [M]. 天津：天津古籍出版社，2010.
⑨ 夏明方 . 大数据与生态史：中国灾害史料整理与数据库建设 [J]. 清史研究，2015，98（2）：67-82.

了稳定统治秩序，清政府极其重视农业生产的恢复和发展，并以救灾作为施政重点，随着清政权的日益稳固，救灾制度逐步恢复并确立，然因中央财力匮乏，库藏空虚，救灾力度尚不够大。应当说，清代行政系统自上而下承担了相应救灾职能，有些救灾工作，就是在皇帝直接指导下进行的。康熙十八年七月二十八日（1679 年 9 月 2 日），直隶三河、平谷发生破坏性极大的八级地震。震后 4 小时之内，康熙帝召集满汉各官，商讨应对措施。同日，康熙帝下诏罪己，并下谕广开言路。地震发生之后，救灾工作随即展开。朝廷发内帑银 10 万两赈济灾民，又派遣侍郎萨穆哈等三批官员，先后赴震中三河县指挥赈灾。

乾隆时期，国家政治日渐稳定，国力日渐强盛，救灾制度亦在不断的调整中趋于完善。这一时期，因物资充裕，蠲赈数额不断加大，次数也逐渐增多，直隶总督方观承曾称颂乾隆朝赈灾规模可谓"自古及今，得未尝有"，乾隆帝晚年也宣称其称帝六十年来，"地方偶遇偏灾，随时赈济，及保护民生，如河工海塘等项，无不颁发帑金，所用何啻亿万万，从不稍存靳惜"①。乾隆七年（1742），直隶发生严重旱灾。围绕此次旱灾所进行的赈济活动，被不少学者视为乾隆朝救灾实践的典型。时任直隶清河道的方观承把此次赈灾的官方文献整理成著名的《赈纪》一书，法国学者魏丕信认为，《赈纪》所反映的直隶救灾活动，说明 18 世纪清王朝建立了一个成熟稳定的官僚体系，该体系能够聚集大量资源，进行粮食和资金的跨地区调运，承担大规模、长时期的救灾活动。从具体赈灾过程来看，六月，因旱灾导致米价昂贵，高斌奏准将河间等 27 州县先普赈一月，之后再将成灾最重的河间等 16 州县、成灾次重的肃宁等 11 州县，按成灾分数加赈 1 个月至 4 个月。次年，又将被灾最重的河间等 16 州县展赈至五月为止。筹赈方面，此次赈济米粮来自仓米。乾隆帝先后拨运仓米 50 万石，高斌等又添拨各处仓谷约 15 万石，"计足敷用"。另外，直隶奏准动支司库银 70 余万两，自奉天、河南等地采买粟米、高粱、黑豆、小麦等。据统计，此次直隶赈灾，赈户达 664890 户，赈济灾民共 2106690 口，又煮赈流民 944020 口，赈过米谷共 1100720 石，银 1105476 两，

① 清高宗实录：卷 1498 [M]. 嘉庆三年三月壬辰. 影印本. 北京：中华书局，1986：第 19 册. 1058.

各州县办赈官员达245人。①

　　然而，乾隆中叶以后，官场日趋腐败，捏灾冒赈之案不断出现。乾隆四十六年（1781），发生了震惊朝野的甘肃捏灾冒赈案。自乾隆三十九年（1774）开始，甘肃布政使王亶望即常向朝廷虚报旱灾，借此将其控制全省捐监所得银两私吞，而后向中央谎报已用于赈灾。甘肃地方大员伙同王亶望捏灾。比如，乾隆四十年（1775）七月初八日，陕甘总督勒尔谨奏称，"五月中旬以来，省城以西各属得雨，未能一律沾足，而皋兰等十四处已有受旱情形，现在设坛祈祷"，随后王亶望又奏称，"六月二十六七等日，省城及附近地方得雨，而为时较迟，皋兰等处俱成偏灾，七月中旬后各属得雨一二寸至深透不等。图桑阿奏，六月下旬，兰州等处始经得雨，各属不免旱灾，七月望后陆续俱已得雨"②。乾隆四十六年（1781）六月，钦差大臣大学士阿桂奏报甘肃天气状况："本月初六日，大雨竟夜，势甚霶霈"，乾隆帝对比甘肃向年俱奏报雨少被旱，岁需赈恤，不禁恍然大悟："今阿桂屡奏称雨势连绵霶霈，且至数日之久，是从前所云常旱之言全系谎捏，该省地方官竟以折收监粮一事，年年假报旱灾冒赈，作弊已属显然。勒尔谨久任总督，王廷赞亦久任道府藩司，何以从前俱以雨少被旱为词，岂有今年甘省雨独多之理？"③乾隆四十年（1775）至乾隆四十五年（1780）间，在甘肃任内的道府州县官员中，假捏结报之道府及直隶州各官共53员，捐监报灾之州县各官共112员，只办捐监而未办灾赈之州县官有46员。全案涉案官员二百余人，处置一百七十余人。因通省参革官员过多，使甘省"本年计典不能照例举行"④。

　　嘉道以降，救灾制度整体变化不大，只是在府或州县一级的地方性赈灾实践中根据需要进行了适当的变通及调整。嘉庆朝开始，即逢白莲教起事长达九年多，清政府不得不将财政收入主要用于庞大的军费支出。由于财政紧张，国家拨款赈济日渐减少，救灾制度表现为缓征多而蠲免少，及以煮赈充放赈等。嘉庆六年（1801）六月初，永定河在卢沟桥附近大面积决口多处，

①　方观承．赈纪［M］//李文海，夏明方．中国荒政全书：第2辑第1卷．北京：北京古籍出版社，2004：617．

②　清高宗实录：卷986［M］．乾隆四十年七月己未．影印本．北京：中华书局，1986：第13册：164-165．

③　清高宗实录：卷1135［M］．乾隆四十六年六月戊子．影印本．北京：中华书局，1986：第15册：160-161．

④　卢经．乾隆朝甘肃捐监冒赈众贪案［J］．历史档案，2001（3）：80-88．

被水灾州县达九十多个。嘉庆帝以报灾延迟及报灾不实，将直隶总督姜晟革职，又派左都御史熊枚为钦差大臣，前往灾区巡察，加强对直隶官员办赈的监督。水灾发生后，为求天人感应，嘉庆帝下诏罪己，命刑部清理庶狱。为了筹集赈款，清廷开永定河工赈捐例，共计收得捐纳银759万余两。此次赈灾还举办了以工代赈。从嘉庆六年七月到次年五月，举办永定河工赈，总计用银971320两，吸收了近8万的青壮年劳动力，从而保证灾民可以直接领取赈粮。① 这一时期，吏治积弊重重，使得救灾制度渐趋衰落，赈灾效果大打折扣。嘉庆十三年（1808），江苏发生山阳冒赈案。因江苏淮扬发生水灾，候补知县李毓昌被委派赴淮安府山阳县查赈。山阳知县王伸汉希图联合委员冒领赈银，他向李毓昌等多名委员行贿，想说服李毓昌将受灾人数由九千多口添至一万余口，但李毓昌坚决反对与王伸汉同流合污，他不肯听从王伸汉捏添户口，并欲将实情禀明布政使，最后反遭王伸汉灭口。王伸汉因冒赈银二万三千余两，入己银数至一万三千余两之多，又因谋毒李毓昌毙命，"贪黩残忍，莫此为甚"，王伸汉"着即处斩"。淮安知府王毂受贿银二千两，知情受贿，同恶相济，也被处以绞立决。② 嘉庆帝曾痛心疾首地谈到吏治之坏对救灾制度的影响："国家办赈章程，良法具在。如果各州县实心经理，该督抚认真查察，自能实惠及民。无如地方不肖之员昧良丧心，视同利薮，而派往查赈之委员等贤不肖亦复回殊，间或有持正之人，而嗜利者多，转深憎恶"。③ 道光二十九年（1849），掌江西道监察御史方允镶称，各省办赈向有"清灾""浑灾"名目，办"清灾"者"必亲历乡村，遍核户口，府县每惮其烦"，办"浑灾"则"俟领到赈银，酌提若干先肥己橐，其余或归诸绅士，或委之胥吏，任意随色放给，府县并不过问"。胥吏在办赈过程中则有"卖灾""买灾""送灾""吃灾"之说："若胥吏则更无顾忌，每每私将灾票售卖，名曰'卖灾'；小民用钱买票，名曰'买灾'；或推情转给亲友，名曰'送灾'；或恃强坐分陋规，名曰'吃灾'。至僻壤愚氓，不特不得领钱，甚至不知朝廷有颁赈恩典。迨大吏委员查勘，举凡一切供应盘费，又率皆取给于赈银，而饥

---

① 庆桂，等. 钦定辛酉工赈纪事［M］//李文海，夏明方. 中国荒政全书：第2辑第2卷. 北京：北京古籍出版社，2004：456.

② 清仁宗实录：卷217［M］. 嘉庆十四年八月丁巳. 影印本. 北京：中华书局，1987：第3册. 924-925.

③ 清仁宗实录：卷216［M］. 嘉庆十四年七月乙亥. 影印本. 北京：中华书局，1986：901.

民愈无望矣"①。

咸丰朝以后，中央财政愈加匮乏，赈捐成为赈灾款项的主要来源。例如，光绪二十五年（1899）至光绪二十九年（1903），山西省办理赈务所用银两约计4881124两，其中中央及地方筹拨之款仅有600000两，其余全部来自赈捐。其中，秦晋实官捐输银约2249245两，占全部赈银的将近一半。② 根据不完全统计，光绪一朝举办的赈捐约达143次，为清前期赈捐总数的10倍还多③。在此过程中，清中央的财政权力逐渐下移，赈捐成为各省总督掌握财权的重要手段。与此相随的是，具体的赈灾活动多由各省总督筹办，军机处、户部的作用日益减弱。与此同时，在救灾制度整体走向衰败之际，伴随着欧风美雨的冲击浸润，传统的救灾制度开始向近代救灾体系转型，在疫灾、火灾的应对中，晚清已初步实现了相关救灾制度的近代转型。同时，随着清政府政治、经济实力的不断衰退，官赈体系日趋式微，民间义赈随之兴起，并在近代救灾中发挥着日益显著的作用。如光绪五年（1879）夏秋之交，直隶突降暴雨，68州县被水，在官府筹赈非常拮据之际，义赈人士严作霖、经元善等人携款前来直隶赈灾，他们先后在任丘等地支散赈银18.6万余两，为直赈募捐总数达39万余两。光绪三十三年（1907），永定河水灾发生，直隶总督袁世凯传谕天津商会劝募赈款，散放急赈，"以补官款之不及"，天津商会专门成立救急善会，积极组织急赈、冬抚等事宜。社会力量在晚清赈灾中所发挥的重要作用，大大缓解了官赈的压力，弥补了官赈的不足，光绪末年，义赈甚至成为官赈的仿照对象，与官赈形成体制内的合作，这也充分反映了清代传统救灾制度的衰落及近代转型。

推荐阅读书目：

[1] 邓拓. 中国救荒史 [M]. 北京：北京出版社，1998.

[2] 赫治清. 中国古代灾害史研究 [M]. 北京：中国社会科学出版社，2007.

[3] 李文海，程歊，刘仰东，等. 中国近代十大灾荒 [M]. 上海：上海

---

① 中国第一历史档案馆藏. 军机处录副奏折：财政类. 田赋地丁 [A]. 档号：3/50/2840/52。

② 中国第一历史档案馆藏. 军机处录副奏折：赈济类 [A]. 档号：3/107/5068/13.

③ 赵晓华. 救灾法律与清代社会 [M]. 北京：社会科学文献出版社，2011：151.

人民出版社，1994.

［4］夏明方．文明的"双相"：灾害与历史的缠绕［M］．桂林：广西师范大学出版社，2020.

［5］陈桦，刘宗志．救灾与济贫：中国封建时代的社会救助活动（1750—1911）［M］．北京：中国人民大学出版社，2005.

［6］魏丕信．十八世纪中国的官僚与荒政［M］．徐建青，译．南京：江苏人民出版社，2003.

第四讲

身体史视野下的衣冠文化

一、身体史研究的兴起及主要方面

20世纪七八十年代以来，关于"身体"的研究在西方人文社会科学界得到了越来越多的关注。西方近代哲学之父笛卡尔（René Descartes）提出了身体与思想分开的"我思故我在"观念。根据他所确立的身心二元论，身体和意识被视为两种完全不同的实体，在学术领域，身体成为包括医学在内的自然科学的主题，心灵则成为人文科学或者文化科学的主题。这种笛卡尔式的划分使医学在对待身体问题时，尽量不涉及社会或心理原因。法国学者米歇尔·福柯（Michel Foucault）等反思了笛卡尔的观点，福柯出版的著作，如《疯癫与文明》（1961）、《规训与惩罚：监狱的诞生》（1977）和《性史》（1976、1984）等，论述了知识、时间与空间对于身体的规训与控制，均是身体研究的代表作，产生了广泛的影响。身体史研究因此也逐渐成为历史研究中引人关注的领域。1995年，《身体与社会》（*Body and Society*）杂志创刊，有些学者开始研究身体洁癖的历史、舞蹈的历史、身体训练的历史、文身的历史以及身体姿态的历史等。英国著名社会史学家彼得·伯克（Peter Burke）将身体史归纳成"新文化史"或"社会文化史"的一部分，指出："身体史最早是从医疗史中发展出来的，但艺术史学家、文学史学家，还有人类学家与社会学家也逐步加入了这场'身体转向'"①。在他看来，身体史"与性态史、

---

① 彼得·伯克. 什么是文化史［M］. 蔡玉辉，译. 第二版. 北京：北京大学出版社，2020：99.

性别史相联系。米歇尔·福柯自然是其先行者之一。福柯之后，身体史继续扩大其研究领域并呈多样化趋势，包括姿态史、性史（目前更多是男性史）以及情感史特别是恐惧史和幽默史"①。费侠莉（Charlotte Furth）《繁盛之阴：中国医学史中的性（960—1665）》②、高彦颐（Dorothy Ko）《缠足："金莲崇拜"盛极而衰的演变》③、白馥兰（Francesca Bray）《技术与性别：晚期帝制中国的权力经纬》④、冯客（Frank Dikotter）《中国的性别、文化与现代性：民国初期医学与性别认同建构》⑤ 等都是西方学界关于中国身体史研究的具有代表性的著作。

我国台湾学者也较早从疾病医疗史的视野对身体史研究予以关注和拓展。1992 年，台湾"中研院"史语所部分学者筹组了"疾病、医疗与文化"讨论会，探讨的主要课题中就包括"中国人对于身体的认识及赋予的文化意义"。1997 年，生命医疗史研究室成立，学者们以"中国历史上的医疗与社会"为主题展开研究，并先后举行了"中国十九世纪医学""洁净的历史""养生、医疗与宗教""健与美的历史""疾病的历史"等一系列专题研讨会⑥。梁其姿所著《麻风：一种疾病的医疗社会史》⑦、黄金麟所著《历史、身体与国家：近代中国的身体形成（1895—1937）》⑧，是台湾学者关于身体史研究的重要代表性成果。黄金麟尝试以身体社会史的方式来研讨身体在近代中国的发展变化，在前述著作中，他分别从身体的国家化、法权化、时间化与空间化四个方面着眼，探讨了近代中国身体生成的历史形态，实践了身体社会史和

① 彼得·伯克.西方新社会文化史 [J].刘华，译，李宏图，校.历史教学问题，2000（4）.

② 费侠丽.繁盛之阴：中国医学史中的性（960—1665）[M].甄橙，译.南京：江苏人民出版社，2006.

③ 高彦颐.缠足："金莲崇拜"盛极而衰的演变 [M].苗延威，译.南京：江苏人民出版社，2009.

④ 白馥兰.技术与性别：晚期帝制中国的权力经纬 [M].江湄，邓京力，译.南京：江苏人民出版社，2006.

⑤ DIKÖTTER F. Sex，Culture and Modernity in China：Medical Science and the Construction of Sexual Identities in the Ealy Republican Period [M].Honolulu：University of Hawaii Press，1995.

⑥ 刘宗灵.身体史与近代中国研究——兼评黄金麟的身体史论著 [J].史学月刊，2009（3）：85-97.

⑦ 梁其姿.麻风：一种疾病的医疗社会史 [M].朱慧颖，译.北京：商务印书馆，2013.

⑧ 黄金麟.历史、身体与国家：近代中国的身体形成（1895—1937）[M].北京：新星出版社，2006.

身体政治史的研究范式。

在中国大陆学界关于身体史的研究历程上，1928 年，上海开明书店即出版了民俗学者江绍原的《发须爪：关于它们的迷信》一书，主要内容是古今关于发须爪的迷信及其原因以及人们的应对。2000 年以后，大陆不少出版社组织并推出了对西方身体研究理论著作的译著。比如，2000 年，春风文艺出版社出版了《身体与社会》《身体意象》《身体与性属——从古希腊到弗洛伊德的性制作》《身体思想》《身体与情感》等。2002 年，华龄出版社推出了"生理人文系列丛书"，其中包括《接吻的历史》《老婆的历史》《乳房的历史》《男人和女人的自然史》等译著。另外，这一时期，百花文艺出版社推出了《头发的历史：各个时代的风尚和幻象》《原始声色：沐浴的历史》，上海社会科学院出版社出版《哭泣：眼泪的自然史和文化史》，上海人民出版社出版《尴尬的气味：人类排气的文化史》，社会科学文献出版社出版《搞笑：幽默文化史》，广西师范大学出版社出版《洗浴的历史》，中信出版社出版《疼痛的历史》等。西方学界关于身体史的研究成果，对中国学者关于身体史的研究提供了重要的借鉴和思考。与此同时，海峡两岸关于身体史的研究作品不断出现，2002 年，著名社会史专家冯尔康在《近年大陆中国社会史的研究趋势——以明清时期的研究为例》一文中，将"身体史"列为大陆社会史研究的第九大发展趋势①。有的学者认为，大陆第一部具有理论自觉意识的身体史研究著作当推杨念群教授 2006 年出版的《再造病人：中西医冲突下的空间政治（1832—1985）》一书。② 该书以身体作为切入口，通过鲜活的历史场景，观察了中国病人被改造和治疗的漫长历史。③

从已有身体史研究的主要内容来看，侯杰、姜海龙认为，身体史研究可以归纳成五个层次，分别是：①身体器官史的研究：身体各部分的器官，如头发、脸面、手纹、痣、胡须、皮肤等，在中国数千年特有的历史文化浸染下，已经成为文化的符号和历史的积淀；②器官功能史，诸如触觉、听觉、嗅觉、味觉、知觉、姿态等的研究；③生命关怀史的研究：与之相关的是医疗疾病

---

① 冯尔康. 近年大陆中国社会史的研究趋势——以明清时期的研究为例 [J]. 明代研究通讯（台北），2002（5）.

② 程郁华. 发现身体：西方理论影响下的中国身体史研究 [J]. 历史教学问题，2013（3）：97-99，96.

③ 杨念群. 再造"病人"：中西医冲突下的空间政治（1832—1985）[M]. 北京：中国人民大学出版社，2006.

史、社会福利救济史、教育史等的研究；④身体视角史的研究：即运用"身体"这一视角切入传统的研究之中，整合原本并不相连的各个研究领域的资料，发掘出新的历史命题；⑤综合身体史的研究：即身体史的研究与其他学术领域相交叉的研究，比如身体史与传统的民俗学领域的某些重合，身体史与心态史、身体史与政治史、身体史与宗教史、身体史与表象史、身体史与社会性别史之间的交叉等等。①

二、传统中国的衣冠之治

衣服是人类的第二张皮肤，也是身体政治文化的重要组成部分。法国的符号学家罗兰·巴特（Roland Barthes）曾经指出："服装总包含有叙事性因素，就像每一个功能至少都有其自身的符号一样，牛仔服适于工作时穿，但它也述说着工作。一件雨衣防雨用，但它也意指了雨。功能和符号之间（在现实中）的这种交换运动或许在许多文化事物中都存在着。"② 衣冠文化在中华文明形成和演进的过程中发挥着重要的作用。在传统中国社会，除了护体御寒、美化生活以及作为民族差异的标识外，衣冠还是伦理政治的物化形态，是等级和身份的显著象征，是道德操守的重要体现。

（一）衣冠作为伦理政治的物化形态

班固在《白虎通义》中称："圣人所以制衣服何？以为絺绤蔽形，表德劝善，别尊卑也。"这句话可以说涵盖了古人对于衣服功能的主要诠释，即遮蔽身体，弘扬良好的德行，区别尊卑贵贱。《周易·系辞下》载："黄帝、尧、舜垂衣裳而天下治，盖取诸乾坤。"由此得知，是黄帝、尧、舜这样的圣人制作了衣裳，"垂衣裳"看似很简单的行为，实际却是"天下治"的重要前提。"盖取诸乾坤"表明，华夏服饰不仅具有护体御寒的实用性，还体现了先民的世界观，以及在此基础上衍生出的政治哲学。服饰制度及礼乐制度的先后确立，宣示了华夏文明时代的到来。

圣人之所以能够垂衣裳而天下治，是因为"取之乾坤"，也就是说，是合乎宇宙世界的秩序。因此，中国古代服饰规制可谓内容丰富而影响深远。比

---

① 侯杰，姜海龙. 身体史研究刍议 [J]. 文史哲，2005（2）：5-10.

② 巴特. 流行体系——符号学与服饰符码 [M]. 敖军，译. 上海：上海人民出版社，2000：295.

如深衣作为汉族传承时间最久的传统服饰之一，其形制是将上衣、下裳分开裁剪并缝合到一起，同时，其具体形制的每一部分都有极深的含义。《礼记·深衣》载："古者深衣，盖有制度，以应规、矩、绳、权、衡。短毋见肤，长毋被土""制十有二幅，以应十有二月；袂圜以应规，曲袷如矩以应方，负绳及踝以应直，下齐如权衡以应平。故规者，行举手以为容；负绳抱方者，以直其政，方其义也"①。这句话也就是说，深衣的上衣用布四幅，象征一年四季；下裳用布十二幅，象征一年十二月。深衣袖子宽大，袖口收祛，象征天道圆融；领口直角相交，象征地道方正；背后一条直缝贯通上下，象征人道正直；下摆平齐，象征权衡。身着深衣，即是提醒人要规行矩步，举止端方，公正耿直。可以说，规矩权衡既是衣服的款式，又是行为的准则，礼和俗在衣冠服饰中得到整合。因此，深衣成为古代上至王公大臣、下至庶民百姓都穿着的服装。汉时自天子至百姓有按照"四季五色"的办法，也就是：春季用青色，夏季用朱色，季夏用黄色，秋季用白色，冬季用黑色。身穿深衣，能够体现天道之圆融，怀抱地道之方正，身合人间之正道，行动进退合权衡规矩，生活起居顺应四时之序。深衣也体现了传统中国的伦理一体化，广土众民的社会通过对衣冠服饰的解读和穿着，拥有同一的伦理政治氛围，充分反映了传统社会无处没有等差，无处没有教化。

再如五服制度，也是衣冠伦理化的重要体现。五服是基于九族制度的丧服制度，根据丧葬时与死者关系远近穿着不同丧服，包括斩衰、齐衰、大功、小功、缌麻，与死者关系越近，丧服越粗糙；与死者关系越远，丧服越精细。其中，斩衰用最粗的生麻布制作，断处外露不缉边。诸侯为天子，臣为君，男子及未嫁女为父母，长房长孙为祖父母，妻妾为夫，服期三年。齐衰，用粗麻布制作，断处缉边。凡夫为妻，男子为庶母、为伯叔父母、为兄弟及在室姊妹，已嫁女为父母，孙男女为祖父母，服期三月至三年不等。大功，用粗熟麻布制作。凡为堂兄弟、未嫁堂姊妹、已嫁姑及姊妹，以及已嫁女为伯叔父、兄弟等，服期为九个月。小功，用稍粗熟麻布制成。凡为伯叔祖父母、常伯叔父母等，服期五月。缌麻，用较细熟麻布制成。男子为本宗之族曾祖父母、族祖父母、族父母、族兄弟等，服期三月。五服制度以丧服为标准来确定服制亲属间的关系，也是确定古代民事责任和刑事责任的依据。西晋时，晋武帝第一次将"礼"中的"服制"列入《泰始律》，将"服制"作为亲属

---

① 礼记 [M]. 陈澔，注. 上海：上海古籍出版社，2016：662-663.

之间民事关系例如婚姻、继承和刑事犯罪的标准。唐、宋的法律沿袭了《晋律》中以"五服"治罪的精神，《大元圣政国朝典章》第一次将五服图载入法典，明朝将"五服"图置于律首。五服制度使得儒家的礼教与法律的适用紧密连接在一起。此外，五服也是民间缔结婚约时考量的重要因素，一般来说，出五服者方可通婚。

（二）衣冠的等级体现

在等级社会中，服饰作为物质生活内容的重要组成部分，服饰的纹饰、材质、款式等方面都体现着鲜明的等级性。《管子·君臣》说："衣服所以表贵贱也。"《孔丛子·刑论》也说："中国之教，为外内以别男女，异器服以殊等类"。不同等级之间在服装上可以说是相差悬殊的。夏商时期，已经有了专门为天子制作的冕服。《周礼·春官》载："王之吉服，祀昊天上帝，则服大裘而冕；祀五帝，亦如之；享先生则衮冕；享先公飨射则鷩冕；祀四望山川则毳冕；祭社稷五祀则絺冕，祭群小祀则玄冕。"① 即根据君王行吉礼或凶礼确定所当穿的服装，再依照具体仪式，辨别这些衣服的名称和种类，以及所适用的礼事。在天子礼服的纹样上，周以前，已经开始有"十二章"纹样，此后一直为历代帝王所传承。十二章最早记载见于《尚书·益稷》，《隋书·礼仪志六》追记梁朝服制，皇帝"衣则日、月、星辰、山、龙、华虫、火、宗彝、画以为绘。裳则藻、粉米、黼、黻以为绣，凡十二章"。十二章纹到隋唐成为定式，一直流行到清代。清人恽敬《十二章图说序》称："古者十二章之制始于轩辕，著于有虞，垂于夏殷，详于有周，盖二千有余年。"十二章中，衣绘日、月、星辰、山、龙、华虫，称上六章；裳绣宗彝、藻、火、粉米、黼、黻，称下六章。其中，日、月、星象征光明之意；龙是图腾；山表示镇重；华虫即雉，表示皇帝很有文采、文德；宗彝表示严猛、智慧和孝行；藻是水草，象征水清玉洁之德；火是照临天下的意思；粉米为主食，表明济养众人的德行；黼是斧的形状，寓意果敢；黻为亚形，表明天子有背恶向善的能力。

唐以后，品色服制正式确立。《新唐书·车服志》定天子之服十四、皇后之服三、皇太子之服六、皇太子妃之服三、群臣之服二十一、命妇之服六。又规定，紫色为三品官员之服，高祖、亲王及三品以上官员袍服用紫色，五

---

① 周礼·仪礼［M］.崔高维，校点.沈阳：辽宁教育出版社，1997：38.

品以上用朱色，六品、七品用绿色，八品、九品用青色。唐朝开始，黄色逐渐成为帝王专有的服色，"禁士庶不得以赤黄为衣服"。王楙《野客丛书·禁用黄》也称："唐高祖武德初，用隋制，天子常服黄袍，遂禁士庶不得服，而服黄有禁自此始。"① 清朝在未入关前，崇德二年（1637），皇太极即称："射猎者，演武之法；服制者，立国之经。嗣后凡出师、田猎，许服便服，其余悉令遵照国初定制，仍服朝衣。并欲使后世子孙勿轻变弃祖制"，此后即"厘定上下冠服诸制"②。《清史稿·舆服志》对皇帝冠服、皇后冠服、皇贵妃以下冠服、皇子亲王以下冠服、皇子亲王福晋以下冠服、文武官冠服、命妇冠服、士庶冠服均做了详细记载。其中，皇帝的朝服，色用明黄，"绣文两肩、前、后正龙各一，腰帷行龙五，衽正龙一，襞积前、后团龙各九，裳正龙二、行龙四，披领行龙二，袖端正龙各一。列十二章，日、月、星、辰、山、龙、华、虫、黼、黻在衣，宗彝、藻火、粉米在裳，间以五色云"③。

官员的冠服也体现着鲜明的等级性。明清官员官服称为补服，又称补褂。在官服的前胸及后背缀有用金线和彩丝绣成的补子，用以区别官职差别，补子用飞禽代表文官，用猛兽代表武官。各品的补子纹样，均有规定。如明洪武年间定，公、侯、驸马、伯用绣麒麟、白泽。文官一品仙鹤，二品锦鸡，三品孔雀，四品云雁，五品白鹇，六品鹭鸶，七品鸂鶒，八品黄鹂，九品鹌鹑，杂职为练鹊，风宪官为獬豸。武官一品、二品麒麟，三品、四品虎豹，五品熊罴，六品、七品彪，八品犀牛，九品海马。清朝将顶戴的材质与补服相对应，官品及顶戴、花翎的对应关系为：一品朝冠饰红宝石及单眼花翎，二品朝冠饰珊瑚及单眼花翎，三品朝冠饰蓝宝石及单眼花翎，四品朝冠饰青金石及单眼花翎，五品朝冠饰水晶及单眼花翎，六品朝冠饰砗磲及无眼蓝翎，七品朝冠饰素金及无眼蓝翎，八品朝冠饰阴纹镂花金及无眼蓝翎，九品朝冠饰阳纹镂花金及无眼蓝翎。雍正八年（1730），更定官员冠顶制度，六品以上官员的顶戴，以颜色相同的玻璃代替了宝石。

（三）衣冠的道德化命义

衣冠是礼的外化形式，具有深厚的道德化命义。《劝忍百箴》称："季路结缨于垂死，曾子易箦于将毙"。曾子临终前不忘换掉和自己身份地位不相符

---

①　王楙. 野客丛书［M］. 上海：上海古籍出版社，1991：109.

②　清史稿：志78. 舆服2［M］. 北京：中华书局，1976：3033-3034.

③　清史稿：志78. 舆服2［M］. 北京：中华书局，1976：3035.

的席子，子路临死前将帽子上的带子系整齐。古人在任何时候都不忘正衣冠器用，以身护礼。汉朝时，天汉元年（公元前 100），苏武奉命以中郎将持节出使匈奴，却遭到扣留，他多次拒绝匈奴贵族的威胁利诱，拒绝投降，匈奴将他迁到北海，即今天的贝加尔湖边牧羊，扬言要公羊生子方可释放他回国。苏武历尽艰辛，19 年不改汉家衣冠，仗汉节牧羊，直至节旄尽落，持节不屈，至始元六年（前 81），方获释回汉。苏武死后，汉宣帝将其列为麒麟阁十一功臣之一，彰显其可贵节操。

三、薙发与剪辫：头发与身体政治变迁

（一）明清易代时期的薙发易服

发型是个人形象的重要展示和体现，也是民族身份的一种重要标志。在衣冠之治的传统社会，发型也是身体政治的重要组成部分。鲁迅在《头发的故事》一文中说："头发是中国人的宝贝和冤家，古今来多少人在这上头吃些毫无价值的苦。"① 明清易代之际，因为发型问题，引发了在中国历史上乃至世界历史上罕见的政治流血事件。顺治元年（1644），清军入关，颁布薙发易服令，强令汉族男子改穿当时满洲衣冠和改剃满人发型，引起了汉人的激烈反抗斗争。

满族男子的发型，把脑顶前半部分剃光，后半部分剃去底部之发，将留下的头发梳成辫子，称为"金钱小顶""小顶辫发"，明朝汉族男子的发型是"大顶挽髻"，即满头留发，在顶部将之挽起，称为"束发"。满汉区别，一在薙发与留发，一在织辫与挽髻。这原本是民族特色的一种日常体现。但是清军入关后，一场薙发改装的政治风暴随之而起，本为民族风俗的发型成为充满政治符号的身体特征。清军入关后，即令汉族男子薙发，汉族人认为满人的衣服发型都很难看，更有人认为身体发肤受之父母，因此薙发令实行了一两个月后，就因汉人的强烈反抗停止。顺治二年（1645）六月十五日，清政府重申薙发令，并强制推行，要求各地在接到通知的 15 天后尽行薙发，清政府发出了"留头不留发，留发不留头"的训示，汉族知识分子则高呼"头可断，发绝不可剃也"，尤其南方刚刚被清军占领，反抗呼声更高。嘉定百姓

---

① 鲁迅. 头发的故事［M］//鲁迅全集：第 1 卷. 北京：人民文学出版社，2005：485.

多次起事，清政府采取武力镇压的方式，血腥屠杀，史称"嘉定三屠"。在高压政策下，有的人以死抗争，有的跑到深山居住，还有的选择出家当和尚，采取各种方式来保卫自己的蓄发习惯。薙发易服成为满族统治者确立自己统治权威的重要内容。不仅满族和汉族对此有激烈的斗争，就是当时中国周边国家，也以衣冠发型对清朝在东亚的文化影响提出质疑，甚或挑衅。在清朝，经过武力镇压，反抗薙发作为一种民众运动消失，汉族男子也和满族男子一样逐渐习惯于蓄辫。此时，朝鲜人仍然坚持穿明朝衣冠，对清朝的汉人改易服色表示蔑视。根据葛兆光先生的研究，在17世纪中叶以后出使北京的朝鲜使者的旅行记录中，对"薙发易服"后清王朝的服装有大量尖刻和严厉的批评，从中可见明清易代以后，朝鲜人对中国文化认同的巨大变化。朝鲜人认定汉族才是中华帝国的正统，大明衣冠才是中华文化的正宗，而视清朝为蛮夷，穿清朝服装则是文化沦落的象征。① 朝鲜对"大明衣冠"的固守和赞美，借以表示其对"中华"文明的坚持与传承。

（二）清末民初的剪辫运动

经历了清初的薙发易服，随着岁月推移，辫子逐渐成为清朝普通人身体的一部分，辫发的政治象征也逐渐内化到民众的心里。1840年，中国迈入近代，在中西文明的不断交汇融通中，社会生活也发生着极大的变化。随着晚清政府的威权力量逐渐下降，辫子的政治威压也随之降低，剪辫易服逐渐从个体事件演绎成群体事件，进而到民国初年作为政治鼎革的产物被极力推行。

洋务运动时期，为了学习西方坚船利炮的科学技术，中国派遣留美幼童赴美求学。这些孩子初到美国，脑后还拖着长长的发辫，因为环境的变化和影响，他们很快剪掉辫子，换上洋装，这可以说是近代较早的群体剪辫，因为这些行为，清政府在1881年竟至中断留学政策，撤回这批还未学成的留学生。维新运动期间，康有为上《请断发易服改元折》，从国家民族危亡的层面提出剪辫易服的必要性："今则万国交通，一切趋于尚同，而吾以一国衣服独异，则情意不亲，邦交不结矣""欧、美百数十年前，人皆辫发也，至近数十年，机器日新，兵事日精，乃尽剪之，今既举国皆兵，断发之俗，万国同风矣。且垂辫既易污衣，而蓄发尤增多垢，衣污则观瞻不美，沐难则卫生非宜，梳刮则费时甚多，若在外国，为外人指笑，儿童牵弄，既缘国弱，尤遭戏侮，

① 葛兆光. 大明衣冠今何在［J］. 史学月刊，2015（10）：41-48.

斥为豚尾，出入不便，去之无损，留之反劳"。康有为认为，俄国彼得一世的改革和日本的明治维新"皆先行断发易服"，因此，在中国面临政治、经济、文化全面变革之际，他请求光绪帝下令断发易服，以"振国民之精神"①。在康有为与光绪还在为是否去辫讨论之时，在海外的孙中山早已断发易服，表示和清政府彻底决裂。清末新政中，因为开始编练新军，新编陆军制服改用西式军服式样，发辫无法和西式军帽相匹配，一些官兵开始将发辫剪去一束。1910 年，资政院第一届常委会通过两个议员提出的剪辫提案，认为"两案之主旨，皆以中国辫装妨碍运动，朝廷整军经武，非剪除辫发，改制冠服，不足以灿新天下之耳目，改除骄奢之习惯"。资政院关于剪辫易服的议决案一经通过，民间的剪辫一时风起云涌，大有不可遏制之势。辛亥革命之后，革命党人组成宣讲团，到大街小巷宣讲剪辫的重要性。

1912 年，民国肇建。是年 3 月 5 日，临时大总统孙中山发布《大总统令内务部晓示人民一律剪辫文》，其中指出："今者满廷已覆，民国成功，凡我同胞允宜涤旧染之污，作新国之民"，并命令，"凡未去辫者，于令到之日，限二十日一律剪除净尽，有不遵者，以违法论""以除虏俗而壮观瞻"②。此后，剪辫运动愈加普及。1914 年 6 月 23 日，北京政府内务院又发布《劝诫剪发规程六条》，规定凡政府官员、职员不剪发者停止其职务；凡政府部门的夫役不剪发者开除；凡车马夫役不剪发者，禁止营业；凡商民未剪发者由警察厅劝令剪除；凡政府官员的家属、仆役未剪发者，其官员要负劝诫之责。北京还设立讲道剪发所数处，劝导剪发，以作全国的表率。剪辫的热潮在江浙、广东等地进行得比较顺利，由政军学界带头，地方民众从之，广东省有一天还做了统计，说这天剪辫子的有二十余万人。在政府的引领强制之下，剪辫已不单单是个人兴趣与爱好的问题，而成为严肃的政治选择，成为是否支持共和的标志。当然因为历史的惯性，有恋旧心理的人也不在少数，有些人刚开始很不情愿剪辫，希望采取各种变通的办法蒙混过关。随着共和观念深入人心，人们渐渐地以留辫子为耻，这种心理蔓延开来，逐渐使留辫习俗失去了存在的基础。

不仅如此，此时民主、科学、卫生、文明等思想意识也慢慢地在中国扎

---

① 汤志钧. 康有为政论集：上册 [M]. 北京：中华书局，1981：368-369.
② 中国社科院近代史研究所中华民国史研究室，等. 孙中山全集：第 2 卷 [M]. 北京：中华书局，1982：178-179.

根，更多的人渐渐明白了留辫子是守旧的、不卫生的，硬留辫子者反而要遭到人们的嘲笑。当时还流传着这样的顺口溜："不剪发不算革命，并且也不算时髦，走不进大衙门去说话，走不进学堂去读书。"1936 年，鲁迅有感于"中华民国"成立 25 年，曾谈道："我的爱护中华民国，焦唇敝舌，恐其衰微，大半正为了使我们得有剪辫的自由，假使当初为了保存古迹，留辫不剪，我大约是决不会这样爱它的。"① 留辫子作为习俗被中国人逐渐抛弃。但是也有少数人或群体梳着辫子。军阀张勋的辫子军，就保留发辫，以表示对清王朝的效忠。在该军驻扎的鲁南、苏北也是剪辫困难的地区，直到 20 世纪 20 年代民众还有为数不少的留辫者。

四、近代衣冠之治的解体

（一）中山装的创制与推行

民国成立，伴随着辫子的剪去，清朝的统一服制取消，清朝的官服也跟着作古，一段时期内，中国人穿什么的都有，有的人穿长衫、马褂，有的人穿西装，也有人中西服装混穿，上身西装，下身则是绑腿裤。在废弃清朝的等级服制的同时，民国政府有关部门开始酝酿制定新的礼服标准。民国初年，在上海、广州等大城市，在着装方面很快出现了盲目的崇洋风气。由于西服的流行，呢革等衣料价格上涨，穿中式服装的人少了，传统的绸缎因此滞销，民族服装行业面临严重挑战。1912 年初，江苏、浙江、上海一带的丝绸、典当、成衣等行业联合成立了"中华国货维持会"，中华国货维持会通过报馆宣传使用国货的意义，印刷劝用国货传单，并多次组织向政府请愿。孙中山就提出制定中国自己的礼服："礼服在所必更，常服听民自便，此为一定办法，可无疑虑""礼服又实与国体攸关，未便轻率从事。且即以现时西式服装言之，鄙意以为尚有未尽合者""此等衣式，其要点在适于卫生，便于动作，宜于经济，壮于观瞻，同时又须丝业、农业各界力求改良，庶衣料仍不出国内产品，实有厚望焉"②。

---

① 鲁迅．因太炎先生而想起的二三事［M］//鲁迅全集：第 6 卷．北京：人民文学出版社，2005：576-577.

② 中国社科院近代史研究所中华民国史研究室，等．孙中山全集：第 2 卷［M］．北京：中华书局，1982：61-62.

服饰问题在当时既是民族工业问题，也是政治取向问题。对此，孙中山有着清醒的认识。1911年12月27日，孙中山指出："从前换朝代，必改正朔、易服色，现在推倒专制政体，改建共和，与从前换朝代不同，必须学习西洋，与世界文明各国从同"①。孙中山亲自创制的中山装因此应运而生。孙中山认为，传统的长袍马褂虽然穿着舒服，但这是旧时代的象征，国际上也不流行。西装虽然代表了西方男子服饰的主流，但穿起来太烦琐。所以，应该设计一种介于中西之间、风格既庄重又简约的、适合中国男人穿的制服。孙中山创制的中山装，基本上按照西服的穿着要求，主要参照孙中山为革命而经常奔走往来的南洋地区的华侨的企领文装改进，因为孙中山也经常来往于日本，对日本军制服颇为赞赏，因此，日本陆军士官军服和铁路工人制服也对孙中山创制中山装产生了一定影响。尤其重要的，孙中山创制的中山装融入了他的政治理想。中山装的上衣前襟有四个衣袋，象征"国之四维"，即礼、义、廉、耻。前襟上五个纽扣，以象征"中华民国"不是西方的三权分立的政治制度，而是实行行政、立法、司法、考试和监察五权分立的制度。袖口缀上三个扣子，代表民族、民权、民生三民主义。背部不破缝，表示国家和平统治之大义。在面料选择方面，中山装选用便宜实用的国产土布，在衣长上，中山装属于短装。这与传统社会中，长衣为贵族官僚等上层社会的着装形成鲜明对照。要而言之，中山装用国货土布和短装设计体现人人平等的思想，这是对传统等级制服饰的彻底否定，代表着服装平等化观念的出现。在符号设计方面，中山装凸显了民主革命理念，即对新的权力符号的丰富使用，并以此作为新旧权力区分的场域。②

南京国民政府成立后，将蕴含三民主义理念与孙中山崇拜情结的中山装视为国民政府的统一制服。1928年3月，国民党内政部要求部员一律穿棉布中山装。1929年3月10日，内务部和教育部规定，燕尾服为大礼服，长袍马褂为常服，中山装为普通制服。1929年4月，第二十二次国务会议议决《文官制服礼服条例》，明确规定"制服用中山装"。随着孙中山崇拜的不断推广，中山装也成为各级学校师生的统一制服。此外，国民政府还规定集团结婚的礼服为中山装。中山装既保留了西装贴身干练的风格，又融入了中国对称凝

① 陈锡祺. 孙中山年谱长编：上册［M］. 北京：中华书局，1991：601.

② 林昊民，甘满堂. 身体史视角下的"易服运动"——以民国时期中山装为例［J］. 福州大学学报（哲学社会科学版），2020，34（4）：32-37.

重的格调；既根除了清代服制的等级因素，又体现了民主共和等思想；既体现民族性，又体现现代性。中山装的流行，反映了"中华民国"作为新兴民族国家力图通过推广国家服装，重塑中国人的身体政治。①

（二）女着男装：近代女性着装中的"拟男主义"

清代满汉女子保持各自不同的服饰，满族女子着袍服，汉族女子因为"男从女不从"的规定，继续穿裙。但是无论满汉女性的服饰，其审美趣味、装饰逐渐相近，都喜欢镶嵌精致的花边，来表示富贵奢华。清初时，还只是在襟边及袖端处镶绣，到咸丰、同治年间，镶滚愈渐繁复，从三镶三滚、五镶五滚发展到十八镶滚。宽大的衣服配合缠足，不仅束缚了女性的身体和行动的自由，也禁锢了女性的心灵。近代以来，在国族危机之下，女性解放思潮也日渐蓬勃兴起。可以说，女性在两个方面最充分地焕发了解放意识，即婚姻与服饰。这里仅以清末民初出现的"女着男装"现象为例，来分析近代女性服饰与身体社会之间的关联。

在实行衣冠之治的中国传统社会，男女在着装方面界限森严，所谓"男女不通衣裳"，服装成为规定男女角色的重要模式。清末民初，曾经几次兴起女着男装现象，作为拟男化的重要表现，从发展趋势来看，女着男装逐渐从国族危机、性别平等的符号和象征，回归为大众文化之下的一种审美取向，体现了近代女性在身体政治方面的不断觉醒。

1. 翩翩绝似少年郎：伦理大防下的女着男装

传统中国社会，男女服制虽然泾渭分明，不过，在中国文学作品中，女着男装者并不鲜见，像花木兰、祝英台、孟丽君等形象均被作为佳话而流传，文学作品中的这种"拟男化"特点，反映了女性对传统性别规范束缚的批判，也促使人们反思传统性别定位的缺憾。② 但是，直至晚清社会，在现实生活中，女用男装、男着女装都被视为妨害传统伦理的行为。清代法律对男扮女装者甚至要处以刑罚，"男扮女装刺'奸民'二字"③。1873 年，上海发生轰动一时的周小大案，其缘起即因法租界某烟馆女堂倌周小大与他人开玩笑打赌，女扮男装在街头游戏，结果被巡捕拿获，先送至会审公廨，后移送县署。

---

① 陈蕴茜. 身体政治：国家权力与民国中山装的流行 [J]. 学术月刊，2007（9）.
② 华玮. 明清妇女之戏曲创作与批评 [M]. 台北："中研院"中国文哲研究所，2003：142-153.
③ 孟樾. 刺字统纂：卷上 [M]. 棠荫山房刻本. 1869（清同治八年）.

此事起因本属细微，但是其"改装易服，化雌为雄"，在时人看来"实属新奇罕觏之举"，上海道县官员将周小大从严惩处，掌责六百，随后使其"仍衣男服"，额角标明女堂倌字样，戴枷游街，以致周小大羞愤怨恨，欲图自尽①。舆论虽然认为对周小大惩办过重，《申报》随后列举判罚过重的理由之一即是："查男子女装大干例禁，女子男装律无明文"，但同时也认为其"错乱阴阳，究非所宜，且一妇女而自忘其形，混迹于男子之间，虽逢场作戏，亦未免不知羞耻矣"②。就在周小大案发生几天后，江苏常州城内一女子不顾"禁止妇女上茶馆吃茶"禁令，女扮男装进入茶馆，结果被人发现，时人还因此感慨，周小大女着男装，但其作为女堂倌"本系下流，无足深责"，现在连"未出闺门之女子亦效此为者，真世风之日下矣"③。

虽有女性因穿男装而受罚之事，但是女着男装现象在晚清时期并不少见，喜欢标新立异的妓女即喜欢扮作男装，以求别具一格。徐珂《清稗类钞·服饰类》载："同、光之交，上海青楼中人之衣饰，岁易新式，……又有戴西式之猎帽，披西式之大衣者，皆泰西男子所服者也。徒步而行，杂稠人中，几不辨其为女矣。光、宣间，沪上衍中人竞效男装，且有翻穿干尖皮袍者。"名妓赛金花即"素喜男装"，人称"赛二爷"④。在中西文明互相碰撞融合的晚清社会，欧风美雨对社会生活领域的浸润是自然而然的，女性服饰在这样的情势下日趋开放和新潮亦是必然的。但是，晚清政府视女着男装为"违轨越礼"的行为，坚决予以抵拒。前述周小大案，即体现了上海知县为首的官员对租界这个非伦理空间内华人"非礼违轨"行为的借机整顿⑤。

除了伤风败俗之外，根据《申报》所登载的相关事件，女扮男装往往还有与通奸纵奸、拐逃妇女、贩卖人口相联系者。对于此类有悖伦理、扰乱社会秩序之事，1908年颁行的《大清违警律》规定，对包括女着男装在内的有碍风化的"奇装异服"，处5元以下1角以上之罚金。此处"奇装异服"的范围，"在视本国现在之风俗以为适当之标准，男用女装、女用男装固属有碍风俗，即男用男装、女用女装有时亦不能为无害风俗，总之与常用服饰相反而

---

① 女堂烟馆禁止未绝 [N]. 申报, 1873-02-14.
② 论女堂倌周小大结案事 [N]. 申报, 1873-02-12.
③ 女扮男装 [N]. 申报, 1873-05-12.
④ 老妓赛金花 [N]. 申报, 1901-05-22.
⑤ 翟志宏. "女扮男装"与"诱拐卷逃" [J]. 读书, 2000 (7).

足以惊骇耳目者，皆是不能悉举，在随时认定而已"①。由于女着男装现象在当时已经是司空见惯，有人认为若只是对违警律泛泛执行，效果必然不好，因此建议加严警务，随时惩处，这样女扮男装现象就可"尽行禁止"②。

2. 始信英雄亦有雌：国族危机下的女着男装

女着男装现象对晚清传统伦理观念形成了强大的挑战，继此之后，在国家民族危亡的语境之下，"拟男"成为新女性形象构建的一种时代标识。19世纪末，维新派为了国权兴亡发起了身体改造运动。维新派认为，传统女性的低能力和低素质是导致国家衰弱和危亡的重要原因。因此，从性别观念层面出发，通过废缠足、兴女学来改造传统女性，就成为维新志士拯救国家危亡的重要途径。去女装而着男装，也被维新派看作是强健女性身体、完善其独立人格的重要手段。康有为在《大同书》中即指出，女子喜欢穿奢华的服装、热衷装扮自己全因"古者以女子为男子私有之物，务在防淫，故不能不别其衣服也""故男子尚素朴而女子尚华采，皆以着玩弄之义"，因此，中国也应追步世界，"宜定服装之制，女子男子服同一律"③。

20世纪初年，"国民之母"与"女国民"作为新女性形象为知识分子所期许和倡导，所谓"女子者，国民之母也"，作为现代的"女国民"，应改掉只知"涂抹脂粉，炫耀衣饰"的恶习，做"有学问的文明女子"④。还有人甚至针对英雄的说法，响亮地提出了"英雌"的概念："世世儒者，赞诵历史之人物，曰大丈夫，而不曰大女子；曰英雄，而不语英雌。鼠目寸光，成败论人，实我历史之污点也。"⑤ 因此，近代许多女革命家、女性知识分子皆把着男装看成是"由外而内"实现由文弱到勇武、由贞静到侠烈的新女性的重要手段。发誓"斩取国仇头，写入英雌传"的秋瑾曾感慨"身不得，男儿列，心却比，男儿烈"，她解释自己喜着男装的原因说："我对男装有兴趣……在中国，通行着男子强女子弱的观念来压迫妇女，我实在想具有男子那样的坚强意志，为此，我想首先把外形扮作男子，然后直到心灵都变成男子。"⑥ 有"女界梁启超"之称的女医生张竹君，也常以男

① 大清光绪新法令：第9类［M］. 上海：商务印书馆，1910：764.

② 杂评三［N］. 申报，1913-03-27.

③ 康有为. 大同书［M］. 沈阳：辽宁人民出版社，1994：192.

④ 志女中华［N］. 选报，1902-10-31.

⑤ 楚北英雌. 支那女权愤言［J］. 湖北学生界，1903（2）.

⑥ 吕美颐. 中国近代女子服饰的变迁［J］. 史学月刊，1994（6）.

装形象示人，其在广东行医时总是西服革履，"意态凛然，路人为之侧目"①。1912 年，来到浙江旅行的英国女作家罗安逸记载从欧美和日本留学归国的女留学生"有的剪短发，穿男装，在女子国民军里为国而战"②。1926 年，20 岁的女学生谢冰莹作为女兵参加了中央军事政治学校女生队，她宣称："在这个伟大的时代，我忘记了自己是女人，从不想到个人的事情，我只希望把生命贡献给革命"，因为抱定如此崇高的爱国志向，她和战友们脱去花衣服，穿上了由灰布棉衣、草鞋、斗笠式军帽、灰色裹腿布、黑布袜子、一寸多宽束腰皮带组成的戎装，发誓要"推翻封建制；打破恋爱梦，完成国民革命"，做"伟大的女性"③。以上这些服饰拟男化的例证，都反映了当国家存亡成为整个中华民族最关切的头等大事之时，女性不再仅把自己看成是人类性别的一种，而是作为"国民"的重要组成部分，和男子"共担义务，同尽天职"，承担救亡的千钧重担。

3. 男女平权天赋就：女性主体意识中的身体重塑

如前所述，清代满汉女子宽大的衣装配合缠足，不仅束缚了女性身体和行动的自由，也禁锢了女性心灵的自由。清代女子的穿衣特点反映了父权制对女性身体的规训。在层层叠叠、纷繁复杂的服饰笼罩之下，身体渺小到几乎可以忽略不计。20 世纪以来，女权运动的领导者意识到，随着女性主体意识的逐渐塑造，女性不再是父权社会的附属品，而是具备了独立意识和价值的、与家国命运紧密连接在一起的主体性存在。既然如此，女性作为男性附属物的柔弱形象就被颠覆，反映在服饰上，伴随着不缠足运动对女性双足的解放，许多人把女子服饰的简单化看成女性独立的重要标志。1904 年，女作家王妙如在《女狱花》中对父权制所界定的"女性气质"极力批判，认为这种强加于女性身上的"女性气质"，不仅异化了女性的心灵，而且扭曲了她们的身体。《女狱花》所塑造的女革命者许平权拒绝化妆、戴耳环、缠足，鼓励女性要争取独立："讲求独立的方法仅有两条：一条是除去外边的装饰，一条是研究内里的学问"，在她看来，"女人种种的装饰，皆男人种种的制服，譬

---

① 冯自由. 女医士张竹君［M］//冯自由. 革命逸史（上）. 北京：新星出版社，2009：219.

② 沈弘. 辛亥革命前后的浙江社会思潮和变革：英国女作家罗安逸眼中的杭州和兰溪［J］. 文化艺术研究，2010，3（5）：16-31.

③ 谢冰莹. 女兵自传［M］. 成都：四川文艺出版社，1985：76，81.

如带环儿，即是插耳鬈的意思。带手钏，即是带手枷的意思。缠小脚，即是刖足的意思。涂脂抹粉，即是插了粪扫帚、搪了花脸儿、伏地请罪的意思"①。与男性精英把女性身体仅仅当作家国叙事的方式相比，诸如许平权这样的女性精英更加关注女性身体的物质性的一面，因而更加容易获得当时知识女性的认同。民国初年旗袍逐渐兴起，其原因也恰与女性主体意识的彰显密切相关。张爱玲在《更衣记》中一语道破地说过："五族共和之后，全国妇女突然一致采用旗袍，倒不是为了效忠于清朝，提倡复辟运动，而是因为女子蓄意要模仿男子"，五四之后的女性"很容易地就多了心。她们初受西方文化的熏陶，醉心于男女平权之说，可是四周的实际情形与理想相差太远了，羞愤之下，她们排斥女性化的一切，恨不得将女人的根性斩尽杀绝"。旗袍在民国初年被称为长袍、长衫，因为它也是和男子一样的袍式，女权主义者觉得穿上旗袍，就可以去女性化的裙子。根据张爱玲的描述："初兴的旗袍是严冷方正的，具有清教徒的风格。"②

五四运动时期，随着女性解放意识的高涨，知识分子中还出现了"断发男装"的热潮。1920年，沈雁冰在《妇女杂志》第六卷第二号发表《男女社交公开问题管见》一文，指出："社会上引人发展兽欲本能的娱乐品，和侮辱女子人格的恶习恶制，都该先行去净""一切旧俗关于男女的区分，如讲演会中之男女分座，大旅馆的女子会客室等都须去掉，女子服装也要改得和男子差不多"。许地山在《新社会》也发表《女子的服饰》一文，指出女着男装有四种益处："一来可以泯灭性的区别；二来可以除掉等级服从的记号；三来可以节省许多无益的费用；四来可以得着许多有用的光阴"③。有人甚至把男女穿同样服装的效果过分夸大：认为"可以实现男女平等""形式上平等了，精神上也就受同化的平等了，男女间的阶级，自然也就废除了"，此外，还"可以消除不道德的行为""倘若男女装饰一样，看不出男子女子，哪里还有这些事情发生呢？"④ 1928年北伐成功前后，女着男装潮再起。这一时期，许多女子把时装看成妇女自轻自贱、甘当男子玩物的表现，因而予以抵拒，款式简单的男装因此受到这类女性的青睐。很多穿男装的女子意图表示自己的

① 刘剑梅. 革命与情爱：二十世纪中国小说史中的女性身体与主题重述［M］. 郭冰茹，译. 上海：上海三联书店，2009：296.
② 张爱玲. 流言［M］. 广州：花城出版社，1997：20-21.
③ 许地山. 女子的服饰［J］. 新社会：第8号，1920-01-11.
④ 独毅. 男女应当同装的我见［N］. 解放画报：第16期.

现代和另类以及对男子的蔑视："现在的妇女学着男的裤子，学会吃烟，希望男子不要再表示那种歉意——将她很寂寞地放在家里。现在妇女有权剪她的头发，穿男子的服装，与男子一样组织俱乐部，把男子当作娼妓看待，穿衣服与娼妓一样，表示爱情与娼妓一样。"① 由此看来，服装当然成为女性主体意识的外化和标识。

4. 欲辨雌雄面目难：追逐时尚中的标新立异

如前所述，晚清虽然女着男装在妓女等特殊行业中已经不鲜见，但是，就整个社会来讲，辛亥革命前后，女着男装者毕竟只是凤毛麟角，也很容易遭到社会的耻笑。1911 年，陕西泾阳县高姓巡警有位颇有姿色的爱妾，每到夜间查岗之时，就让其妾改扮男子，携手同行，结果在当地传为笑柄②。五四运动之后，女着男装作为时尚潮流开始被大众文化所逐渐认可。20 世纪 30 年代，随着好莱坞影星等为代表的欧美时尚进入并席卷中国大城市，国外女星穿男装的图片也开始通过电影、杂志等为中国都市女性所熟悉并接受，女着男装成为许多爱美女性的选择。随着女着男装成为一种时装潮，女电影明星、名伶淑女着男装者越来越多。1933 年，《现代电影》第 4 期登载了影星胡蝶的两张男装照，称"皇后也染了男装热的时代病"，可见女着男装在当时的风靡。从美学的角度来讲，时人认为，女着男装能够与女性天生的柔弱婉约形成鲜明反差，这种"欲辨雌雄面目难"的模样，反而会更好地显露出女子纤细柔弱的身材和楚楚可怜的性格魅力，很多男性对于着男装的女子也给予赞赏。饶有趣味的是，随着时装的发展，有人指称，女性穿时装动辄就被指责为取媚世俗，本身也体现了男女在装饰上的不平等，事实上，"现今的男子，研究装饰实在比女子来得厉害，这种现象，到处都可以看得着的""但是一般社会，并不说男子怎样装饰妖异，只说女子如何艳冶，如何奇形怪状，不是冤枉而不平么？"③

吕芳上先生总结民初拟男主义的特点说："所谓'拟男主义'在民初中国的流行，正表示这个社会男权仍然当道，女性'英雌'意识要突破男权的藩篱，还需要时间和勇气。"④ 随着女性解放运动的演进，1935 年之后，有人断

---

① 晨报副刊第 47 号，1927-04-24.
② 爱妾男装 [N]. 北京浅说画报，1911（897）.
③ 觉. 男女装饰也不能平等 [J]. 妇女共鸣，1930（25）.
④ 吕芳上. "好女要当兵"：中央军事政治学校武汉分校女生队的创设（1927）[M] //鲍家麟主编. 中国妇女史论集：第 8 集. 台北：稻乡出版社，2008：320.

言随着女性在家庭、社会地位的提高，女性职业范围的逐渐扩大，女着男装已经没有适合的土壤。不过，根据当时报刊的记载，在此后很长时间内，女着男装依然是常有之事，且仍然吸引社会的眼球，比如报纸上常有报道称"女宿舍内发现男装""最时髦的男装吓死公共厕所的姑娘"等等。可见至此为止，女着男装已经基本突破了国族危机、性别平等的符号和想象，而回归为大众文化之下的一种审美取向。

由上所述，在清末民初社会，女着男装现象曾几次兴起。女着男装在近代中国的发展脉络，体现了近代女性在身体政治方面的不断觉醒和抗争，不过，在不同时期，女着男装均受到了男权社会的抵制。继前述《大清违警律》对奇装异服有碍风化者的惩处外，1915 年颁布的《违警罚法》将处罚提高至5 日以下之拘留或 5 元以下之罚金，1928 年《违警罚法》又提高至 15 日以下之拘留或 15 元以下之罚金。民初北洋政府在制定服饰制度时，就有议员拟咨请政府"禁止女子服男子服"，有议员附议或者反对，并引起一番争论。20世纪 20 年代，女子剪发运动兴起，但受到保守势力的反对。1926 年，北洋政府还明令禁止女子剪发，并严禁"男女装束有同化之日"。近代身体政治的这种特点，恰如福柯所言，权力与社会惩罚"最终涉及的总是身体，即身体及其力量、它们的可利用性和可驯服性、对它们的安排和征服"①。换言之，清末民初，男权世界依然希望通过服饰的塑造对女性身体进行严格规训，这也说明，在国族危机之下，父权为国权的让位仍然是有限的。

推荐阅读书目：

[1] 梁其姿 . 麻风：一种疾病的医疗社会史 [M]. 朱慧颖，译 . 北京：商务印书馆，2013.

[2] 黄金麟 . 历史、身体与国家：近代中国的身体形成（1895—1937）[M]. 北京：新星出版社，2006.

[3] 杨念群 . 再造"病人"：中西医冲突下的空间政治（1832—1985）[M].北京：中国人民大学出版社，2006.

[4] 游鉴明 . 超越性别身体：近代华东地区的女子体育（1895—1937）[M]，北京：北京大学出版社，2012.

[5] 邱志诚 . 国家、身体、社会：宋代身体史研究 [M]. 北京：科学出

---

① 米歇尔·福柯 . 规训与惩罚 [M]. 刘北成，杨远婴，译 . 北京：三联书店，1999：27.

版社, 2018.

　　[6] 陈蕴茜. 身体政治：国家权力与民国中山装的流行 [J]. 学术月刊, 2007 (9).

　　[7] 高彦颐. 缠足："金莲崇拜" 盛极而衰的演变 [M]. 苗延威, 译. 南京：江苏人民出版社, 2009.

第五讲

行业神崇拜的信仰、组织与地方社会

作为一种社会文化现象，神灵信仰与仪式是理解特定社会及其文化特质的重要角度和基本议题，也是历史学、人类学、民俗学、宗教学等诸多人文社会学科一直关注的研究领域。中国民间信仰的研究，与社会史的发展历程几乎同步。早在20世纪20年代新史学初兴之时，中国民间信仰的研究就引起了很多学者的关注，并取得了骄人的成绩，如顾颉刚先生对北京妙峰山香会、东岳庙，福建泉州的铺境、广东东莞的城隍庙等做过调查和研究。1949年后，在发展现代国家、破除迷信的口号下，民间信仰的实践和研究在中国都饱受冷遇。20世纪80年代末90年代初以来，伴随社会史研究的复兴和不断深入，民间信仰重新进入研究者的学术视野。进入21世纪以后，社会史研究更加多元开放，随着区域社会史、历史人类学、社会文化史、日常生活史等多种研究路径的发展，民间信仰作为考察中国传统社会结构、地域文化和普通百姓日常生活的一个独特视角，受到越来越多的关注。同时，因为研究内容的独特性，涉足民间信仰研究的不仅有历史学者，还有大量从事民俗学、社会学、文化人类学、宗教学的研究者，因此，民间信仰也是最能体现社会史研究多学科、跨学科特色的领域之一。

在中国民间信仰异常庞杂的神灵崇拜系统中，行业神是非常独特的一种类型。所谓"行业神"，即从业者奉祀的与行业特征有一定关联的各种神祇的总称，有着悠久且深厚的历史传统，是一种极具中国特色的行业性民间信仰文化。

中国学界关于行业神的研究，既有自民国时期开始的各类行业祖师信仰的调查与研究，也有概述性的通论著述，更多的则是各类行业神的个案分析，成果可谓丰硕。从关注角度和研究取向来看，中国行业神崇拜的现有研究大致可以分为三类：第一类是循民间信仰的研究理路，或从民俗学角度考述行业神的种类、源起、各行业祖师的故事传说，通过田野调查分析行业神崇拜的仪式实践及其文化意涵；或从历史学角度考订行业神崇拜的变迁轨迹。第二类则侧重关注行业神崇拜与特定行业之间的关联，结合文集、碑刻、社会调查等文献资料，分析行业神崇拜对于行业组织的整合与维系发挥了怎样的功能。第三类则沿中国民间宗教研究的"社区传统"，借鉴区域社会史的研究视角，将行业神崇拜放在特定区域社会的历史发展脉络中加以考察，旨在揭示行业神崇拜的地方性特点，或透过区域性行业信仰考察地方社会的发展进程。需要说明的是，上述分类只是为了便于概述和区分不同研究角度的特点，这种界定更多只是出于叙述方便的目的，在具体的研究实践中，这三种研究取向并不是非此即彼的。

一、20 世纪上半叶行业神研究的起步

中国传统社会的行业神崇拜现象，大致是伴随着两种学术路径进入学者的视野中：一是发端于 20 世纪 20—30 年代中国民间信仰的民俗学研究取向；二是 20 世纪初以来中外学者对中国传统行会问题的关注。

一般认为，对中国民间信仰较早进行学科性探索的代表性学者是荷兰人高延（J. J. M de Groot）和法国人葛兰言（Marcee Granet）。而中国学者将民间信仰作为研究对象，则开始于 1920 年代中国民俗学的建立时期。在那个学科意识与学科分际尚未精细化的年代，兼顾文本与田野的民俗学者秉承"到民间去""唤起民众"的文化自觉，将研究目光投向"民众生活上的一件大事"——朝山进香①。在 20 世纪 20—30 年代，顾颉刚等人组织了关于北京妙峰山进香活动的田野调查，江绍原、容肇祖、许地山等学者撰写了关于民间社会各种迷信活动的分析研究，北京大学《歌谣》周刊、中山大学《民俗》周刊发表了大量各地风俗迷信的调查报告和评介文章，这一系列或旨在关注民众生活、或旨在批判信仰活动的反科学性进而改造社会的学术活动，开启

---

① 顾颉刚. 妙峰山进香专号引言［M］//李文海，夏明方，黄兴涛. 民国时期社会调查丛编：一编·宗教民俗卷. 福州：福建教育出版社，2014：55.

了"中国民间信仰的民俗研究取向"①。作为一种独特的民间信仰，行业神崇拜正是在这样的学术语境下开始受到学者们的关注。

早在顾颉刚关于北京妙峰山进香活动的田野调查中，就已经发现香会中有一些"职业团体"，如万寿善缘缝绽会，为"皇城内外新旧靴鞋行旗民人等诚起"，为沿路香客免费修鞋；又如拜席老会，是京城席业行业公会，为妙峰山沿路茶棚提供各种用席；还有京城"正阳、崇文、宣武门外"铜锡匠行结成的乐善巧炉圣会，专在中道沿路茶棚为香客补修铜、锡、瓷器等等②。顾颉刚并没有说明这些"职业团体"前来朝山进香的原因，倒是全汉昇在研究中国行会史时进行了解释："为什么各行会都来这么远的一个山上来进香呢？原来各行的祖师——如技巧工人所崇拜的鲁班及一般行会所祭奉的关帝及财神的神位或神殿都在这里。"③ 说明各行团体组成香会朝山进香是与行业神信仰联系在一起的。

这类关于中国行业神信仰的记述，零散见于民国时期各地民俗文化的社会调查中，但大多非常简略，更不是专题性的研究。这一时期，出现了两部以行业神崇拜作为研究主题的代表作。一部是刘佳崇璋的《北平各行祖师调查记略》，一部是叶郭立诚的《行神研究》。前者是田野调查报告，后者则是真正意义上的学术研究论著。

刘佳崇璋对 20 世纪上半叶北京各行祖师进行过系统的调查，并写有至少8 集的《北平各行祖师调查记略》④，被学者誉为"专门将祖师爷作为一个单独的题目进行调查研究的首创者"⑤。但是，目前仅能在首都图书馆看到调查记略第 8 集的传抄本，在这一集中，刘佳崇璋记载了酸梅汤摊贩、大饽饽铺、农园和茶馆四种行业的祖师。从这保存下来的唯一一集中，可以看到刘佳崇璋对于当时北京城中各行业祖师的调查非常全面，不仅细述各行业祖师崇拜的来源、传说、奉祀情况，还尽可能展示各行当的日常运营、发展状况及其

① 陈进国. 中国民间信仰研究述评——以大陆地区为中心［M］//路遥，等. 中国民间信仰研究述评，上海：上海人民出版社，2012：42.
② 顾颉刚. 妙峰山的香会［M］//李文海，夏明方，黄兴涛. 民国时期社会调查丛编：一编·宗教民俗卷. 福州：福建教育出版社，2014：69-70.
③ 全汉昇. 中国行会制度史［M］. 上海：新生命书局，1934：130.
④ 刘佳崇璋. 北京各行祖师调查记略：第 8 集［M］. 首都图书馆藏传抄本，1961.
⑤ 岳永逸. 磕头的平等：生活层面的祖师爷信仰——兼论作为主观感受的民俗学［J］. 中国农业大学学报（社会科学版），2008（3）：22.

社会环境，甚至还精细描绘了各行器具的示意图，如酸梅汤摊贩的铜招子、冰盏碗儿，饽饽铺的吊炉、闷炉、皂炉3种不同的灶具，将行业神崇拜的文化意涵、行业生存的社会情境融于日常生活的具象化中。所以，学者认为刘佳崇璋的调查"有着今天国内学界还在广为效仿西方的'延展/伸'的情境分析方法（situation analysis）的意识"，具有极高的学术价值，"从调查记略的文本本身而言，这本在半个多世纪以前的调查记略有的理念、方法并不逊色于以善于调查著称的日本学人和改革开放后群起效法西方的国内诸多学人"①。

1946年，叶郭立诚撰写完成《行神研究》一书，这是第一部以行业神崇拜作为研究对象的学术专著②。其实，早在20世纪30年代末，叶郭立诚已经主持了对北京东岳庙的调查，撰有调查报告，其中对东岳庙中的行业神殿堂——显化司、鲁班殿、马王殿、喜神殿以及行业团体的祀神活动有过简略记述③。《行神研究》一书体例完备，除去引言与结语，全书共分为九章：行神定义、行神分类、行神史料研究、工业行神、商业行神、职业行神、行神祈祀、北平行神庙宇，涉及了行业神崇拜的各个方面，奠定了后来学者讨论这一问题的基本框架。对于何谓"行神"，叶郭立诚首次给出了全面、清晰的定义：

> 行神者即同业者共同崇奉的神祇，即俗所谓"祖师爷"也。吾国行会，每推一历史上或传说上的名人与神为本行的祖师，斯人或神即为本行业的发明者，利用此崇拜的中心以召集团体，统治会中分子，推进本行业务，行会领袖即为行神的主祭者，每年于行神的诞日例有大祭，斯时会员全体出席，祭后即举行会议，商定本会公共事宜，选举会首，改定官价，处罚犯规者，咸在神前举行，以示其神圣尊严与公平无私，最后共享神胙，更有献戏娱神，即以自娱，借此联络感情，加强团结焉。④

---

① 岳永逸.礁头的平等：生活层面的祖师爷信仰——兼论作为主观感受的民俗学［J］.中国农业大学学报（社会科学版），2008（3）：22.
② 叶郭立诚.行神研究［M］.台北：中华丛书编审委员会，1967.据作者自序，该书"脱稿于民国卅五年秋，藏之于行箧二十年"，可知这一研究成果的完成时间为1946年。
③ 叶郭立诚.北平东岳庙调查［M］//李文海，夏明方，黄兴涛.民国时期社会调查丛编：二编·宗教民俗卷上.福州：福建教育出版社，2014：149-150.
④ 叶郭立诚.行神研究［M］.台北：中华丛书编审委员会，1967：3.

　　这一定义不仅涉及行业神的基本内涵，也包含了行神的来源、奉祀仪式和社会功能。依据行业性质的不同，叶郭立诚将行业神分为工业行神、商业行神、职业行神 3 类，再细分为若干类别（如工业行神就划分为土木建筑、家具、衣服装饰、饮食品、书籍文房用品、药及消费品、杂项共 7 类）进行逐一说明。同时，作者对于不同行业奉祀本行祖师神的仪式实践也做了详细的研究，包括祭祀祖师的目的与会期、公费的筹款方法、酬神演剧等祭祀活动内容等等，均一一述之。特别难能可贵的是，叶郭立诚还将记录行业神信仰文化的书籍分为民间俗籍、传统典籍、外人研究三类进行了史料梳理，对于继续推进这一问题的研究可谓助益甚多。

　　除了上述中国民间信仰研究视域下行业神的调查与研究外，20 世纪初中外学者对中国传统行会的关注，是中国行业神研究进入学者视野的另一个机缘。中国行会史研究的起步，最早可以追溯至 19 世纪末 20 世纪初，主要是一些外国人撰写的社会调查性质的论著。直到 1909 年马士（H. B. Morse）出版了《中国行会考》一书，才代表西方学者对中国行会史的关注转向了较为深入的学术研究。《中国行会考》将中国行会分为手工业行会、商人会馆和商人行会三类加以考察，在手工业行会和商人会馆两类中，都设有"共同崇拜"一节，讨论中国传统行会内部的宗教信仰问题，并与西欧行会进行对比。马士已经观察到中国各行会存在"共同的行会崇拜的迹象"，出现了"与某些寺庙相联系的行会"，他认为行会"与宗教的结合"是一种惯例，比如在温州，药行要求其新成员付一笔入会费给药神庙，铁匠行的行规则明确规定"在城市庙堂里召集会议，在戏剧娱乐和宴席期间"商定工资价目和商品价格。①但由于马士在讨论中国行会的共同崇拜时，更多的是将英国行会中的宗教互助会作为参照系，因此，他更关注的是教派、宗教感情等西方宗教文化语境中产生的问题，而对独具特色的中国行业神崇拜则着墨极少。

　　创办燕京大学社会学系的美国传教士步济时（J. S. Burgess），在 20 世纪20 年代曾多次主持北京地区的社会调查，在此基础上，他于 1928 年撰写完成了他的博士学位论文《北京的行会》，这是中国行会史区域性研究的代表

---

　　① 参见彭泽益. 中国工商行会史料集：上册［M］. 北京：中华书局，1995：63-64.

作。① 步济时调查了北京及附近地区包括缝纫业行会、盲人行会、木器业行会、靴鞋业行会、理发业行会等在内的 42 个行会，调查人员采访行会负责人，并详细记录访谈资料。在这些调查内容中，就包括了行会的行业神祭祀活动，涉及行业神的名称与祭奠活动、行业成员对行业神祭祀的看法等。差不多同一时期，日本学者也对北京地区的行会开始进行深入的实地调查和研究，持续到 20 世纪 40 年代，陆续编纂了《北京工商ギルド资料集》六辑。② 调查人员对北京的工商行会进行调查，并一一抄录了民国时期尚存的明清以来北京各手工业行会、会馆的碑文和匾额，同时对行会组织成员和从业者进行了访谈，这些碑文和访谈资料，大量保存了北京地区行业神信仰及祭祀活动的情况。《北京的行会》与《北京工商ギルド资料集》都采用了西方现代的社会学调查方法，不仅较为真实地反映了当时不同行业从业人员的信仰文化和心态，更揭示出近代社会转型过程中北京各类行会在祭祀行业神以及行业组织方式上的深刻变化。

中国学者的行会史研究则以 20 世纪 30 年代全汉昇出版的《中国行会制度史》为代表。③ 该书从中国行会的起源及早期的手工业行会和商业行会讲起，按时间顺序对隋唐、宋代、元明、近代的行会分别加以论述，另撰专章讨论会馆。在论述不同时期的行会时，该书都设有专节讨论行会崇拜本行祖师的宗教活动，并认为这种崇拜活动主要是为了行会的"一致团结"。全汉昇还注意到中国的行业神崇拜有一个变化的过程，即"唐宋时代的工商业行会常祭祀其所在地的神"，而元明清以后才逐渐改为专祀行业祖师神。④

综上所述，20 世纪上半叶，伴随着中外学者对于中国民间信仰与行会问题的关注，中国行业神问题的研究开始起步。在这两种学术路径下的行业神研究，都呈现出田野调查与文本研究相结合的特点，应该说，这为进一步开展相关研究开创了有利的局面。但在 1949 年后，由于受到国家政策的影响，

---

① BURGESS J. S. The Guilds of Peking［D］. New York，1928. 中译本：步济时. 北京的行会［M］. 赵晓阳，译. 北京：清华大学出版社，2011.

② 仁井田陞. 北京工商ギルド资料集［M］. 佐伯有一，田仲一成，编注. 东京：东京大学东洋文化研究所附属东洋学文献センター刊行委员会，1975—1983.

③ 自 20 世纪 20 年代始，已陆续有郑鸿笙、成信、张景苏、谢征孚等人发表了行会史的论文，参见朱英. 中国行会史研究的回顾与展望［J］. 历史研究，2003（2）：157.

④ 全汉昇. 中国行会制度史［M］. 上海：上海新生命书局，1934：2.

在破除迷信的全国性运动下，行业神崇拜在社会上几乎绝迹，研究也就无从
谈起。直到 20 世纪 80 年代随着民俗学界、历史学特别是社会史学界民间信
仰研究的复兴，行业神才又重新受到研究者的关注。

二、作为民间信仰的行业神崇拜

1980 年以后，民间信仰研究在大陆学界回归，强调"民间信仰"作为民
间文化形态的存在而非其宗教属性成为当时学界的共识和策略选择，"民间信
仰"而非西方语境下的"民间宗教"成为大陆学界通行的用法。① 伴随着民
间信仰研究的复兴，行业神也逐渐引起学者的关注，出现了一批相关的专题
研究论著，如李乔的《中国行业神崇拜》一书，是目前可见行业神研究成果
中最为全面的通论性著作。在对大量历史文献和调查采访资料进行整理考辨
的基础上，作者对各行业不同的行业神源流、特征等进行了初步的考查和介
绍，共涉及 17 大类共 150 多个行业的祖师神及单纯的保护神。② 王作楫在
《中国行业祖师爷》中讲述了 90 多个行业的行业祖师，但多为概述性的介
绍。③ 另外，在一些对中国民间信仰进行综合研究的著作中，也涉及行业神信
仰的问题，或整理史籍中记载行业神的史料，或简单介绍中国历史上的行业
神崇拜现象。④ 当然，数量更多的还是大量的行业神个案研究。无论是通论性
还是个案式的行业神研究，论者大多循着民间信仰研究的理路，探讨行业神
的类型、源流、特点、仪式、变迁和功能等诸多内容。

从行业神的主要功能着眼，行业神分为祖师神和单纯保护神两类⑤；依照
行业系统，则可以分为工业行神、商业行神、职业行神三种；而依神祇本身

① 吴真. 民间信仰研究三十年 [J]. 民俗研究, 2008 (4): 40-42.
② 李乔. 中国行业神崇拜 [M]. 北京：中国华侨出版公司, 1990.
③ 王作楫. 中国行业祖师爷 [M]. 北京：中国文史出版社, 2007.
④ 宗力, 刘群. 中国民间诸神 [M]. 石家庄：河北人民出版社, 1986；金泽. 中国民间信
　仰 [M]. 杭州：浙江教育出版社, 1989；雪犁. 中华民俗源流集成：信仰卷 [M]. 兰
　州：甘肃人民出版社, 1994；殷伟, 殷斐然. 中国民间俗神 [M]. 昆明：云南人民出
　版社, 2003；乌丙安. 中国民间神谱 [M]. 沈阳：辽宁人民出版社. 2007；马书田. 中
　国俗神 [M]. 北京：团结出版社, 2007.
⑤ 李乔. 行业神崇拜——中国民众造神运动研究 [M]. 北京：中国文联出版社, 2000:
　11.

的来源，则分为传说或"实在的发明者"与"本为天神而被附会推崇为祖师爷"两种类型。① 对于行业神的起源，受史料限制目前已不可考，但至少可以肯定的是，行业神崇拜现象的出现是以行业分工为前提的。在上古时代，行业分工尚未出现或者分工水平较低，当时对创始神的崇拜，主要是全民崇拜的性质，伴随着社会分工的细密和行业观念的增强，人们对创始神的崇拜逐渐具有行业性，并过渡到后来的祖师神崇拜。② 李亚农曾推测祖师崇拜溯自春秋战国时期，他主要是从手工业是否发达的角度加以推论，并没有述及关于当时信仰状况方面可凭支撑的史料。③ 从史料出发，李乔认为行业神崇拜至少可以上溯至隋唐以至南北朝时期。唐文宗时人赵璘的《因化录》卷三就有关于茶贩祭祀陆羽的记载，唐宪宗时人李肇所撰《唐国史补》卷下记有酒库祀杜康，这些祭祀活动都将所祀对象作为祖师加以供奉，业缘关系相对明确，这说明唐代已有祖师崇拜活动④。而根据王永平的研究，随着工商业的发展、行业分工的加强以及行会组织的出现，行业神崇拜在中唐时已很普遍。⑤ 宋代行业神崇拜得到更大的发展，宋人的笔记中已有较多行会祭神的记载，如"每遇神圣（北极佑圣真君）诞日，诸行市户俱有社会，迎献不一。如府第内官以马为社，七宝行献七宝玩具为社……鱼儿活行以异样龟鱼呈献"。⑥ 可以看出，在真武大帝诞辰时，各行会都会陈设本行的物品来祭献，以为祈福。当然，真武大帝只是在保护神的意义上被各行供奉。宋人蔡绦的《铁围山丛谈》中记有关中饼师"每图（汉）宣帝像于肆中"的现象⑦，应可视为糕饼行崇拜祖师神的记录。明清时期行业神崇拜现象日渐繁盛，所谓"百工技艺，各祠一神为祖"⑧。祖师神传说更趋繁杂，神灵种类不断增多，祭祀庙所逐步

---

① 叶郭立诚. 行神研究 [M]. 台北：中华丛书编审委员会，1967：5.
② 李乔. 行业神崇拜——中国民众造神运动研究 [M]. 北京：中国文联出版社，2000：17.
③ 李亚农. 中国的奴隶制与封建制 [M]. 上海：华东人民出版社，1954：121.
④ 李乔. 行业神崇拜——中国民众造神运动研究 [M]. 北京：中国文联出版社，2000：19.
⑤ 王永平. 论唐代的行业神崇拜 [M] //《首都师范大学史学研究》编委会. 首都师范大学史学研究：第1辑. 北京：首都师范大学出版社，1999：99-107.
⑥ 吴自牧. 梦粱录：卷19 [M]. 北京：中国商业出版社，1982：214.
⑦ 蔡绦. 铁围山丛谈：卷6 [M]. 北京：中华书局，1983：107.
⑧ 纪昀. 阅微草堂笔记：卷4 [M]. 杭州：浙江古籍出版社，2015：54.

扩展，祖师诞辰、赛会等各种祭典仪式的程式化大有提高，规制日隆，行业色彩浓厚的祭祀组织大量出现，成为行业神崇祀活动的组织依托。

清末以来，尤其民国以后，行业神崇拜不断衰落。李乔认为近代大工业文明的发展和科学的日益昌明导致了行业神崇拜的衰亡，但并没有展开具体的论证。① 这种一般性的结论，"更像是受既定的进化论观念影响而产生的印象，或者称之为一种在现代主义意识形态规定之下的'常识性判断'"。沈洁认为反迷信运动固然与近代大工业文明的兴起和科学进步直接关联，但具体的过程也很难"一言以蔽之"。虽然从传统行会到近代工商业组织的改革引导了行业神崇拜衰落的总体方向，但信仰仪式的变化仍然是在延续的前提下发生的，"文化情感的牵系和实利主义的祈禳"是其得以延续的重要原因。② 董虹以华北地区为例勾勒出近代行业神承袭和演变的整体印象，她把近代华北地区行业神崇拜衰落的原因归结于工商行会的组织变革、科举考试的取消以及战争和社会动荡。③ 丁晓冰对造纸业祖师神的研究则为我们讨论行业神崇拜的近代变迁提供了典型个案，从以秘密传承为主到对技术本身的掌控取代了对行业神的心理依赖，行业技艺传承方式的变化同样是构成祖师神权威衰落的因素之一。④ 虽然上述研究可能仍然无法揭示行业神崇拜在近代变迁的全部面向，却提醒研究者注意在近代化这一宏大叙事框架下，行业神崇拜在不同区域、不同行业内部呈现出复杂多元的变迁轨迹。比如同处近代以来国家宗教政策和科学话语对迷信的批判形成的整体性压抑氛围中，不同行业的从业者关于行业神信仰和祭祀活动就各有不同的认知，如北京"袼褙业行会告诉我们，宗教祭奠仅仅'是个传统，没有什么真用处'""理发业行会认为'谋生问题要比宗教重要得多'"，皮货业行会则说"祭奠是件不重要的事情，但通过集会而体现团体精神是非常有用的"，木器业行会"建立行会的主

---

① 李乔. 行业神崇拜——中国民众造神运动研究 [M]. 北京：中国文联出版社，2000：20.

② 沈洁. 仪式的凝聚力：现代城市中的行业神信仰 [J]. 史林，2009（2）：31-41.

③ 董虹. 近代以来行业神信仰的变迁——以华北地区为例 [J]. 山西师大学报（社会科学版），2011，38（5）：36-39.

④ 丁晓冰. 试论中国传统造纸业的行业神信仰 [M] // 色音. 民俗文化与宗教信仰. 北京：知识产权出版社，2012：179.

要目的是祭奠祖师，向他传下来的技艺表示感谢"。①

仪式是民间信仰的重要内容，研究者也多注意从祭祀仪式入手讨论行业神崇拜现象。行业神的祭祀按照参与的人群和形式划分，主要有同行从业者自发的个体性恭祭以及在行业组织形成后有组织的奉神两种类型。一般选择在神诞日、时令年节、店铺开张开业、拜师出徒、年例会议等场合进行迎神赛会或敬神献戏。岳永逸利用民国时期的行业神调查资料，讨论了"以磕头为基本动作的身体实践的祖师爷信仰"，将说唱艺人的祖师爷周庄王崇拜置于从业群体的日常生活中，说明磕头仪式在拜师、婚姻、表演、师徒关系等方面的体现。作者从个体与群体心态的视角来研究生活层面的祖师爷，试图将祖师爷信仰"还归特定群体日常生活"而非剥离，最终以行业神祭拜仪式的个案研究探索作为"主观感受的民俗学"如何成为可能。②

祭祀行业神的空间一般有三种，有附祀寺观中者，有自建会馆内设祠堂者，有借饭庄等公共地点者。③祭祀空间的建筑样式深受信仰习俗的影响，这种影响主要体现在行业神奉祀对会馆和寺庙空间形态的塑造方面，王莹、李晓峰就从仪式空间的角度讨论了两者的关联性。④而寺庙道观也因为行业神的进入改变了既有的建筑模式，比如北京东岳庙西廊诸殿就附祀很多行业神，成为东岳庙功能各异、层级分明的三重空间的建筑群之一。⑤

采用功能主义的分析视角，强调神灵崇拜的社会功能，是民间信仰研究的常见方法，也为行业神的研究者所重视。一方面，面对来自社会和自然环境不确定风险的威胁，各行业从业者求神保佑、祈福禳灾的诉求非常强烈；另一方面，在存在差序和层级的社会体系中，通过祖师神的身份塑造以提高自身的社会地位，成为通行做法。在流传的俚语中，如厨业的"易牙本是我的祖，我们祖师也高贵"，打铁匠的"敬德也曾打过铁，老君的门徒不累坠"

①　步济时.北京的行会 [M].赵晓阳，译.北京：清华大学出版社，2011：155.
②　岳永逸.磕头的平等：生活层面的祖师爷信仰——兼论作为主观感受的民俗学 [J].中国农业大学学报（社会科学版），2008（3）.
③　叶郭立诚.行神研究 [M].台北：中华丛书编审委员会，1967：144.
④　王莹，李晓峰.行业神信仰下西秦会馆戏场仪式空间探讨 [J].南方建筑，2017（1）：63-69.
⑤　楼萑蔺.北京东岳庙及其建筑群的宗教文化内涵探析 [D].上海：华东师范大学，2011.

等，就集中体现了各手工业者希望借助抬高祖师神的地位以提升本行业的心态。① 对于旅外的客籍从业者而言，以神集众、增强同业乡人在异地的凝聚力则是其首要功能。② 从行业发展的角度看，对祖师神的推崇不仅可以加强同业者的敬业精神，勉励新入行者勤学苦练，努力加强业务，还可以"广造声势，利于宣传"③。旧时北京的药铺就会在药王诞辰减价促销④，"药材不到祁州，没有药味"，河北安国之所以形成较大的药材交易市场，也与"药王的权威"有关⑤。实际上，不同的信仰群体崇祀行业神的目的也是不同的，以马神崇拜为例，马市、马行或驴市、驴行的弟子们祭祀马神，主要是出于一种祈求庇佑和感恩酬报的心理，而骡马车夫则是直接地出于现实利益而利用马神这一"象征资源"⑥，在马神诞日，"车价昂至数倍，向客婪索，名曰：乞福钱"⑦，所谓的"乞福钱"，就是以马王之祭为借口向客人多收费。因而，注意不同的信仰群体对行业神赋予的不同功能和意义，将有助于多维度地理解行业神崇拜所构建的信仰空间及其社会生活基础。也有学者探究行业神崇拜超越行业团体而之于社会的作用，认为行业神的出现可视为商人对传统伦理文化的积极吸纳与利用，弥补了国家统治力量的不足。⑧ 不可否认，这些实用功能构成了行业神崇拜得以长久延续的基础。

三、行业神崇拜与行业组织

在中国历史上，行业神崇拜是中国传统行会的重要活动之一，围绕共同的行业神信仰和内容丰富的祭祀活动，诸多行业形成了具有香会组织特点的

① 殷凯. 北京俚曲：第3辑. 十女夸夫 [M]. 上海：太平洋书店，1927：265-270.
② 郑永华. 清代北京业缘商馆宗教民俗的社会功能试探 [J]. 北京历史文化研究，2007 (2).
③ 王锐. 市井商情录——中国商业民俗概说 [M]. 石家庄：河北人民出版社，1997：159.
④ 张次溪. 北平岁时志：卷4 [M]. 台北：文海出版社，1985：88.
⑤ 郑合成. 安国县药市调查 [M] //李文海，夏明方，黄兴涛. 民国时期社会调查丛编：一编·宗教民俗卷. 福州：福建教育出版社，2014：183.
⑥ 邓庆平. 明清北京的马神崇拜及其功能、意义的转变 [J]. 北京社会科学，2006 (2)：71-77.
⑦ 李家瑞. 北平风俗类征 [M]. 上海：商务印书馆，1937：85.
⑧ 李和承. 明代传统商人与职业神 [J]. 中国社会经济史研究，2002 (1)：39-45.

行会组织或行业色彩浓厚的香会组织，行业神崇拜也就成为这些业缘性社会组织得以维系的精神纽带，行业内部往往通过祭祀组织展开有序的整合与管理。因此，透过行业神的研究，可以理解中国传统业缘性社会组织的构成方式与运作机制。研究行会史的学者曾提出应该结合经济史方面的研究，同时又从文化学、宗教学的角度对行会祀神活动进行分析，以拓展行会史研究的主题。① 这是 20 世纪上半叶行业神研究初兴时已经具有的学术传统，也是深化中国传统行业性团体研究的题中应有之义。

　　行业神与特定行业紧密相关，学界围绕着单一行业的行业神崇拜，已经涌现出相当数量的个案研究，主要集中于梨园行②、盐业③、药业④、交通运

① 朱英. 中国行会史研究的回顾与展望 [J]. 历史研究, 2003 (2): 173.
② 由于戏曲史研究的不断开拓，与其他行业相比，戏神崇拜的研究成果也更为丰富。如：廖奔. 戏神辨踪 [J]. 民俗研究, 1996 (1): 45-48；康保成. 中国戏神初考 [J]. 文艺研究, 1998 (2): 44-45；中国戏神再考 [J]. 中山大学学报 (社会科学版), 1998 (6): 91-99、1999 (1): 50-58；黎国韬. 二郎神之袄教来源——兼论二郎神何以成为戏神 [J]. 宗教学研究, 2004 (2): 78-83；陈志勇. 戏曲行业 "二郎神" 信仰的生成与消歇 [J]. 民族艺术, 2013 (3): 123-127, 137 等。
③ 由于古代盐铁专营，盐神的信仰者既包括盐工、盐商，又包括盐官、运吏，体现了浓厚的官方色彩，是为其特点。相关研究成果有：宋良曦. 中国盐业的行业偶象与神祇[J]. 盐业史研究, 1998 (2): 14-22；张艳丽. 太公配飨 地方先贤 盐业之神——论古代官方祀典系统里的管仲形象 [J]. 管子学刊, 2011 (3): 26-29, 39；于云洪、王明德. 盐业神祇谱系与盐神信仰 [J]. 扬州大学学报 (人文社会科学版), 2015 (3): 108-113；王俊芳. 盐神信仰的表现形式及深层原因 [J]. 兰台世界, 2015 (34): 173-175 等。
④ 药王不仅是药业的行业神，又是一般民众的生活保护神，应本着具体分析的态度，不能一概论为行业神。将药王作为行业神研究的相关成果有：赵晋. 药王崇拜与安国药都的形成和发展——对一种商业神崇拜现象的宗教社会学分析 [J]. 昆明大学学报, 2006 (1): 50-53；马兰. 安国药王庙庙会的类型及文化内涵 [J]. 大众文艺, 2011 (11): 163-164；杨建敏. 河南新密药王信仰与药王庙考证 [J]. 中医学报, 2011, 26 (3): 291-294；廖玲. 清代以来四川药王庙与药王信仰研究 [J]. 宗教学研究, 2015 (4): 267-275 等。

输业①、煤窑业②、制瓷业③、娼妓业④、蹴鞠业⑤、书坊业⑥、说书业⑦等。当然，有的行业神因为受到广泛崇拜，研究也相对丰富；有的仅限某一区域，知名度相对较小，研究因而薄弱，显现出研究不均衡的现象。尽管如此，那些知名度相对较低、影响力偏于一隅的行业神仍被研究者挖掘出来，这有利于开拓行业神崇拜的研究广度，也是研究向前推进的必经阶段。

中国的行业神信仰主要体现为行业组织的群体性崇拜，中国的行业组织一般认为产生于隋唐时期，称为"行"，宋元至明初称为"团行"，明中叶至清代以来又称"公所"和"会馆"。明清时期是行业神崇拜的鼎盛时期，也是行业组织供奉行业神空前兴盛的时期，此时关于行业组织奉神活动的规定，常被写入行业组织的章程和规约中，用以团结与约束同业。因而在行业组织

① 交通运输业的行业神信仰主要集中于马王神崇拜，成果主要有：邓庆平．明清北京的马神崇拜及其功能、意义的转变［J］．北京社会科学，2006（2）：71-77；林移刚．清代四川马神崇拜研究［J］．兰台世界，2013（18）：69-70；李龙．马神形象的经典塑造与戏剧重构［J］．宗教学研究，2015（1）：258-262等。

② 煤窑神崇拜与煤炭资源的分布密切相关，显现出资源导向型社会的特征。相关成果有：段友文．山西煤区民俗与煤神崇拜［J］．民俗研究，1993（4）：86-90；刘雅娟．山西大同矿区煤神信仰研究［D］．太原：山西大学，2012；潘惠楼．北京煤窑神探析［J］．河南理工大学学报（社会科学版），2006，7（2）：88-93等。

③ 陶瓷业行业神崇拜主要集中于景德镇地区，如刘毅．陶瓷业窑神崇拜述论［J］．景德镇陶瓷，1997，7（3）：28-35；王小军．景德镇制瓷业行业神崇拜研究［J］．江西社会科学，2004（12）：121-125；李兴华，李松杰，肖绚．景德镇窑神崇拜与象征空间的构建——以风火神童宾为个案研究［J］．内蒙古大学艺术学院学报，2011（4）：21-29等。

④ 如张艳丽．管仲为娼妓行业神考述［J］．中国性科学，2013，22（12）：94-97；刘平．近代娼妓的信仰及其神灵［M］//李长莉，左玉河．近代中国社会与民间文化．北京：社会科学文献出版社，2007等。

⑤ 如赵宁，董杰．论古代蹴鞠的行业神崇拜——以《蹴鞠谱》为中心的考察［J］．管子学刊，2014（3）：83-86；郭晓光．"蹴鞠"行业神源考［J］．兰台世界，2015（10）：85-86等。

⑥ 王成．从琉璃厂书坊业行业神信仰中看书商的竞争与联合［M］//张妙弟．人文北京与世界城市建设——2010年北京学国际学术研讨会论文集．北京：同心出版社，2011．

⑦ 卫才华．艺术性与神圣性——太行山说书人的民俗认同研究［J］．民俗研究，2018（2）：129-149．

的研究视野下对行业神崇拜的讨论，除一般性的介绍外①，多侧重于行业神崇拜之于行业团体作用的分析。借着工商业者可以依赖的神祇举行共同崇祀的宗教活动为号召，"是各工商团体发起人得以召募成员进行结社的一项有效手段"②，而为了保证祀神活动的正常进行，各行从业者们轮流承担祭祀责任并分别设立祀产，制定章程和管理制度，同业的经营管理通过共同祭祀的形式得以实现。③ 由于"人无论智愚，未有对明神而敢肆厥志者"④，因此行会往往借祖师神来约束同行，比如行会资金的筹集一般根据各铺号自己出售的商品进行"征税"，这就需要对各号账目进行检查，在年度会议上，行会成员需要在行业神面前祭祀宣誓，并上交自己的账本报告，造假者将要受到严惩。而违反行规的雇工和学徒则要跪在祖师爷神像前受罚。行会借神威保证了行规的执行，同时又以行规的形式巩固了神威，正是在这种互动中，实现了对行会的经营管理。⑤ 除了有益于行会的秩序和管理外，行业神崇拜还有加强行会组织内部团结和凝聚力的作用，如童书业即指出，"近代行会为求团结起见，对于本行的祖师，都极端崇拜，遇祖师的诞辰，有热烈的庆祝，以作纪念，如木工的崇拜鲁班，鞋匠的崇拜鬼谷子，都是例子"。⑥ 有的学者将重点进一步转向以行业神为主的"象征文化体系"的创造过程及其背后的权力关系，讨论了会首是怎样巧妙地利用原有的神异性权威来加强传统权威，从而设计和控制会馆的日常运作秩序，而以会首为代表的传统权威对来自官方"神道设教"方式的制约表现出良好的合作态度，则体现出社会群体对国家的

---

① 多集中于对会馆神灵文化的介绍。如王日根．论明清会馆神灵文化［J］．社会科学辑刊，1994（4）：101-106；宫宝利．清代会馆、公所祭神内容考［J］．天津师范大学学报（社会科学版），1998（3）：38-44；郑永华．清代北京业缘商馆的宗教民俗——以神祇奉祀为中心的探讨［M］//袁懋栓．北京历史文化研究：北京风俗史研究．北京：燕山出版社，2007.

② 邱澎生．十八、十九世纪苏州城的新兴工商业团体［M］．台北：台湾大学出版委员会，1990：90.

③ 黄挺．会馆祭祀活动与行业经营管理——以清代潮州的闽西商人为例［J］．汕头大学学报（人文社会科学版），2008，24（2）：81-86.

④ 重修正乙祠整饬义园记（同治四年）［M］//李华．明清以来北京工商会馆碑刻选编．北京：文物出版社，1980：14.

⑤ 孙斌．试析神明祭祀与清代行会活动的互动与影响——以苏州地区碑刻史料为视角［J］．苏州教育学院学报，2015（3）：30-32.

⑥ 童书业．中国手工业商业发展史［M］．济南：齐鲁书社，1981：183.

依附。①

　　行业神崇祀是中国传统行会最常见的活动之一，因而对于行业神的研究也引发了关于中国行会起源问题的"宗教团体说"的争论。近代中外学者在对中国行会组织进行实地调查中，就已经注意到行业神崇拜对行业团体的凝聚作用。马士据此认为中国行会可能起源于宗教团体，以为"行会最初不过是崇拜手工业、商业等想象上的创始者（如泥水行之于鲁班先师，药材行之于药王菩萨）的人的结合，至于它的种种经济的机能是后来才发达的"，全汉昇对此加以反驳，认为"这种宗教上的崇拜只能算是加重行会团结的手段，绝不是产生行会的母体"。② 李乔基本认同后者的观点，认为行会是先有了经济利益上的需求，然后才有供奉祖师等行业神的活动，奉神只是手段而非目的。③ 在行会形成时间的讨论中，陈宝良强调商业社团与民间宗教社团"关系非浅"，唐代民间流行宗教"社邑"，而有些社邑则由商业同行联合组成，如房山石经天宝年间题记中出现的"小彩行社""绢行社"等。④

　　近代以来，随着新式工商同业组织的兴起，行业组织的整合方式发生变革，传统行会以行业神作为维系同业团结的精神纽带，借神威约束同业，而近代商会制度达成的行业整合，则更多依赖于利益认同、大众媒介的信息传播、法律的威权以及民主参与等更具现代性的途径。⑤ 行业神崇祀促成的行业聚合，最终被近现代工商同业组织的制度化、规范化管理逐渐取代，传统行会中松散的祭祀组织也被近代科层化的组织机构取代，因此，研究近代行会史的学者大多认为，相比旧式行会而言，近代工商同业组织的重要变化之一就是祀神功能的弱化。⑥ 但这一变化过程并非单线性的、一蹴而就的，在行业神信仰整体式微的总趋势下，不同行业、各行业内部的变迁轨迹呈现出复杂的景象。沈洁分析过近代昆明、苏州、北京、上海等地同业公会在放弃与继承传统行业神祭祀仪式上的不同选择，并以此说明中国社会现代化改造的复

---

①　张涛，王永芬.清代会馆祭祀制度研究［M］//王芸.北京档案史料.北京：新华出版社，2003：251-266.

②　全汉昇.中国行会制度史［M］.上海：上海新生命书局，1934：2.

③　李乔.行业神崇拜——中国民众造神运动研究［M］.北京：中国文联出版社，2000：78-85.

④　陈宝良.中国的社与会［M］.杭州：浙江人民出版社，1996：215-216.

⑤　虞和平.商会与中国早期现代化［M］.上海：上海人民出版社，1993：190-193.

⑥　彭南生.行会制度的近代命运［M］.北京：人民出版社，2003：97.

杂性和多元性。① 裴宜理在研究上海罢工时，也注意到共同的行业神信仰和崇拜仪式对于整合近代工人阶级的积极作用。以民国年间上海的机器制造业为例，这类工厂有许多改造自从前的白铁工场，传统时代，白铁工场的学徒在其 3 年学徒期开始之前，都必须持香向师傅和行业神李老君各行三磕头礼。进入现代社会，上海的新式制铁工厂里仍然普遍盛行着这类仪式。② 不仅如此，拜祭行业神这一传统仪式在工人罢工运动的组织过程中还发挥了重要的聚合与联结作用，如 1919 年 10 月上海市油漆工人罢工前，就"先在公所里举行由来已久的仪式，在神祇面前焚香祷告"；1920 年初，5000 多名中医药剂师也是在"药王庙举行了一次总集会后"，进行了一次要求增加工资的罢工。③ 上述研究足以说明，旧式行会中的各类行业神信仰、庙宇等神圣空间和仪式传统，在近代中国社会的工业化和商业的现代化过程中，不仅仍然有不同程度的延续，还从另一个有趣的角度展现出新时代的文化重构和社会整合过程。

四、区域社会视野下的行业神崇拜

1990 年以来，随着中国各地民间信仰活动的复兴，民俗学、人类学、历史学、宗教学等不同学科的学者纷纷意识到地方神明崇拜研究的潜力和学术价值，开始进行"走向社区传统"的民间信仰研究。④ 透过地方性的民间信仰，研究者可以考察特定区域的民间文化、社会组织形态与动员机制、资源竞争、族群关系、市场体系等社会秩序的各个面向。简言之，地方社会的大小神明与神庙的仪式和象征体系，不仅可以呈现不同层级的社区系统的结构，更可以反映这一结构的历史过程，或者如高丙中所说：地方神崇拜的研究"都在有意无意地回答一个问题：特定的神的信仰如何使一个地方在时间、空

① 沈洁. 仪式的凝聚力：现代城市中的行业神信仰 [J]. 史林，2009 (2)：31-41.
② 裴宜理. 上海罢工：中国工人政治研究 [M]. 刘平，译. 南京：江苏人民出版社，2001：41、102-103.
③ 裴宜理. 上海罢工：中国工人政治研究 [M]. 刘平，译. 南京：江苏人民出版社，2001：102-103.
④ 吴真. 民间信仰研究三十年 [J]. 民俗研究，2008，4：43-47. 在此之前的 20 世纪60-70 年代，西方学界对中国社区宗教传统的研究便已始具雏形，80-90 年代后则迅速发展起来，可参见康豹. 西方学界研究中国社区宗教传统的主要动态 [J]. 李琼花，译. 文史哲，2009 (1)：58-74.

间上成为'这一个'地方"。①

作为一种独特的民间信仰类型，行业神研究也体现出"社区传统"的学术取向。由于行业神崇拜与特定行业及其群体紧密相关，区域性行业神崇拜对于揭示地方的产业结构、经济生态与社会网络有着重要的研究价值，特别是由于一些行业在地方发展成为主业，行业神崇拜的影响由行业扩大到地方社会，单一行业神崇拜"升格"为地方信仰，比如山西的煤炭业，景德镇的瓷窑业等。因此，对有特色的区域性行业神信仰的考察，也逐渐成为深化行业神和区域社会研究的一个重要路径。论者多从"行业神与地方社会"出发，将行业神崇拜置于地方社会的历史发展脉络之中进行讨论，涌现了一些较有深度的个案研究。

景德镇是典型的产业型市镇，随着瓷业经济的发达，不同从业人群出于不同的原因和目的崇奉行业神的活动更加繁盛，形成了以御窑厂神灵崇拜为主导的官方信仰体系和以风火神童宾崇拜为核心的民间信仰体系，这种信仰格局随着社会的变迁发生了剧烈的演变。从作为财神象征的华光神被作为忠义象征的关帝取代，到清朝御窑厂对景德镇本土的风火神崇拜的有意扶植，并使之成为御窑厂最核心的神灵崇拜，这不仅反映出"明清权力更替背后统治者对神灵之信仰崇拜的变迁"，更反映了"国家权力主导思路的转变"。②官方通过将原本作为对抗象征的人物转化为可以利用的窑神，实现了其介入和干预民众信仰的目的。③

在以造纸作为地方主业的四川省夹江县，造纸匠广泛流传着对祖师神蔡伦的崇祀，芝加哥大学艾约博（Jacob Eyferth）的研究揭示了蔡伦崇拜对于像造纸技术这样的传统技艺的传承所具有的重要影响。④而肖坤冰则考察了晚清民国时期夹江县的槽户结社——"蔡翁会"，讨论了围绕蔡伦庙公产收入体现出来的地方政治以及在近代国家政权建设过程中"蔡翁会"的解体与地方社会的变化。她的研究为近代中国"民族—国家"建构进程中传统会社组织如

① 高丙中. 作为非物质文化遗产研究课题的民间信仰 [J]. 江西社会科学, 2007 (3):
149.
② 李兴华. 移民与景德镇瓷业神信仰研究——以御窑厂神灵崇拜演变为视角 [J]. 陶瓷学
报, 2014, 35 (2): 213-218.
③ 刘朝晖. 明清以来景德镇的瓷业与社会控制 [D]. 上海: 复旦大学, 2005.
④ 艾费特. 技术的源与流: 四川夹江造纸匠群体中的行业崇拜、祖先与知识的传播 [J].
中国科技史杂志, 2011, 32 (Z1): 18-27. 作者的另一译名是艾约博。

何让位于现代新式地方组织提供了一个业缘性的个案。① 但是，"蔡翁会"的解体并未使祖师神蔡伦在地方社会的影响力消失。1933年，在四川省夹江县政府拟对造纸匠征收"架槽税"时，华头镇的纸匠们把洪川神像（一个与灌溉有关的当地神祇）挪出地方中心神庙的主祀位置，代之以从晚清就已收于偏室的蔡伦神像，然后开始了持续数周的游行。研究者因此认为，虽然民国政府通过压制"迷信的"崇拜活动和扩展现代教育等措施实现中国农村文化转型的改革措施，导致了传统造纸业的整合模式衰落，但"纸匠们依然围绕在他们的守护神周围，用旧帝国时代的生计权利和道德权利的修辞话语来进行抗争"②。

提供井盐的四川、供应煤炭的山西，则是资源导向型区域社会的代表。在宋代，四川是全国重要的井盐产区，为控制财利之源，在信仰体系中，官方塑造出很多作为食盐发现者的盐神，"意图在意识形态中强化食盐垄断的合理性"。而食盐作为民众日用必需品，盐神也承载着民间利益诉求，由此，作为食盐发现者的盐神也显现出一定的平民色彩，证明"平民同样拥有盐权的合理性"，官民围绕着盐神的塑造在意识形态领域展开了博弈。裴一璞认为这种博弈"并非单纯体现为民间信仰在地方社会的功能呈现"，更多表达的是一种"资源在地方社会所触发的各群体间的互动过程以及各方围绕这种资源的博弈所呈现的纷争与妥协""最终官民双方在围绕食盐资源的博弈中寻求到一种合理的盐权分配秩序"。③ 不同于对盐资源的控制，官方对煤炭的开采相对开放，反映在行业神崇拜上，即窑神崇拜的平民化色彩更加浓厚。张月琴的研究为观察行业神崇拜与以煤炭资源导向的矿区社会提供了一个来自山西经验的个案。从她的研究中可以看到，窑主、人伙柜和窑工从各自利益出发，借助煤窑神对窑规进行重新阐发，"体现了他们对生命境遇的认识和对生存话语权的争夺"。④

---

① 肖坤冰. 行业信仰、祭祀组织与地方社会——以晚清民国时期四川夹江县"蔡翁会"为中心的考察 [J]. 福建师范大学学报（哲学社会科学版），2013（1）：118-123，129.

② 艾约博. 以竹为生：一个四川手工造纸村的20世纪社会史 [M]. 韩巍，译. 南京：江苏人民出版社，2016：109-111.

③ 裴一璞. 白鹿化龙：从宋代四川盐神信仰变化看官民盐权分配的博弈 [J]. 四川师范大学学报（社会科学版），2014（5）：164-170.

④ 张月琴. 煤窑神信仰与民国初年的山西大同矿区社会 [J]. 民俗研究，2013（1）：108-114.

不同于产业型地区、资源导向型地区，河北安国形成了以药材交易为主导的商业性市镇。围绕着药王祖师崇拜，同样存在着多重叙事话语，而话语背后是民众、药商等多种异质性社会群体对共享符号资源的把持和诠释，徐天基认为多主体间互动过程中所呈现出的趋同性和认同，为传说、庙会及地方社会的互动提供了基本的社会语境。①

与上述拥有特色产业或资源的区域不同，在北京、上海等流动性较强的都会型城市，行业众多，行业神的种类也因而更为复杂。同时，大量工商从业者由不同的地域来源进入城市，行业组织的结合原则兼具业缘性与地缘性，显现出与其他产业型城镇不同的路径。在都市行业神信仰的研究中，北京地区最具典型性，同时由于史料相对丰富，成果也最为集中。会馆和寺庙是承载行业神信仰的祭祀空间和物化实体，明清以降北京城供奉行业神的庙宇和会馆有相当分布，研究者也多围绕这些信仰空间展开。如郑永华对清代北京商业会馆中行业神崇祀的社会功能的讨论②，习五一以京城祭祀行业神的寺庙殿堂和会馆为切入点，探讨近代北京行业神信仰的实用性和式微趋势③。在京城供祀行业神的寺庙中，又以朝阳门外的东岳庙最为突出，有很多行业性的香会组织在东岳庙中捐资修建祖师殿并定期举行祭祀活动。如鲁班会，信众多为瓦木行、石行、棚彩行等建筑行业从业者，清至民国初年这一祭祀组织经历了由多个相关行业共同祭祀到因行业间独立发展、利益冲突造成的分化过程。④ 还有马王老会，会众多为京城蓄养马、驴或从事马、驴交易的人，如马市、驴市和骡马行的弟子，从明清以降马神祭祀群体的逐渐多元化可以看到，伴随着王朝马政的兴废和北京城市经济的发展，马神从国家政治的象征符号转变为代表行业利益诉求的象征符号。⑤ 至于为什么数量较多的行业性香会活跃在东岳庙中，修建殿堂供祀行业神，陈巴黎认为这主要因为东岳庙地

①　徐天基. 地方神祇的发明：药王邳彤与安国药市 [J]. 民俗研究，2011 (3)：156-180.

②　郑永华. 清代北京业缘商馆宗教民俗的社会功能试探 [J]. 北京历史文化研究，2007 (2).

③　习五一. 近代北京的行业神崇拜 [J]. 北京联合大学学报 (人文社会科学版)，2005, 3 (1)：74-80.

④　赵世瑜，邓庆平. 鲁班会：清至民国初年北京的祭祀组织与行业组织 [J]. 清史研究，2001 (1)：1-12.

⑤　邓庆平. 明清北京的马神崇拜及其功能、意义的转变 [J]. 北京社会科学，2006 (2)：71-77.

处京城漕运要道，加之朝外地区工商业的发展，① 从业者起初只是作为普通会众附庸于某个香会捐资出力助善结缘，到独立的行业性香会组织开始形成，影响力不断加强，因而将行业祖师信仰习俗带进了东岳庙。② 那么，为什么是这些行业而非其他行业在东岳庙或建立祖师神殿，或成立香会组织举行祭祀活动？赵世瑜通过分析东岳庙西廊行业祭祀的碑刻资料认为，东岳庙虽然因其国家正祀性质而成为一个跨地域的祭祀中心，但同时也具有鲜明的街区性特点，在此供祀行业神的香会组织，主要是东岳庙邻里地区的某些特定行业群体。③

还有一些区域性的行业神信仰研究，从不同角度揭示出地方社会历史进程的特点。如移民社会，伴随着地方社会的移民化过程，行业神崇拜基于同乡关系建构出的人际网络加以传播扩散，逐渐改变着迁入地的神灵系统及神灵的象征意义。如陈云霞通过对瞿真人、鲁班、虹庙信仰这三个行业神个案的研究，展现了外来信仰通过移民这一媒介进入上海城市的过程，以及上海开埠以后包括行业神崇拜在内的城市民间信仰在外来移民及社会变迁的作用下发生的转变。④ 潘荣阳、黄洁琼则从闽台整体区域社会的变迁入手，对戏神进行了研究，认为伴随着移民过程，戏神信仰以各种形式被带到台湾，并且在戏业艺人的行业习俗中不同程度地保留下来。当地民众按照自身需求附会了雷海青的种种传说，促成了雷海青从戏神向民间神祇的转化。⑤ 又比如少数民族地区，因为自身行业的发展以及与汉族文化的融合，亦有其独特的行业神崇拜现象。维吾尔族行业祖师就表现出非常鲜明的宗教性，与汉族地区行业神崇拜的世俗化特征明显不同。维吾尔族的每一个行业祖师都是伊斯兰教的信徒，"在行业内构建起'安拉—行业祖师（使者）—从业者（信徒）'伊斯兰化的宗教秩序"。⑥ 何岭则将目光集中于广西、贵州地区布依族八仙乐

① 陈巴黎. 从碑刻资料看北京东岳庙的香会组织 [J]. 北京档案，2012 (2)：45-50.

② 关昕. 东岳庙的行业祖师信仰 [J]. 华夏文化，2006 (1)：50-51.

③ 赵世瑜. 远亲不如近邻：从祭祀中心看城市中的行业与街区——以明清京师东岳庙西廊诸神为出发点 [J]. 东岳论丛，2005，26 (3)：40-45.

④ 陈云霞. 上海城市民间信仰历史地理研究 (1843—1948) [D]. 上海：复旦大学，2014.

⑤ 潘荣阳，黄洁琼. 社会变迁与近世台湾戏神雷海青信仰 [J]. 福建论坛（人文社会科学版），2009 (9)：97-101.

⑥ 蒲燕妮. 维吾尔族行业祖师研究 [D]. 乌鲁木齐：新疆大学，2011.

演奏业的祖师神崇拜现象，论述虽失之于简单，但仍有启发意义。①

结　语

作为中国庞杂神灵系统中的独特门类，中国行业神崇拜从 20 世纪上半叶进入学者的视野以来，已经走过了 100 多年的研究历程，民俗学、历史学、人类学、社会学、宗教学甚至文学、艺术等不同学科在这一领域持续耕耘和开拓，积累了丰硕的研究成果。总体而言，若借用民俗学的学科话语，中国行业神研究经历了从"民俗事象的研究"到"整体研究"的转向②，即放弃将行业神崇拜这一民间信仰文化"从具体的时空坐落中抽取、剥离出来"的做法，而是将其作为"语境中的民俗"置于"民俗传承的具体时空"中加以考察。③ 若用历史学的学科话语，行业神研究则经历了从经济史到社会史的转向，即最初将行业神崇拜现象视为附着于中国行会的传统活动之一，置于行会史的研究视野中；而后则在社会史民间信仰研究的理路下，在具体的社会群体与地方社会的脉络中探讨行业神崇拜，日渐表现出区域社会史或历史人类学的研究取向。那么，在已有较为丰厚的研究积淀之上，未来的研究应该提出并解决什么新的问题？原有研究还有哪些不足之处？有哪些新的研究方向和路径？这是研究者们应该不断反思的问题。

在研究的广度上可以不断拓展。比如在行业类型上，学者大多关注的是那些受到广泛崇拜、行业实力也较为雄厚的行业神，对于那些知名度较小、研究比较薄弱的行业神，还应该进一步挖掘其研究潜力，完善和丰富对于中国行业神崇拜体系的整体认识；又比如在地域类型上，除了像北京、上海这样的消费型都会城市，景德镇等产业型、资源型市镇外，一般的内地商镇和少数民族地区的行业神崇拜还应该给予更多关注。其后，在更为充分的个案

---

① 何岭. 祖师神崇拜：布依族八仙乐名称文化透视［J］. 艺术探索，2004，18（6）：38-39.

② 有关民俗的事象研究和整体研究两种取向，参见高丙中. 文本和生活：民俗研究的两种学术取向［M］//周星. 民俗学的历史、理论与方法：上册，北京：商务印书馆，2006：127.

③ 刘晓春. 从"民俗"到"语境中的民俗"——中国民俗学研究的范式转换［J］. 民俗研究，2009（2）：5-35.

研究基础上，还应该进行不同行业、不同区域的对比研究，以对行业神信仰形成一个全景式的了解。

当然，在已有大量研究成果的现状下，如何持续提升行业神研究的深度，才是更为关键的问题。如上文所示，行业神崇拜的研究大体可以分为民间信仰、行业组织与地方社会三种取向，未来的研究也应从上述三个角度进一步发展。

第一，从民间信仰的路径出发，需要在"宗教的社会网络"中更动态地揭示行业神崇拜体现出来的中国"宗教资本"与"社会资本"之间转换与整合的机制及其过程。① 虽然对"宗教资本"的定义多有不同，但大体而言，"宗教资本"是指"一个人的宗教知识、技能和感受的积累储备""涵盖教会仪式、教义知识、与其他信徒的友谊，甚至信仰"，是"由对某一宗教文化的掌握和依附程度构成"。② 而所谓"社会资本"，按照布迪厄（Pierre Bourdieu）的说法，是"某个个人或是群体，凭借拥有一个比较稳定、又在一定程度上制度化的相互交往、彼此熟识的关系网，从而积累起来的资源的总和"③。在中国社会，宗教是社会资本的主要提供形式之一。④ 作为体现业缘性社会关系网络的神明崇拜系统，行业神信仰和祭祀仪式实践构成的"宗教资本"，经由不同路径转化成中国传统业缘性社会组织建构信任机制、规范机制及网络机制的"社会资本"。同时，作为"宗教资本"的行业神信仰体系的形成与积累，也是强化行业群体认同的文化符号被不断建构的过程，是李乔所谓的"民众造神运动"的产物，在中国民间信仰的非排他性结构下，行业神的塑造也往往充斥着各类民间宗教资源的竞争。现有研究更多呈现的是这一复杂过程的结果，缺乏对具体历史过程的揭示，我们更应该了解的并不是或不仅仅是哪些行业信仰哪位神明以及如何崇祀，而是不同的行业组织在

---

① 对于中国民间信仰的"宗教的社会关系网络"以及"宗教资本"与"社会资本"之间关系的讨论，可参见陈进国. 中国民间信仰研究述评——以大陆地区为中心［M］//路遥，等. 中国民间信仰研究述评. 上海：上海人民出版社，2012：58-61.

② 泰瑞·雷. 宗教资本：从布迪厄到斯达克［J］. 李文彬，编译. 世界宗教文化，2010（2）：18-19.

③ 布迪厄，华康德. 实践与反思——反思社会学导引［M］. 李猛，李康，译. 北京：中央编译出版社，1998：162.

④ 魏乐博（Robert P. Weller）认为，在众多的中国乡村，除宗教外，家族与血缘是社会资本的另一种主要提供形式，参见 Weller，范丽珠，Madsen，等. 对话宗教与社会资本［J］. 世界宗教文化，2011（5）：35.

建构各自的行业神信仰时经历了怎样的文化选择、诠释与再创造，以及这一"宗教资本"转化为"社会资本"的路径与过程。

第二，在行业组织的研究视野下，对于传统行会近现代转型过程中行业神崇拜的变化，还有必要进行更多的讨论。由于行业神信仰具有的行业聚合功能，其研究无疑有助于我们从信仰文化、社群活动的角度对中国传统行会、近代工商同业公会等业缘性社会组织达致新的理解。但总体来看，对行业组织与行业神崇拜在中国近代化变革中趋新面向过度强调的倾向，虽然在近来的研究中得到了一定的纠偏，诸如裴宜理、艾约博、沈洁等学者，已经注意到新式工商同业组织与旧式行会组织两者并存格局的长期延续，承认行业神信仰在近代社会转型中的复杂性。但在多数情况下，行业神崇拜仍然以一种"旧式行会的落后因子"的形象存在。特别是在既定的现代科学话语下，在"传统—近代"二元对立中，行业神崇拜往往被视为"行会传统的保守性和落后性的具体表现"，甚至将"是否开展神灵崇拜活动作为区别商会（新式商人团体）和行会（旧式传统组织）的标准之一"。① 因而，在作为近代的"先进"的行业组织形态——商会和同业公会的研究中，不同程度上仍然存续的行业神崇拜自然大多不在讨论之列。这显然不利于全面理解近现代中国工商行业团体的变化过程，更甚者，也不利于对中国社会现代转型问题复杂性的重新认识。

第三，区域社会视野下的行业神信仰研究，应更多关注行业神与其他社区神的关系，探究包括行业神在内的多层次的民间信仰体系在地方社会如何形成，进而揭示区域社会的历史脉络和文化进程。现有的区域性行业神个案研究，仍多以探究某种行业神崇拜的地方性特点为旨归，落脚点仍在信仰形态本身，并不在于行业神信仰所寄生的历史语境和社会空间。但是，社区民间信仰研究的意义绝不仅限于信仰本身，正如郑振满、陈春声所言："吸引众多的研究者去关注民间信仰行为的更重要的动机，在于这种研究在揭示中国社会的内在秩序和运行'法则'方面，具有独特的价值和意义。"② 或如陈进国所言：不论是华北民俗学者的整体研究取向，还是华南学者的历史人类学研究取向，"所谓的民间信仰或地域崇拜体系，其实只是诠释'语境'和

---

① 朱英. 中国行会史研究的回顾与展望 [J]. 历史研究, 2003 (2): 172.

② 郑振满, 陈春声. 民间信仰与社会空间: 导言 [M]. 福州: 福建人民出版社, 2003: 1.

'地方'的一个文化工具或分析符号而已"。① 就这样的研究路径而言，赵世瑜对明清北京行业神崇拜的研究是具有典范性意义的。如上文介绍所言，这些研究以明清京师东岳庙西廊的行业神殿为中心，讨论了土木行、骡马行和梨园行围绕各自的行业神——鲁班、马神、喜神——形成的祭祀组织及其活动，从东岳庙这个神圣空间展现清代以来北京城市的街区意识和角色日益凸显的过程。② 而后，作者又将东岳庙诸行业神的研究，和同一座庙宇的其他研究——包括东岳庙与京师五顶即东岳大帝信仰与碧霞元君信仰关系的研究、东岳庙中各类善会组织的研究——整合在一起，讲述了一个更为完整的"东岳庙故事"，试图从"城市中的微社会场景出发"，呈现京师这一政治色彩浓厚的社会空间表现出来的国家权力与民间社会之间"温和的互动"。③ 这样以"小历史"看"大历史"，以地方民间信仰活动看"国家的在场"与"文化-权力"的研究取向，是深化区域性行业神研究最有可能的路径。

推荐阅读书目：

[1] 李乔. 行业神崇拜——中国民众造神运动研究 [M]. 北京：中国文联出版社，2000.

[2] 路遥，等. 中国民间信仰研究述评 [M]. 上海：上海人民出版社，2012.

[3] 全汉昇. 中国行会制度史 [M]. 郑州：河南人民出版社，2016.

[4] 艾约博. 以竹为生：一个四川手工造纸村的 20 世纪社会史 [M]. 韩巍，译. 南京：江苏人民出版社，2016.

[5] 步济时. 北京的行会 [M]. 赵晓阳，译. 北京：清华大学出版社，2011.

[6] 沈洁. 仪式的凝聚力：现代城市中的行业神信仰 [J]. 史林，2009(2)：31-41.

---

① 陈进国. 中国民间信仰研究述评——以大陆地区为中心 [M] //路遥等著. 中国民间信仰研究述评. 上海：上海人民出版社，2012：56.

② 赵世瑜. 远亲不如近邻：从祭祀中心看城市中的行业与街区——以明清京师东岳庙西廊诸神为出发点 [J]. 东岳论丛，2005 (3)：40-45.

③ 赵世瑜. 东岳庙故事：明清北京城市的信仰、组织与街区社会 [M] //赵世瑜. 小历史与大历史：区域社会史的理念、方法与实践. 北京：生活·读书·新知三联书店，2006：188-257.

［7］叶郭立诚 . 行神研究［M］. 台北：中华丛书编审委员会，1967.

［8］赵世瑜 . 东岳庙故事：明清北京城市的信仰、组织与街区社会［M］//赵世瑜 . 小历史与大历史：区域社会史的理念、方法与实践 . 北京：生活·读书·新知三联书店，2006：188-257.

第六讲

明清法律社会史的理论与实践

引　言

　　1925—1930 年，在北平图书馆藏敦煌文书的基础上，陈垣参照南宋赵明诚《金石录》的编撰体例编成了索引类书籍《敦煌劫余录》。① 1930 年，陈寅恪应邀给《敦煌劫余录》写序，其中有这样一段文字："一时代之学术，必有其新材料与新问题。取用此材料，以研求问题，则为此时代学术之新潮流。治学之士，得预此潮流者，谓之预流。其未得预者，谓之不入流。此古今学术之通义。非彼闭门造车之徒，所能同喻者也"。②

　　相较而言，国内学者似乎尤其偏好强调新史料的重要性，由此引发一场持续至今的新史料接龙游戏。1925 年，王国维在《最近二三十年中中国新发见之学问》的演讲中提出了"古来新学问起，大都由于新发现"的论断。在此基础上，他将当时发现的新史料归纳为五种：殷墟甲骨文字、敦煌塞上及西域各地之简牍、敦煌千佛洞之六朝唐人所书卷轴、内阁大库之书籍档案、中国境内之古外族遗文。③ 由于南方地区陆续发现很多木牍、竹简、帛书，所以第二种新史料的地域属性后来被删去，直接称为简帛文书；由于中国境内之古外族遗文很少集中发现，并且与第二、三种新史料有所重叠，所以第五种新史料的头衔被转让给各地保留的民间文献，例如徽州文书等。④

---

① 陈智超. 陈垣全集：第 8 册 [M]. 合肥：安徽大学出版社，2009：1-4.
② 陈寅恪. 金明馆丛稿二编 [M]. 北京：三联书店，2001：266.
③ 王国维. 最近二三十年中中国新发见之学问 [J]. 学衡，1925，2 (45)：1-5.
④ 周绍泉. 徽州文书与徽学 [J]. 历史研究，2000 (1)：51-60，189.

随着中国社会"知青时代"的终结，新史料（而非新问题）的重要性获得进一步强化。原因在于，"后知青"时代的学者大多缺乏学院之外的生命经历与社会资源，所以很难抵制体制化的压力。他们的学术活动，"是在正式机构中正式立项，以争取资金、争取认可（体现为学校排名、领导人赞扬、学者个人的职称知名度等）为主要目的的职业化操作"。① 而新史料能够具体量化，所以更加容易获得立项与认可。也正因为此，20 世纪 80—90 年代以来各种新史料层出不穷，故而新史料接龙游戏依然在延续。从内容上看，这些新史料很多与法律史有关。例如台湾淡新档案，河北宝坻档案，四川巴县档案、冕宁档案、南部县档案，浙江龙泉档案，陕西紫阳档案等。②

很可能受到陈寅恪"预流"观点的影响，法史研究开始吸引历史学、法学等不同学科青年学者的兴趣。不可否认的是，将法史研究与"预流"联系起来隐含有青年学者试图改变自身所处边缘地位的诉求。就法学学科而言，从 1998 年开始，中国法制史（或者中国法律史）被列为法学专业核心课程之一；③ 从 2003 年开始，中国法制史（或者中国法律史）被列入国家司法考试（或者国家统一法律职业资格考试）大纲，由此确立了中国法律史的学科地位。④ 此后出现了一个小插曲，即在 2012 年版的《普通高等学校本科专业目录和专业介绍》中，中国法制史并未列为法学专业核心课程。⑤ 尽管教育部事后解释为技术性失误，并将中国法制史重新列为法学专业核心课程，但是由此可以折射出该学科在教育管理当局心目中的真实地位。诚如学者所言，现有的法学专业核心课程改革"采取增加而不是减少核心课程的做法，改革以不损害任何学科的基本利益为出发点"。⑥ 与宪法学、刑法、民法、刑事诉讼法、民事诉讼法、行政法与行政诉讼法、国际法等"硬"学科相比，包括

① 项飚. 中国社会科学"知青时代"的终结 [J]. 文化纵横，2015（6）：70-79.
② 吴佩林. 近三十年来国内对清代州县诉讼档案的整理与研究 [J]. 北大法律评论，2011，12（1）：259-272.
③ 中华人民共和国教育部高等教育司. 全国高等学校法学专业核心课程教学基本要求 [M]. 北京：高等教育出版社，1998：11；教育部高等学校教学指导委员会. 普通高等学校本科专业类教学质量国家标准上 [M]. 北京：高等教育出版社，2018：33.
④ 李晓婧.《中国法制史》本科课程教学改革探析：以历年司法考试"中法史"真题为考察视角 [J]. 中国法学教育研究，2015（4）：139-154.
⑤ 中华人民共和国教育部高等教育司. 普通高等学校本科专业目录和专业介绍（2012 年）[M]. 北京：高等教育出版社，2012：67.
⑥ 刘坤轮. 我国法学专业核心课程的流变及最新调整 [J]. 中国法学教育研究，2019（2）：3-16.

中国法律史在内的"软"学科才有可能成为核心课程的改革对象，故而"不损害任何学科的基本利益"的潜台词也就不言而喻。

与之相比，就中国史学科而言，法史学者的处境或许更加边缘。就机构设置而言，中国历史研究院下属的古代史研究所、近代史研究所、中国边疆研究所、历史理论研究所并未独立设置法律史研究室，法史学者只能以法律史研究群的名义组织活动；就学术刊物而言，以备受国内学界重视的 CSSCI 期刊为例，目前并不存在专注于法律史研究的 CSSCI 期刊（倒是存在不少相关的 CSSCI 集刊）。例外的是，中国台湾地区"中央研究院"历史语言研究所设置有法律史研究室（成立于 1998 年），并且创办了《法制史研究》的学术刊物。

有鉴于此，接下来主要从问题意识的角度讨论整体取向的法律社会史研究、区域取向的法律社会史研究的若干偏重于历史学的代表性著作。

一、整体取向的法律社会史研究

作为"社会学中国化"的重要提出者，吴文藻最为重要的学术贡献应该是引介功能主义人类学理论，并且将民族志改造为社区研究，"我所要提出的新观点，即是从社区着眼，来观察社会、了解社会……社会史描述集合生活的抽象概念，是一切复杂的社会关系全部体系之总称。而社区乃是一地人民实际生活的具体表词，它有物质的基础，是可以观察到的"。① 不过在具体实践的过程中，社区研究始终面临一个方法论上的挑战：作为研究"简单社会"的产物，社区研究如何用来研究例如中国这样的"复杂的文明社会"？②

1935 年，英国人类学界结构功能主义的代表人物拉德克利夫-布朗受到吴文藻的邀请，在燕京大学讲学两个月。③ 对于上述问题，拉德克利夫-布朗在讲学期间有过简短回应：

直到最近，这种研究方法仅应用于较后退民族的狭小的，而且是比较隔离的社区，如澳大利亚、美伦尼西亚、非洲之土著部落。这一种社区的社会

---

① 吴文藻. 现代社区实地研究的意义和功用 [J]. 社会研究，1935（66）：133-136.
② 王铭铭. 社会人类学与中国研究 [M]. 北京：三联书店，1997：27-36.
③ 刘雪婷. 拉德克利夫-布朗在中国：1935—1936 [J]. 社会学研究，2007（1）：161-174.

生活，只需一个调查员，即可将它的整个加以研究，但应用同样方法于较大较复杂的社会如美国与中国时，就有许多困难，这一种社会势必视作许多较小社区相互关联而成的一个集体。所以中国可说是省、县、镇、村或最小的单位——"户"的集体。因此，吾人研究必须由最小的单位"户"起始，由此而推广至于全国，乃至整个的世界社区，而中国乃是整个世界社区的一部分。在中国研究，最适宜于开始的单位是乡村，因为大部分的中国人都住在乡村里；而且乡村是够小的社区，可供给一两个调查员在一两年之内完成一种精密研究的机会。①

概括说来，拉德克利夫-布朗一方面承认"复杂的文明社会"不太适合使用社区研究方法；另一方面假定"复杂的文明社会"中的乡村相对简单，故而可以使用社区研究方法。

与之类似，吴文藻同样认为"复杂的文明社会"中的乡村相对简单，故而可以使用社区研究方法；稍有不同的是，考虑到中国属于多民族国家，吴文藻特意区分了边疆的乡村、内地的乡村两种类型，"在应用比较法研究中国社区的时候，必须先从简单社会的研究入手，本文因以边疆或内地的村落社区为研究的起点"。而社区研究的终点是"真正认识中国社会文化的整体"，为此需要采取以下四个步骤：

如欲为中国社会生活的科学研究树立一个稳固的基础，就得同时举行以下几组研究：第一组，在中国各地方慎选五六十个较可代表的村落，来做精密的考察。第二组，在中国边疆择定若干非汉民族的地方社区，做同样的考察。第三组，扩大研究的单位，以一省或数省乃至全国为范围，而选定社会生活的某一方面，例如人口、经济、法律、政府与宗教等等，做较概括的研究。第四组，对于海外各地的华侨社会，亦做类似的研究；研究时特别注意到各华侨社区与其祖国故乡环境的关系。这种研究的结果，可以增进我们对于"中华民族及文化全部的外界适应与完整"的了解。当以上几组的研究为数较多的时候，我们就可对于中国社会生活的整体，肯定若干含有高度"概然性"的结论。②

概括说来，由于中国乡村的数量、类型极多，逐个展开研究远远超出个

---

① 拉德克利夫-布朗. 对于中国乡村生活社会学调查的建议 [J]. 吴文藻，译. 社会学界，1936，9：79-88.
② 吴文藻. 中国社区研究计划的商榷 [J]. 社会学刊，1936，5 (2).

人的能力范围，故而并不现实。而吴文藻的解决办法是，分别研究特定类型具有代表性的社区，然后进行类型比较，最终达到认识中国社会的目的。

从学术经历来看，作为吴文藻学派的重要成员，费孝通不仅在广西花篮瑶、江苏开弦弓村开展过实地的社区研究，而且也在云南开展过3个社区的类型比较研究；而《乡土中国》属于从理想类型的角度研究中国乡村社会（实为汉人社会），"它不是一个具体社会的描写，而是从具体社会里提炼出的一些概念。这里讲的乡土中国，并不是具体的中国社会的素描，而是包含在具体的中国基层传统社会里的一种特具的体系，支配着社会生活的各个方面"。①

与本主题有关的是，费孝通在《乡土中国》中观察到近代"送法下乡"现象。由于社会变迁较慢，中国乡村社会属于熟人社会，并且存在一套可以代际传递的内部行为规范（即"礼治秩序"）。即便出现纠纷，人们也可以通过调解的方式加以摆平。而近代"送法下乡"的出现，削弱了乡村社会（作为熟人社会）的自主性。在费孝通看来，单纯的新式法律下乡有可能破坏民众对于法治的信任，"现行的司法制度在乡间发生了很特殊的副作用，它破坏了原有的礼治秩序，但并不能有效地建立起法治秩序。法治秩序的建立不能单靠制定若干法律条文和设立若干法庭，重要的还得看人民怎样去应用这些设备。更进一步，在社会结构和思想观念上还得先有一番改革。如果在这些方面不加以改革，单把法律和法庭推行下乡，结果法治秩序的好处未得，而破坏礼治秩序的弊病却已先发生了"。② 延续了费孝通的思路，苏力基于法律多元理论对于当代"送法下乡"现象展开反思。③

需要指出的是，分别研究不同类型（或者区域）具有代表性的社区，进而开展比较研究的研究思路可以说是人类学者的权宜性选择，而非唯一选择。原因在于，马凌诺夫斯基、拉德克利夫-布朗等人类学者原本擅长的是"简单社会"的部落研究。面对如此复杂的中国社会，他们显得有些无计可施，故而不得已才支持将中国社会分割为可供讨论的基本研究单位——即民族志的中国翻版"社区"。对于这个问题，费孝通在晚年有过学术反思：

---

① 费孝通. 乡土中国·生育制度 [M]. 北京：北京大学出版社，1998：4. 更多讨论，参见：杨清媚. 最后的绅士：以费孝通为个案的人类学史研究 [M]. 北京：世界图书出版公司，2010.

② 费孝通. 乡土中国·生育制度 [M]. 北京：北京大学出版社，1998：58-59.

③ 苏力. 法治及其本土资源 [M]. 北京：中国政法大学出版社，1996：23-37.

这些年来，站在今天的地位来反思当时从事社区研究的过程，我能够看到对于研究中国这样一个历史悠久的文明古国，人类学的民族志方法是不充分的。不过，这里指出社区研究的这一缺陷，目的并不是要否认包括我在内的第一代中国社会学和人类学田野工作者的贡献。我现在认为，以村落为中心的研究固然有许多优点，但是不能充分体现中国文明的宏大体系和历史的流变。回想 50 年代以后我参加的民族研究工作，我也能感到，这样的研究方法不能很好地解释中国文明体系内部的多元一体格局。①

归纳起来，晚年的费孝通不再主张将中国社会分割为不同类型（或者区域），而是将中国社会视为一个文明体系（或者世界体系）。这种研究构想被国内人类学界认为具有可行性，而美国人类学者马歇尔·萨林斯的《历史之岛》则被视为可供参考的"他山之石"。

英国皇家海军军官詹姆斯·库克（James Cook，以下简称"库克船长"）是 18 世纪著名的航海家，他曾多次奉命探索新航线以及开辟"日不落帝国"的新殖民地。1779 年 1 月 17 日，库克船长驾驶的决心号帆船在环绕夏威夷岛一周以后在基拉克夸湾抛锚，并且受到夏威夷原住民的热烈欢迎。2 月 4 日，库克船长离开了基拉克夸湾，计划开始新航程。但是决心号的前桅不幸折断，所以库克船长不得不于 2 月 11 日折返基拉克夸湾。出人意料的是，夏威夷原住民并未给予热烈欢迎，而是在一系列摩擦之后将库克船长杀死。对于这种反常现象，马歇尔·萨林斯认为：由于库克船长抵达时间以及环绕夏威夷岛的方向凑巧与当地信奉的罗诺主神降临夏威夷的时间以及在陆地巡游的方向保持一致，所以库克船长被视为罗诺主神，并且受到了夏威夷原住民的欢迎；在当地仪式中，罗诺主神在每年既会按时降临夏威夷岛，也会按时离开夏威夷岛。库克船长离开后又折返夏威夷岛的举动并不符合仪式流程，所以此后并未受到夏威夷原住民的欢迎，甚至被后者杀死。②

讨论到此处，不妨再来看瞿同祖的《中国法律与中国社会》。在前引文中，吴文藻之所以提出"较可代表的村落"的概念，无非是假设特定社区是

---

① 费孝通. 论人类学与文化自觉［M］. 北京：华夏出版社，2004：220-221.
② 萨林斯. 历史之岛［M］. 蓝达居，张宏明，黄向春等，译. 上海：上海人民出版社，2003.

特定类型的中国社会的缩影。从相反的角度讲，中国社会也可以说是放大的社区。① 这种假设虽然不再被当今学界所接受，却成为吴文藻学派的重要成员瞿同祖将社区研究方法用于古代中国法律研究的重要依据。简单说来，古代中国法律回应了古代中国社会（分为家族、阶级、宗教）的需要，"任何社会的法律都是为了维护并巩固其社会制度和社会秩序而制定的，只有充分了解产生某一种法律的社会背景，才能了解这些法律的意义和作用"。② 由于以古代中国法律作为研究对象，再加上特别注重研究法律的实践效果，故而《中国法律与中国社会》属于国内学界比较少见的整体取向的法律社会史研究。

诚如学者所言，作为整体取向的法律社会史研究，《中国法律与中国社会》也存在很多缺失，例如"基本上都没讨论社会经济生活，因此必然省略了在结构主义社会学分析中不可省略的经济生产方式与社会、法律和政治之间的互动影响"。③ 除此之外，法律与政治的互动关系尤其值得进一步反思。比较《乡土中国》和《中国法律与中国社会》两本书不难发现：基于重建"双轨政治"的现实关怀，前书非常重视古代中国乡村社会（作为熟人社会）的自主性，所以倾向于反思国家对于基层纠纷解决市场的介入；而后书注意到古代中国乡村社会（作为熟人社会）的自主性不断受到削弱的事实，并且倾向于从功能主义的角度肯定国家对于基层纠纷解决市场的介入。不过同样是讨论"国家"，前书主要讨论州县官员群体，而后书主要讨论中央官员群体。从理论上讲，中央官员、地方官员不仅存在利益一致的可能性，④ 而且存在利益冲突的可能性。就此而言，古代"送法下乡"似乎可以分成两种类型：一种是由地方官员主导的"送法下乡"，另一种是由中央官员主导的"送法下乡"。例如同样是结束个体的生命，在地方官员主导的"送法下乡"看来，私自杀人缺乏合法性；在中央官员主导的"送法下乡"看来，私自杀人、杀人不待奏（即案件外结）同样缺乏合法性。在《陔余丛考》中，清代学者赵翼

---

① 费孝通也有类似理解，"我的看法，家族、村落、市镇，一直到民族、国家等等都是具体的社区"，见费孝通．论人类学与文化自觉［M］．北京：华夏出版社，2004：63-64.

② 瞿同祖．中国法律与中国社会：导论［M］．北京：中华书局，2003：1.

③ 苏力．在学术史中重读瞿同祖先生［J］．法学，2008（12）：85-92.

④ 基于类似考虑，有学者认为"所有地方官员，包括州县长官，都是中央政府的代表"，参见瞿同祖．清代地方政府［M］．范忠信，晏锋，译．北京：法律出版社，2003：5.

以考据的形式批评了正史中的"杀人不待奏"现象。① 结合清代奏折等史料来看，赵翼的批评存在现实的针对性，因为清代地方官员同样存在类似于"杀人不待奏"的现象。

在笔者看来，区分"送法下乡"的不同类型很有必要。由于经过了史料筛选，下文讨论的区域取向的法律社会史研究主要偏重于讨论地方官员主导的"送法下乡"，忽略了不同类型"送法下乡"在特定区域社会的竞争面相，以及地方官员在此过程中面临的选择困境（这方面内容往往被贴上"法律表达"的标签而受到忽视），这应是整体取向的法律社会史研究暂时受到忽视的重要原因；要想理解地方官员面临的选择困境，法律社会史学者势必要重提政治史，并且着重讨论以往被舍弃的"法律表达"，② 这应是"重提"整体取向的法律社会史研究的重要原因。就此而言，《叫魂：1768 年中国妖术大恐慌》或许可以被理解为整体取向的法律社会史研究著作。③

二、区域取向的法律社会史研究

与吴文藻学派倾向于将社区作为基本研究单位相比，明清社会经济史研究学者倾向于将区域作为基本研究单位（但在研究思路上存在很多共通之处）。1939 年夏，傅衣凌在福建永安县黄历村发现明代嘉靖至民国年间的土地契约文书 100 余份（此外还有 2 本账簿）。根据这批史料，他撰写了《永安农村赔田约的研究》与《近代永安农村的社会经济关系：以黄历乡所发现各项契约为根据的一个研究》两篇论文；再加上《明清时代福建佃农风潮考证》，分别构成 1944 年出版的《福建佃农经济史丛考》一书的下编、上编。

根据土地收买人多为冯姓族人来看，这批契约似乎为黄历村冯氏家族持有；根据土地收买人、出卖人在契约中的称谓来看，这批契约中出现的人群大多存在血缘、婚姻关系，并且大致生活在黄历村或者邻近乡村（有待结合族谱的记载进行确认）。遗憾的是，受到各种条件的限制（特别是当地人口死

---

① 赵翼. 陔余丛考 [M]. 栾保群，吕宗力. 校点. 石家庄：河北人民出版社，2007：287-289.
② 杨念群. 为什么要重提"政治史"研究 [J]. 历史研究，2004（4）：10-13.
③ 孔飞力. 叫魂：1768 年中国妖术大恐慌 [M]. 陈兼，刘昶，译. 北京：生活·读书·新知三联书店，2012.

亡较多以及尚未找到族谱），《福建佃农经济史丛考》对于冯氏家族并未展开更为详细的讨论。不过可以确认的是，冯氏家族在明代很可能属于军户。假若材料充足的话，在此基础上可以展开类似于历史人类学的个案研究。傅衣凌注意到这种可能性，所以在题记部分将自己的研究称之为"经济社区"研究。①

从词源上看，"社区"一词来自费孝通的建议，并且经由燕京大学社会学系师生集体讨论后产生，是对英文"community"一词的中文翻译。② 假若考证成立的话，那么"经济社区"的概念应该是借鉴吴文藻及其弟子的用法。不过至少有两条线索显示，傅衣凌倾向于将这批契约放在闽西北地区（而非局限于黄历村）的历史语境中来理解，故而"经济区域"（而非"经济社区"）或许更加贴近傅衣凌的原意。

第一条线索与"冬牲"（亦称"田牲"，即地主额外征收的地租，往往是鸡、鸭等家禽）有关。根据《明史》以及福建地方志的记载，傅衣凌发现地主向佃户收取冬牲的民间习惯在闽西北地区（宁化、清流、明溪、永安、沙县、三元、尤溪、闽清等地）至少可以追溯到明代正统年间。不过这种民间习惯有时会被视为"恶俗"，并且成为佃变的导火索。正统十三年（1448），福建沙县佃农邓茂七以取消冬牲、地主自行收租为口号发动暴动，获得了沙县、尤溪县等地民众的响应，并且一度攻占福建地区二十余县。③ 值得注意的是，永安县辖区原本分属沙县、尤溪县，景泰三年（1452）才单独设置为一个县级政区。而永安县黄历村的这批契约中存在清代地主收取冬牲的记载，恰好可以证明这种民间习惯在清代闽西北乡村地区依然存在。

第二条线索与"赔田"有关。根据地方志的记载，傅衣凌发现明清时期福建很多地区存在一田两主或者一田多主的现象。当然不同地方对于"田面"的称谓有所不同，黄历村将其称为"赔头谷田"或者"赔田"。

与吴文藻的主张类似的是，傅衣凌同样不满足于单纯的区域研究，所以他在《福建佃农经济史丛考》的题记中特别强调如何处理局部与整体的关系："近来有一般的社会经济史家颇积极地提倡经济社区的局部研究，以为总的体

① 傅衣凌．福建佃农经济史丛考［M］．邵武：福建协和大学中国文化研究会，1944：1.
② 丁元竹．中文"社区"的由来与发展及其启示——纪念费孝通先生诞辰 110 周年［J］.民族研究，2020（4）：20-29.
③ 杨国桢，陈支平．明史新编［M］．北京：人民出版社，1993：178-181.

系的解明的基础。本书即是站在历史学的立场上，考察福建农村的经济社区的一个尝试。"① 具体说来，区域研究、区域比较是开展整体研究的必经步骤，"我主张中国社会经济史的研究，必须进行分区研究，分析每一个地区所独有的优缺点，它的有利条件与不利条件，然后摆正其在历史上的地位"。②

不可否认的是，傅衣凌的研究也受到所处时代思潮的影响。③ 诚如该书题记所言，受到 20 世纪 20—30 年代中国社会史论战的影响，傅衣凌非常关注"秦汉以后的中国社会经济形态"问题。为了推翻当时学界有关"秦汉以后的中国已看不见有农奴制度的存在，所谓佃客、客户、佃户等都为国家的自由佃农，其与地主所发生的关系，是契约的，而非为身份的隶属"的假设，④他才会讨论明清时期福建地区的佃变，进而注意到邓茂七暴动中"冬牲"的存在；⑤ 与此同时，无论是讨论福建地区的佃变，还是讨论福建地区的一田两主，傅衣凌都会讨论这样的问题：它是否推动或者阻碍了中国封建社会经济的发展。1961 年，傅衣凌将上文提及的 3 篇论文进行大幅度修改，并且分别改名为《清代永安农村赔田约的研究》《明清时代永安农村的社会经济关系》《明清时代福建佃农风潮考证》，然后与其他 3 篇论文一起收录进《明清农村社会经济》。⑥ 通过比较可知，傅衣凌所做的修改工作包括：正面肯定佃变的性质、凸显阶级对立、舍弃中外比较、删去佃户抗租带来的负面影响等。⑦

作为中国社会经济史研究的奠基之作，《福建佃农经济史丛考》（及其改编版本《明清农村社会经济》）提供了研究方法上的重要示范。不过由于预设的对手方有所不同，有关研究方法的概括也会存在差异：假若针对经济史领域，那么这种研究方法可以概括为：社会经济史的"研究对象应该包括整个社会经济生活，而且，应该通过经济史的研究来解释各种社会历史现

---

① 傅衣凌. 福建佃农经济史丛考 [M]. 福州：福建协和大学中国文化研究会，1944：1.
② 傅衣凌. 明代经济史上的山东与河南 [J]. 社会科学战线，1984（3）：119-127.
③ 杨国桢，赵红强. 傅衣凌与中国社会史论战 [J]. 学术研究，2021（4）：109-114.
④ 傅衣凌. 福建佃农经济史丛考 [M]. 福州：私立福建协和大学中国文化研究会，1944：1.
⑤ 傅衣凌. 福建佃农经济史丛考 [M]. 福州：私立福建协和大学中国文化研究会，1944：14.
⑥ 傅衣凌. 明清农村社会经济 [M]. 北京：三联书店，1961.
⑦ 陈瑶. 以今日之我与昨日之我相战——《福建佃农经济史丛考》与《明清农村社会经济》校读 [M] // 盛嘉. 忧虑与危机：厦门大学人文经典系列讲座讲演集（第 3 辑）. 厦门：厦门大学出版社，2016：98-108.

象";① 假若不区分具体的研究领域，那么这种研究方法可以概括为："在搜集史料的同时，必须扩大眼界，广泛地利用有关辅助科学知识，以民俗乡例证史，以实物碑刻证史，以民间文献证史"。②

在后傅衣凌时代，明清社会经济史研究至少具有三个方面的特征：一是研究领域不断拓宽，即由经济史拓宽为社会史、文化史、历史人类学。二是研究史料不断丰富。除了常见的地方志、日用类书、碑刻、契约、族谱，还扩大为科仪文书、诉讼文书、日记、账簿、口头传说等。三是研究方法更加自觉。以区域的界定为例，早期的研究更多从行政区划的角度进行界定，而后来的研究更多从文化认同的角度进行界定。在区域研究的基础上，也有部分学者试图在区域比较的基础上形成一种对于中国社会的整合性认识。③

对于明清法律史学者而言，明清社会经济史研究具有两个优点：一是比较重视搜集、使用民间文献，二是强调"回到具体的历史情境中，思考文献如何反映历史事实"。④ 也正因为此，有法律史学者主张"法律史研究应当走向史学化";⑤ 或者认为国内法律社会史的复兴"主要来自历史学传统的社会史研究进路在中国古代法律议题上的延伸和展开"。⑥

从古代"送法下乡"的角度重新审视既有的明清社会经济史研究，不难发现户籍管理、赋役征收是国家介入户婚田土案件的重要动力。⑦

在宋元时期，现在的珠江三角洲地区大多尚被海水覆盖，海面上生活着大量渔民（或者"疍民"）。明朝的建立对于理解珠江三角洲地区的历史极为关键，因为有些渔民获得早期上岸的机会，并被收编为军户或者民户，剩下的渔民依然保持原有的生活方式。随着沙田的陆续开发，这片海域不断变

---

① 傅衣凌. 谈史学工作者的知识结构和学术素养 [J]. 文史哲, 1987 (2): 30-33.

② 傅衣凌. 我是怎样研究中国社会经济史的 [J]. 文史哲, 1983 (2): 41-45.

③ 具体的学术史梳理，参见赵世瑜. 结构过程·礼仪标识·逆推顺述——中国历史人类学研究的三个概念 [J]. 清华大学学报（哲学社会科学版），2018, 33 (1): 1-11.

④ 郑振满，郑莉，梁勇. 新史料与新史学：郑振满教授访谈 [J]. 学术月刊, 2012 (4): 155-160.

⑤ 胡永恒. 法律史研究的方向：法学化还是史学化 [J]. 历史研究, 2013 (1): 178-189.

⑥ 尤陈俊. 中国法律社会史研究的"复兴"及其反思——基于明清诉讼与社会研究领域的分析 [J]. 法制与社会发展, 2019, 25 (3): 190-208.

⑦ 从相反的角度看，由于田赋属于古代国家财政的主要收入，不可移动的田地是国家制定产权法律的重要参照对象。这种产权观念极有可能压制地方民众持有的多元产权观念，参考徐斌. 制度、经济与社会：明清两湖渔业、渔民与水域社会 [M]. 北京：科学出版社, 2018: 1-2.

成能够获利的良田。由于拥有国家认可的户籍，早期上岸的渔民变成了拥有沙田的地主；而失去打鱼生计的渔民被迫上岸，变成了耕种沙田的佃户。为了维护排他性的"入住权"，前者极力否认祖先的渔民身份，并且创造了新的祖先来历，"他们的祖先可能据说由皇帝钦赐土地，或者移居至此而耕种这些土地，或者建造房屋而子孙居住至今，或者购买了这些土地，或者与本地人联姻，或者把原住民赶走。凭着这些既成的历史事实，他们的子孙因此拥有这些土地，而且只要不搬走，就拥有入住权"。①

稍有不同的是，明清鄱阳湖地区的渔民大多拥有户籍。所以他们面临的主要问题并非是"入住权"的问题，而是"入湖权"的问题。而入湖权的获取主要有两种方式：一是通过向国家登记和承课而获得湖池水域的完整初始产权，二是通过市场交易获得入湖捕鱼的权利（由此导致湖权的不断分化）。由于牵涉到整个湖区捕捞秩序的管理，入湖权无法自由转让，而是受到许多限制。为了维护自身权益，"鄱阳湖区水面占有者并非个人，而是以家族为单位，族内的子嗣共同享有份额。因渔业捕捞纠纷时有发生，为了避免无休止的纠纷和械斗，渔民社群开始通过协商方式书立合同议约，对湖池水面的使用划分界限并制定捕捞规则"。由于此类渔业纠纷往往属于跨界纠纷，存在很大难度，所以容易出现官员审讯、民间调解同时并存的局面。②

受到河水流速、河道迁徙等因素的影响，黄河小北干流区域滩地的面积、位置、壤质始终处于变动状态。从经济收益上看，这些"流动的土地"有时会取得等同或者高于常田的经济收益，故而备受黄河两岸民众的重视与争夺。为了耕种滩地，当地民众发明了特殊的划界技术、田块形态、地权体系。与华南研究经验不同的是，村庄（而非宗族）的权威在争夺滩地的过程中获得强化，"村庄依靠集体的权力对滩地资源进行控制，因此，村庄滩地权力的集体代表的乡约、摊首更具权威性。村庄类型不同，宗族作用亦有差异，总的来讲，宗族控制土地权力相对较小。绅士在占有、控制滩地资源方面也没有显示出更大的权力，其作用主要体现在调解内部纠纷和解决外部争端与官府

---

① 科大卫. 皇帝和祖宗：华南的国家与宗族 [M]. 卜永坚，译. 南京：江苏人民出版社，2009：5.

② 刘诗古. 资源、产权与秩序：明清鄱阳湖区的渔课制度与水域社会 [M]. 北京：社会科学文献出版社，2018：69，272，300.

的交涉"。①

受到明末清初战争的影响，四川地区的人口剧减。清军占领四川以后，推行了招徕本地逃民、鼓励外地移民等重建措施。四川巴县的外地移民主要来自湖广、广东、陕西、山西、福建、浙江、江南、江西等八个地区，并且大多以经商为生。他们按照籍贯组建了数量众多的会馆或者联合会馆，其中规模最大的联合会馆是八省会馆；与此同时，由于保甲主要针对流动性较低的本地土著，很难有效管理流动性较强的外地移民，所以清廷专门设置了管理外地移民的客长（相当于保甲的变体）。由于处于交通要道，巴县地方政府的差役负担较重。通过承办差役，会馆会首、客长获得了调解纠纷、制定商业规则的权力。②

与四川巴县类似，浙江龙泉县也处于山区，只不过地理位置相对偏僻。遗憾的是，龙泉地区的族群关系尚不清晰。大致说来，在山林获得有效开发之前，本地土著会以祖先坟茔作为拥有山林的重要证据；在山林被开发为山地之后，本地土著会以鱼鳞图册、纳粮凭证作为拥有山地的重要证据；在木材成为重要商品之后，本地土著、外来移民间的山地交易变得频繁，山地的所有权也随之变得复杂，开始出现山主—山客、山骨—山皮等区别。与此同时，明清时期也是龙泉地区建构宗族、编修族谱的重要时期。③ 从福建永泰山区的经验来看，两者之间可能存在紧密的互动关系。④

三、重新认识官箴书的史料价值

可以看到，为了论证自身研究的合理性，区域取向的法律社会史研究倾向于质疑（"新史料"以外的）传统法律史料，尤其是官箴书的史料可靠性。按照学界约定俗成的用法，官箴书往往包含两种：一种是针对州县官员的从

---

① 胡英泽. 流动的土地：明清以来黄河小北干流区域社会研究 [M]. 北京：北京大学出版社，2012：373.

② 梁勇. 移民、国家与地方权势——以清代巴县为例 [M]. 北京：中华书局，2014：149-155，268-274.

③ 杜正贞. 近代山区社会的习惯、契约和权利——龙泉司法档案的社会史研究 [M]. 北京：中华书局，2018：61-76，356-381.

④ 郑振满. 明清时期的林业经济与山区社会——福建永泰契约文书研究 [J]. 学术月刊，2020，52 (2)：148-158.

政指南，另一种是针对州县幕友的幕友手册。不过假若转换史料解读方法，并且重视文本的制作过程，那么传统法律史料的史料价值有待重新评估。

由于留下较为丰富的史料，清代中期的汪辉祖曾被视为开展法律社会史研究的极佳案例。例如胡适认为："汪辉祖的自传，在现代眼光看来，当然嫌它简略。但是我们如果仔细从头读下去，就可以知道是一部了不得的书。我们读了以后，不但可以晓得司法制度在当时是怎样实行的，法律在当时是怎样用的，还可以从这部自传中，了解当时的宗教信仰和经济生活。"① 瞿兑之认为："中国文人的自传，很少有成整部书的。他的书不独自己描写自己的性情好尚，抒发自己的思想，记录自己的遗传环境、一生经历，而且将时代背景的一切社会制度风俗，小至衣服饮食器用，无一不很忠实地描写出来。我们看这部书，不独可以了解他个人，并且可以了解他的时代，不但当他一部《汪辉祖传》，而且可以当他一部乾隆六十年中社会经济小史。近来胡适之先生讲到传记文学，很表彰这部书。这种书在中国确实是难得的。"②

然而，时过境迁，重新开展汪辉祖研究面临两个方面的挑战：在史料层面，胡适之所以重视汪辉祖研究，部分是因为他在当时尚未接触到后来出版的地方司法档案。从惯常理解的法律社会史的角度看，与地方司法档案相比，与汪辉祖有关的史料存在自身难以克服的缺陷，既无法展开长时段的区域史研究（如同梁勇对于巴县客长的研究），也无法展开不同群体的区域史研究（如同杜正贞对于龙泉地区的研究）；在研究层面，汪辉祖受到民国以来很多学者的重视，也出版了很多文献学、社会史、法律史方面的研究论著。不过既有研究留下一个类似于鸡肋的"空白"，那就是由于史料解读困难，与"法律表达"有关的内容（大多保留在官箴书中）很少受到研究。要想深入理解与"法律表达"有关的内容，我们不妨先从官箴书的制作过程谈起。

面对层出不穷的地方司法档案，赵世瑜一方面给予较高期待，"这一类材料的出现以及建立在这些材料基础上所进行的研究工作，一定会对未来数十年的历史研究提供一个全新的平台"；另一方面又善意提醒，"尽管有这样一批材料的出现，也并不一定就会使我们的研究走到一个完全正确的道路

① 季羡林. 胡适全集：第12卷 [M]. 合肥：安徽教育出版社，2003：427；另可见胡颂平. 胡适之先生晚年谈话录 [M]. 台北：联经出版事业公司，1984：103-104.
② 瞿兑之. 汪辉祖传记：序 [M]. 上海：商务印书馆，1935：1-2.

上"。① 形成反差的是，作为地方司法档案的制作者，明清时期的州县官员或者州县幕友反倒显得相对淡定。这倒不是说他们意识不到地方司法档案的价值，明代的吴遵就认为地方司法档案相当于成案。因为司法档案的制作者很可能已经成为州县官员（直接或间接）的上司，援引成案就是尊重上司的权威，"凡事皆有成规，始无过错。如上司之定夺，前官之申呈如何得允，如何取驳，如何则利在于民，如何则谤归于上，一一考究。前事之成败，即后事之师模也。一应该房归结有大勘合大卷宗，取十余宗参看，则行移体式俱在其中"；② 佘自强领会到这段话隐藏的潜台词，所以特意将其全文收录到自己编撰的官箴书中。③

当然这在当时并不是什么秘密，明清时期的地方民众同样意识到地方司法档案的价值。除去战乱流失、充当胥吏等特殊情况，他们很少有机会保存（更谈不上整理出版）州县衙门或者更高级别衙门的司法档案。不过他们也会有意识地保留与自己相关的司法档案。例如苏州地区的商人会将胜诉经过、各级官员的判词刻在石碑上。区别在于，有些石碑会被竖立在商业较发达的道路两旁，有些石碑会被竖立在会馆公所建筑的门外；④ 徽州地区民众经常会抄写司法档案，并且还会请求官府出具帖文或者盖章予以认可。此外，这些抄本还会衍生抄白、稿本、刊本等类型；⑤ 山陕地区黄河滩地的民众也有抄写司法档案的习惯；⑥ 两湖地区的渔民会将争夺湖产的司法档案保留在族谱中等。⑦

不过，明清官员毕竟不是诉讼双方的当事人，他们虽然保留大量司法档案的底稿，但是很少愿意在出版个人文集时保留司法档案的原貌，而是使用

---

① 赵世瑜. 历史司法档案的利用与法史研究的不同取向 [J]. 中国政法大学学报，2013 (6)：26-28.

② 吴遵. 初仕录：立治篇. 查旧案 [M] //刘俊文. 官箴书集成：第2册. 合肥：黄山社，1997：41.

③ 佘自强. 治谱：卷10. 查旧案 [M] //刘俊文. 官箴书集成：第2册. 合肥：黄山书社，1997：207-208.

④ 邱澎生. 法学专家、苏州商人团体与清代中国的"习惯法"问题 [J]. 北大法律评论，2009，10 (1)：68-88.

⑤ 阿风. 明清徽州诉讼文书研究 [M]. 上海：上海古籍出版社，2016：15-52.

⑥ 胡英泽. 流动的土地：明清以来黄河小北干流区域社会研究 [M]. 北京：北京大学出版社，2012：274.

⑦ 张小也. 明清时期区域社会中的民事法秩序——以湖北汉川汊汉黄氏的《湖案》为中心 [J]. 中国社会科学，2005 (6)：189-201.

各种压缩方法。大致说来，压缩方法主要有两种：一是司法档案的数量压缩。根据学者的估计，清代州县官员的任期普遍较低，并且还存在实授、署任、代理的差别。① 即便任期再短，考虑到现存地方司法档案的庞大数量，我们依然可以推定：每位州县官员在任期间必定参与制造了很多地方司法档案。可是至少从杨一凡、徐立志主编的《历代判例判牍》收录的情况来看，能够公开出版的明清判牍数量并不多；二是司法档案的内容压缩。比对明清判牍与司法档案不难发现，明清判牍存在很多不规范行为：例如不交代刑罚的法律依据；不提供量刑数目、服刑地点；缺乏清晰的格式等。② 造成不规范的原因很多，其中的一种可能性应与压缩字数有关，毕竟出版书籍是要按照字数支付刻工工资的。

为了更直观地展示压缩方法，我们不妨以两部明清判牍进行比较：第一部是明代后期颜俊彦的判牍，第二部是清代中期徐士林的判牍。从数量上看，这两部判牍的字数很多，但是考虑到多地任职的因素，每段任职期间的判牍字数要少很多；从内容上看，《盟水斋存牍》依据的是北京大学善本图书馆藏明崇祯年间刻本，内容上的压缩相对较多。③《徐公谳词》依据的是山东文登图书馆藏徐士林的谳词手稿，内容上的压缩相对较少。④

有趣的是，有些明清官员认为压缩方法的使用并不影响史料的价值。由于商业的发展，明代中后期的出版业极为繁荣。可是在海瑞看来，暂且不去讨论秦始皇的"坑儒"行为，至少"焚书"行为值得肯定；与秦代相比，明代流传的书籍更多，其中很多书籍毫无存在价值，所以很有必要重新开展"焚书"运动。不过他断定自己的《淳安政事》虽然"言之未当"，但是肯定不会出现在"焚书"的名单中。⑤ 查对内容可知，《淳安政事》主要收录海瑞担任淳安知县期间制作的公文、告示、判词等。其中仅仅收录了7份判词，另外包括少量的案件审理原则（备受争议的"海瑞定理"也包括在内）。毫无疑问，至少在海瑞看来，这些经过压缩的判词具有更为重要的意义。

---

① 吴佩林，万海荞. 清代州县官任期"三年一任"说质疑——基于四川南部县知县的实证分析 [J]. 清华大学学报（哲学社会科学版），2018，33（3）：63-72.

② 姜金顺. 明清判牍的适用场合 [J]. 历史档案，2014（4）：111-114.

③ 颜俊彦. 盟水斋存牍 [M]. 中国政法大学法律古籍整理研究所，点校. 北京：中国政法大学出版社，2002：1.

④ 陈全伦，毕可娟，吕晓东，徐公谳词——清代名吏徐士林判案手记 [M]. 济南：齐鲁书社，2001：691-692.

⑤ 海瑞. 海瑞集 [M]. 北京：中华书局，1962：36.

经过对司法档案的压缩之后，如果依然感到不满足，明清官员还可以在此基础上进行改写。而改写的方法也主要有两种：

一是突出文采，有学者将此类判牍称为"文人判"。① 不过文人判大多属于虚拟判词；即便属于实判，恐怕也不具有普遍性，至少清代州县司法档案中很少出现文人判。对于离任或者致仕的官员来说，为了满足自己对于文学的偏好，同时也为了展示自己的文人身份，出版之前进行必要润色、改写也很正常。

二是突出理论性、反思性。既然司法档案、判牍占用的字数较多，那么完全可以使用占用字数较少的理论性总结、反思性总结进行替代。一旦积累较多的理论性总结、反思性总结，官箴书的雏形也就出现了。如果这个论断能够成立，那么官箴书中的序言、跋语、版本等信息就特别值得注意，因为它们保留了很多与压缩方法有关的线索。

鲁仕骥是江西新城人，乾隆三十六年（1771）进士。他曾担任过山西夏县知县，由于自认为在地方治理上很有心得，所以他选择将这段时间颁布的公文、告示刊刻出版，"余承乏翠岩年余，封篆少暇，择案牍文字之有关于风俗人心及地方政务之大者，厘为三卷……用此见余于此土，亦庶几少尽其心焉。虽然以语于古之不言而人自化者，则愧矣"。② 与此同时，鲁仕骥还曾给汪辉祖的《佐治药言》写序。在序言中，鲁仕骥归纳了该书的两个优点：一是"安静不扰"，二是"以义处人"。从版本上看，《佐治药言》最初以抄本的形式存在，它原本是汪辉祖为外甥孙继蕃编写的幕学教材。故而除了正文，抄本中应该只有汪辉祖写于乾隆五十年（1785）的自序；鲍廷博通过孙继蕃的渠道接触到抄本，将其收录于《知不足斋丛书》第12集。该书出版于乾隆五十一年（1786），汪辉祖也获得了赠书。这个版本增加了很多内容，例如鲁仕骥的序言、王宗琰的跋语、鲍廷博的跋语等。对于增加的内容，汪辉祖不仅没有表示任何不满，反而要求将《续佐治药言》"续入前编"。③ 暂且不论这两个优点与州县官员断案之间存在何种紧密联系，它们很可能就是鲁仕骥、汪辉祖等人使用的压缩方法。令人遗憾的是，出于某种未知的原因，同治十

① 梁治平. 法意与人情 [M]. 北京：中国法制出版社，2004：161-175.
② 鲁九皋. 翠岩杂稿 [M] //四库未收书辑刊编纂委员会. 四库未收书辑刊：第10辑第26册. 北京：北京出版社，2000：71. 注：鲁仕骥晚年改名鲁九皋.
③ 鲍廷博. 知不足斋丛书（新编第4册）：第12集 [M]. 影印本. 北京：中华书局，1999：739，765.

年（1871）慎间堂版《佐治药言》（《官箴书集成》依据的版本）将鲍廷博增加的内容全部删去了。

由于预设读者的不同，改写方法也会有所不同。例如从政指南的预设读者为州县官员，所以偏重于讨论州县官员需要的专门知识；而幕学指南的预设读者为州县幕友，所以侧重讨论州县幕友需要的专门知识。这种改写方法上的差别，有时会取得意想不到的效果。根据冯友兰的晚年回忆，清末州县官员的断案程序是，"管词讼的家人把老百姓的状子送到父亲的办公桌上，父亲就给刑钱师爷送去，让他拟批，刑钱师爷把他所拟批的，写在一个纸条上，送回来，父亲看了，如果同意，就交给家人传下去。父亲有个小象牙图章，上面刻'实事求是'四个字，就凭这个图章，作为他跟刑钱师爷往来送条子的凭据"。①换句话说，州县官员制作的判决实际上是由刑钱师爷拟定的。如果按照现代著作权法的规定，刑名幕友至少应该享有判词的署名权；不过清代很少有刑名幕友公开争夺判词的署名权，更别提公开出版自己署名的判牍、文人判。

例外的是，幕学指南可以为刑名幕友提供争夺判词署名权的机会。汪辉祖的幕友生涯开始于乾隆十七年（1752），结束于乾隆五十年（1785）。而《佐治药言》《续佐治药言》则是他对幕友生涯的总结与反思。在这两本书中，汪辉祖经常巧妙地安插自己参与审理的疑难案件，并且着重交代自己在中间扮演的决定性角色。例如为了证明"草供未可全信"的结论，汪辉祖举了一则例证：在审理一起盗贼案件中，他坚持主犯受到刑讯，口供不可轻信。这种观点在当时遭到同事的普遍质疑，"阖署哗然，谓余'枉法曲纵，不顾主人考成'"。为此他不惜以辞职相要挟，幕主刘国煊才被迫接受汪辉祖的观点。两年以后，随着更多有利证据的出现，刘国煊才由半信半疑变成完全相信。在《续佐治药言》的末尾处，汪辉祖特意留下一段对话，"冰斋（即刘国煊）语余曰'曩力脱盛大，君何神耶'。余曰'君不当抵罪，吾不当绝嗣耳'"。② 胡适非常推崇这段记载，认为"真是中国证据法一个重要理论……被告自己的供状，尚且未可据供定罪，有疑必复讯，不敢惮烦。我们做历史

① 冯友兰．三松堂自序［M］//冯友兰．三松堂全集：第1卷．郑州：河南人民出版社，2001：21.
② 汪辉祖．续佐治药言·草供未可全信［M］//刘俊文．官箴书集成：第5册．合肥：黄山书社，1997：329-330.

考证的人，必须学这种谨慎不苟且的精神，才配担负为千秋百世考定史实的是非真伪的大责任"。① 可以看到，胡适刻意放大了汪辉祖的拟批角色，选择性忽视了刘国煊的最终拍板角色——或许这就是汪辉祖想要获得的阅读效果。

四、重建汪辉祖的法律世界

改写完成之后，相关知识还需要按照修身、齐家、治国的顺序进行重新排序。至少在汪辉祖看来，这种排序方法可以"合理"规避某些不合时宜的内容。

北宋元丰二年（1079），由于乌台诗案，苏轼被贬为黄州团练副使。经过了短暂的不适应，苏轼很快接受被放逐的生活。《正月二十日与潘郭二生出郊寻春忽记去年是日同至女王城作诗乃和前韵》中的"人似秋鸿来有信，事如春梦了无痕"，描述的是苏轼此时安于现状的心境。对于后半句诗，汪辉祖始终表示难以理解。如果说过去的人生或者理想如同一场虚无缥缈的春梦，梦醒了也就跟着忘了，那么人生的意义又该向何处寻找？为了拒绝遗忘，汪辉祖宁愿选择相信过去的人生或者理想属于真实存在，故而依然值得坚守，"余不敢视事如梦，故不免于痕。虽然梦虚也，痕实也。实则诚，诚则毋自欺。硁硁之守，实即在此"。这也是他将晚年回忆录命名为《病榻梦痕录》的由来。②

表面上看，汪辉祖纠缠于"事如春梦了无痕"与一起私人恩怨有关。结束了幕友生涯之后，汪辉祖先后担任过湖南宁远知县、署理道州知州等职务，恩长是他的上司之一。查询《清代职官年表》可知，恩长在乾隆五十一年（1786）至乾隆五十八年（1793）担任湖南按察使，③ 其实这种归纳并不太精确。根据中国第一历史档案馆网站提供的检索信息可知，恩长在此期间多次短暂署理过湖南布政使。这种职位上的微小变化，直接导致恩长对待刑名过

① 胡适.考据学的责任与方法［M］//季羡林.胡适全集：第13卷.合肥：安徽教育出版社，2003：546，552-554.注：该文写于1946年10月6日，后在1960年12月28日有所修改。
② 汪辉祖.病榻梦痕录［M］//北京图书馆.北京图书馆藏珍本年谱丛刊：第107册.北京：北京图书馆出版社，1999：2.
③ 钱实甫.清代职官年表：第3册.按察使年表［M］.北京：中华书局，1980：2091-2098.

错存在不同态度。

乾隆五十四年（1789），汪辉祖审理过刘开扬与成大鹏争夺坟山案。事后查出，汪辉祖的判决并不符合法律规定，存在故出嫌疑，理应受到处分。时任署理湖南布政使的恩长出面求情，理由是汪辉祖过去审理了很多上司转交的委审案件，即便没有功劳也有苦劳，所以只要改正判决即可，没有必要大做文章。

乾隆五十五年（1790），汪辉祖审理上司转交的桂阳县何刘氏命案。根据汪辉祖的描述，这起案件存在诸多疑点，需要从其他地区征调经验丰富的仵作协助工作；再加上勘验其他案件现场的过程中，汪辉祖跌伤左脚无法行走，结果导致何刘氏命案超出了两个月的法定期限。时任湖南按察使的恩长仿佛变成另一个人，不仅只字不提汪辉祖过去的苦劳，而且怀疑中间存在私下交易：原先审理此案的桂阳知县陈玉垣是浙江海盐人，算是汪辉祖的同乡；汪辉祖恰恰此时跌伤，很可能是想拖延审理时间，以便为同乡赢得转圜的机会。恩长为此专门上奏弹劾汪辉祖，主张将后者发配新疆充军。后来经过私下调解，汪辉祖以承认"畏难迁延"为代价，换取革去职务的较轻处分。① 汪辉祖没有直接表达对于恩长的看法，但是在回忆前段经历时使用了"恩公"二字，在回忆后段经历时直接以"臬司"二字代替，不满情绪跃然纸上；他还对后段经历一直耿耿于怀，认为是职业生涯中的污点。毕竟断案不仅没有提供升迁机会，反倒提供了革职机会，这让擅长断案的汪辉祖情何以堪。由此来看，汪辉祖难以接受"事如春梦了无痕"的提法，可以理解为他无法接受恩长反复无常的做事风格。

幸运的是，嘉庆版《湖南省例成案》提供了理解恩长的新角度。受到刑部官员不断扩充案件复核权力的影响（不妨理解为中央官员主导的"送法下乡"），乾隆朝地方督抚开始强制要求上级官员提前介入州县官员的审理工作，以便避免由于错案而受到处分。乾隆二十四年（1759），湖南按察使严有禧建议：为了降低错案的出现概率，州县官员必须以"初报"的形式汇报审理命盗案件的前期进展（包括证据的搜集情况、犯人的口供等），以便上级官员提前发现、纠正错误；如果认定州县官员属于利害关系人或者无法胜任审理工作，上级官员应该亲自审理或者转交他人审理。该建议获得湖南巡抚冯

① 汪辉祖. 病榻梦痕录：卷下 ［M］//北京图书馆. 北京图书馆藏珍本年谱丛刊：第107册. 北京：北京图书馆出版社，1999：216，220-228.

钤的同意;① 乾隆三十四年（1769），湖南按察使王太岳提出了类似建议，并且获得湖南巡抚方世儁的同意。②

需要注意的是，严有禧、王太岳的建议中均存在如下假设：错案的出现概率与官员的从政年限有关。州县官员的从政年限较短，所以错案的出现概率较高；上级官员的从政年限较长，所以错案的出现概率较低。这种假设不仅获得湖南巡抚（如冯钤、方世儁）的认可，也可能获得恩长的认可。所以州县官员的工作重心不再是如何审理案件，而是如何提前掌握上级官员的复核意见。

根据中国第一历史档案馆藏清宫档案，哈恩忠选编了一批乾隆朝整饬幕友的官方档案。从中可知，乾隆朝出现了私下分享省级官员（总督、巡抚、布政使、按察使）内幕消息的"坐省幕宾"。例如乾隆元年（1736），兵部右侍郎吴应棻在奏折中就曾提到"坐省幕宾"的存在，"近来更有一种坐省幕宾，在一二上司衙门者为之主持，呼朋引类，散布郡县，线索相通"。从名称上看，坐省幕宾指的是被省级官员聘用、并且获得充分信任的省级幕友。由于掌握较为丰富的治理技术、拥有较多的社会资源，坐省幕宾也就成为传授幕学知识、推荐幕友工作的理想人选。乾隆十二年（1747），广西道监察御史黄登贤在奏折中提到：需要求职的幕友首先会前往省城，然后利用亲戚、师友、同乡等关系结识省级幕友，并由后者（或者后者的幕主）帮忙推荐工作。③

根据陈天锡的回忆，类似做法在清末依然延续，"学幕必先从州县着手；有成，然后学于宪幕（指监司以上即督抚司道）。大抵学幕，必刑钱兼习。既有所得，再入于臬司学刑名，或入藩司学钱谷，历一二年出而应聘，即可谓之全知，易于脱颖而出。其只入臬司或只入藩司者，亦多有之。若仅学于州县，未登于监司；或仅学于监司，未历于州县，虽历年久亦可问世，但终未窥其全，逊于州县监司之并学者；其仅学于监司，又逊仅学于州县者"。④ 作

---

① 佚名.湖南省例成案：卷20.刑律·断狱·断罪不当［M］//杨一凡，刘笃才.中国古代地方法律文献：丙编第5册.北京：社会科学文献出版社，2012：369-377.
② 佚名.湖南省例成案：卷19.刑律·断狱·官员出入人罪［M］//杨一凡，刘笃才.中国古代地方法律文献：丙编第5册.北京：社会科学文献出版社，2012：225-229.
③ 哈恩忠.乾隆朝整饬各省幕友档案（上）［J］.历史档案，2016（4）：9-30.
④ 陈天锡.迟庄回忆录：第6编.清代幕宾中刑名钱谷与本人业此经过［M］//沈云龙.近代中国史料丛刊：续编第3辑.台北：文海出版社，1974：48.

为印证，浙江绍兴籍文学家刘大白也有类似回忆，"绍兴师爷还常出去游学，就是在作幕几年之后到各地上级衙署访问，寻求更多的例案，以为深造"。①

反过来讲，通过传授幕学知识、推荐幕友工作的机会，坐省幕宾可以逐渐构建起自己主导的幕友共同体。例如浙江绍兴人徐掌丝担任湖北按察使沈作朋的幕友，他的弟弟徐登三担任湖广总督爱必达的幕友，他的妹夫卢培元担任湖北巡抚汤聘的幕友，这三人完全可以控制湖北地区司法案件的复核工作。②

作为幕友共同体的成员，他们大多会认可（对内）唯上是从、（对外）排斥异己的职业伦理，乾隆三十七年（1772），江南道监察御史胡翘元在奏折中有所提及："各省幕宾皆有大幕以为奥援，大幕率居上司幕席。属官之幕附其党者，则必联络一气。遇有难办案件，多方照料弥缝。苟非其党，虽有认真办事之幕友，苟肆驳饬，使之不能久安。其所属官虑其掣肘，势不得不延聘与大幕相识之人，庶缓急得所凭依，而案件易于完结。"③ 与此同时，受到就业市场容量的限制，幕友的工作地点势必比较分散。在分享内幕消息之余，他们肯定需要积极开展各种日常社交活动，以便维系良好的私人关系。乾隆七年（1742），云南道监察御史邹一桂在奏折中指出："且与其同作幕之人结为兄弟，声势援引。近则杯酒相聚，远则书信相通。"④

在《学治臆说》中，汪辉祖对于上述幕友职业伦理提出严厉批评：

幕道难言矣。往余年二十二三，初习幕学，其时司刑名钱谷者，俨然以宾师自处。自晓至暮，常据几案治文书，无博弈之娱，无应酬之费。遇公事，援引律义，反复辩论；间遇上官驳饬，亦能自申其说。为之主者敬事惟命，礼貌衰、论议忤，辄辞去。偶有一二不自重之人，群焉指目而讪笑之，未有唯阿从事者。至余年三十七八时犹然，已而稍稍委蛇；又数年，以守正为迂阔矣。江河日下，砥柱为难，甚至苞苴关说，狼狈党援，端方之操，什无二三。⑤

---

① 郑天挺. 清代的幕府 [J]. 中国社会科学，1980（6）.

② 清高宗实录：卷694 [M]. 乾隆二十八年九月癸亥. 北京：中华书局，1986：778-779.

③ 哈恩忠. 乾隆朝整饬各省幕友档案（下）[J]. 历史档案，2017（1）：4-33.

④ 哈恩忠. 乾隆朝整饬各省幕友档案（上）[J]. 历史档案，2016（4）：9-30.

⑤ 汪辉祖. 学治臆说：卷上. 得贤友不易 [M] //刘俊文. 官箴书集成：第5册. 合肥：黄山书社，1997：269.

除此之外，《病榻梦痕录》《梦痕录余》也有类似表述。① 概括起来，汪辉祖并不愿意接受既有的幕友职业伦理，而是倾向于坚持新式职业伦理，即州县幕友应该不断提升自身的法律素养，并且坚持自己的专业判断，拒绝进行妥协。由此付出的代价是，在 32 年的刑幕生涯（扣除 2 年的学幕时间）中，汪辉祖先后跳槽22 次，共计更换 16 位幕主。平均起来，相当于约 1.5 年（最短时间不到 1 个月）跳槽一次，每 2 年更换一次幕主。② 秉持报喜不报忧的推广策略，汪辉祖在官箴书中花费大量的篇幅讨论自己的成功案例，即坚持自己的专业判断，最终获得幕主或者上级官员认可的案例。

选择从政之后，汪辉祖继续坚持新式职业伦理。与其他的州县官员相比，汪辉祖的做事风格显得特立独行："臬司留委勘狱，凡委审者皆先探臬司恉，然后提犯讯供。余惧有先入之言，不敢请示；犯供未定则告病假，或一日或二日，得有确供方禀见。往往不惬臬司意、而案无游移，卒邀俯允"。③ 换句话说，生病、受伤原本就是汪辉祖对抗上级官员权威的惯用借口；再加上汪辉祖事先并不与上级官员沟通，所以恩长怀疑汪辉祖、陈玉垣存在私下交易也很"合理"。对于受到处分的汪辉祖来说，这是件不幸的事情；可是对于后世读者来说，这或许是件"幸运"的事情。因为在自撰年谱、自撰官箴书中，汪辉祖倾向于保留坚持新式职业伦理，并且最终成功获得上级官员认可的成功案例；正是出于控诉恩长"反复无常"的目的，汪辉祖才会破例保留这两件失败案例。它们的数量虽少，但是足以证明：即便坚持新式职业伦理，州县官员也可能因为各种人为因素的影响而受到上级官员的处分。

为了更好地推广新式职业伦理，汪辉祖一方面尽量避免提及失败案例以及由此受到的处分，另一方面引入"历经试炼"的宗教理念来安慰那些由此受到处分（或者失去工作）的州县官员（或者州县幕友）。④ 不过与汪辉祖的

---

① 汪辉祖. 病榻梦痕录：卷上［M］//北京图书馆. 北京图书馆藏珍本年谱丛刊：第 107 册. 北京：北京图书馆出版社，1999：104-105，110；汪辉祖. 梦痕录余［M］//北京图书馆. 北京图书馆藏珍本年谱丛刊：第 107 册. 北京：北京图书馆出版社，1999：434-435.

② 鲍永军. 绍兴师爷汪辉祖研究［M］. 北京：人民出版社，2006：140.

③ 汪辉祖. 病榻梦痕录：卷下［M］//北京图书馆. 北京图书馆藏珍本年谱丛刊：第 107 册. 北京：北京图书馆出版社，1999：190，195.

④ 汪辉祖. 学治续说·安命［M］//刘俊文. 官箴书集成：第 5 册. 合肥：黄山书社，1997：304；汪辉祖. 佐治药言·得失有数［M］// 刘俊文. 官箴书集成：第 5 册. 合肥：黄山书社，1997：315.

零散论述相比，袁守定在《图民录》中的论述就更加凝练、直白，"人必历练而后明于治理。历练愈久，则治理愈明。若者可行，若者不可行，早灼见于事先矣。魏文侯曰'人始入官，如入晦室，久而逾明'，此历练之说也"。① 从词源上讲，"历练"应该源自道教的"历（经试）炼"。② 换句话说，读者完全可以将这些处分视为上天故意设置的考验，通过考验的方法就是拒绝妥协，始终坚持新式职业伦理，否则就会前功尽弃、功亏一篑。

除此之外，汪辉祖还引入"因果报应"的宗教理念作为衡量利益得失的新标准。从世俗的角度看，坚持新式职业伦理可能会让当事人受到处分（或者失去工作）；从宗教的角度看，坚持新式职业伦理可能会给当事人（或者当事人的子嗣）带来无法提前预知的福报。③ 为了增强说服力，汪辉祖还特别注意收集与现世报应有关的故事传说。④

结　语

归纳起来，从"送法下乡"的角度看，明清时期应该存在不同层次的"送法下乡"。对于地方官员主导的"送法下乡"而言，可以通过地方司法档案等"新史料"进行研究，由此催生出区域取向的法律社会史研究；对于中央官员主导的"送法下乡"而言，可以通过传统法律史料（例如官箴书）等"旧史料"进行研究，由此催生出整体取向的法律社会史研究。就既有研究来看，国内学者比较倾向于前种取向的法律社会史研究；可是基于深入理解明清时期"送法下乡"的需要，后种取向的法律社会史研究有必要重新获得重视。稍有区别的是，针对不同史料，学者有必要探索、总结不同的解读方法。

---

① 袁守定．图民录：卷4．历练［M］//刘俊文．官箴书集成：第5册．合肥：黄山书社，1997：235.
② 葛兆光．屈服史及其他：六朝隋唐道教的思想史研究［M］．北京：三联书店，2003：227-234.
③ 汪辉祖．佐治药言·尽心［M］//刘俊文．官箴书集成：第5册．合肥：黄山书社，1997：第314；汪辉祖．学治说赘·福孽之辨［M］//刘俊文．官箴书集成：第5册．合肥：黄山书社，1997：309—310.
④ 李俊丰．清代官员的鬼神信仰及其司法实践——从汪辉祖"刘开扬案"和蓝鼎元"幽魂对质案"的比较出发［J］．西南政法大学学报，2012，14（6）：3-13.

推荐阅读书目：

[1] 杜正贞．近代山区社会的习惯、契约和权利——龙泉司法档案的社会史研究［M］．北京：中华书局，2018.

[2] 费孝通．乡土中国·生育制度［M］．北京：北京大学出版社，1998.

[3] 胡英泽．流动的土地：明清以来黄河小北干流区域社会研究［M］．北京：北京大学出版社，2012.

[4] 科大卫．皇帝和祖宗：华南的国家与宗族［M］．卜永坚，译．南京：江苏人民出版社，2009.

[5] 梁勇．移民、国家与地方权势——以清代巴县为例［M］．北京：中华书局，2014.

[6] 刘诗古：资源、产权与秩序：明清鄱阳湖区的渔课制度与水域社会［M］．北京：社会科学文献出版社，2018。

[7] 瞿同祖．中国法律与中国社会［M］．北京：中华书局，2003.

[8] 苏力．法治及其本土资源［M］．北京：中国政法大学出版社，1996.

[9] 王铭铭．社会人类学与中国研究［M］．北京：三联书店，1997.

[10] 徐斌．制度、经济与社会：明清两湖渔业、渔民与水域社会［M］．北京：科学出版社，2018.

第七讲

清代宫廷社会的文化与风尚

导言　作为历史的宫廷与作为社会的宫廷

提起宫廷，大家首先想到的可能是紫禁城中的红墙黄瓦；可能是清宫剧中的明争暗斗；可能是各种逸闻野史中的离奇传说；也可能是至今流传于坊间的各种宫廷食品。那么，宫廷的主体究竟是什么呢？

在之前的研究中，我们对于"宫廷"的认识比较平面化，认为："宫廷一词，也是从地域概念演变为政治性概念，它代表着封建统治阶级最高阶层的核心，或者说是朝廷的核心。它以皇帝的活动为主体，并包括皇室、亲近大臣以及为皇帝皇室服务人员的活动。"① 也就是说，宫廷是以皇帝为中心而辐射出的一个物质共同体。

在我们的认知中，"宫廷"一直是一个似乎清晰但是又边界模糊的主体。这个主体包含着很多物质性的要素，所以第一印象非常容易识别。我们现在仍可见到的宫廷建筑、宫廷园林、宫廷文物、宫廷文书；在文献中清晰可查的宫廷人物、宫廷事件，仿佛这些已经构成了我们对宫廷的所有认识。但是，在这些具体的物质层面之上，是否存在一个可以被抽象认知的"宫廷"呢？

我们为什么要走到具体的主体之上呢？"宫廷"中作为个体的主体都不是单一属性的。拿皇帝来说，他既是宫廷中的重要组成部分，也是国家的重要组成部分，而作为这二者的皇帝界限上并非泾渭分明。这种主体的重合性与性质的分离性，在国家作为官僚机器诞生之初便一直存在。西周政府最重要的机构发展明显地表现在王家自治管理系统的增强。以"宰"为首领的王家

---

① 万依，王树卿，刘潞. 清代宫廷史［M］. 天津：百花文艺出版社，2004：1.

管理系统已经从国家中分离出来，前者是指周王个人的家庭（排除那些自己建立宗族的周王的兄弟），而后者则是西周国家的统治机器。① 这一线索贯穿始终，直到"宫廷"主体们逐渐走向消亡。

因此，将"宫廷"向上推到组织行为模式的层面，不仅是社会学的需求，也是历史研究的需要。这里我们所说的宫廷，不再仅仅是有人物和事件发生的现场，也是由现场辐射出的不同场域的互动关系。宫廷社会并非一种存在于组成它的个人之外的现象，而他的组成者（人和物）也并非存在于他们相互组成的社会之外。因此，我们要从历史学和社会学的双重角度来认识和研究"宫廷"。

西方的研究者已经注意到，"像路易十四那样的一些国王，都拥有一个唯一和不可重复的经验与行为方式的活动空间，这种空间相对而言是异常巨大的"②。而在这些个案中，这种个性化的回旋空间并不是凭空产生的，而是个人发展与地方发展并行的结果。换言之，组织身份的特殊性赋予了个体某种弹性，而个体依据其自身特点，而操控了这种弹性，因此，宫廷本身是一种交织在一起的人的特定的社会状态的表现。

清代宫廷史研究有着丰富的成果和深厚的积淀，特别是关于宫廷事件、宫廷人物、宫廷建筑、宫廷文物等方面的研究，可谓汗牛充栋。20世纪对于清代宫廷史的研究，多将研究中心集中在清代宫廷的人、事、物上，例如有学者将宫廷史研究归纳为四个层次：第一个层次是"事实"，即对清代宫廷中具体人、事、物的研究，这是宫廷史研究的基础；第二个层次是"沿革"，即对清代宫廷各方面的发展的研究，例如宫廷典章制度、宫廷经济、文化、艺术、生活习俗的发展变化等；第三个层次是"规律"，即在前两个层次研究的基础上，探讨各方面发展的联系和规律，进而对清代宫廷总体发展的特点、原因、规律进行探讨，包括清代宫廷发展的阶段划分、各阶段的特点和形成这些特点的原因以及其中体现的宫廷史视角的发展规律；第四个层次是"方法"，即宫廷史研究的指导思想、基本原则和具体方法。③ 这四个层次是基于马克思主义历史研究方法而产生的，也在很长一段时间之内指导了清代宫廷

① 李峰. 西周的政体：中国早期的官僚制度和国家 [M]. 北京：三联书店，2010：72.
② 埃利亚斯. 宫廷社会 [M]. 林荣远，译. 上海：上海译文出版社，2020：8.
③ 刘潞. 关于清代宫廷史的研究对象 [M] //故宫博物院. 明清宫廷史学术研讨会论文集：第1辑. 北京：紫禁城出版社，2011.

史的研究方向。

近年来，随着清宫内务府档案的逐渐开放，对于宫廷社会的研究也进入了新的阶段。档案中呈现出来的细节是此前宫廷史研究中鲜有涉及的，而就此展开的研究也日益深入。然而，这种深入使本就缺乏体系的宫廷研究更为细碎，缺乏整体认知或是不能结构性嵌入到历史中的宫廷研究充其量只能作为某些展品的注脚。因此，今天的宫廷社会史研究迎来了新的机遇与挑战，借助社会史的研究方法，舍弃碎片化的人物、时间、物质研究，才能为宫廷社会史打开更为广阔的空间。

一、清代宫廷社会的结构

在《现代汉语词典》中，"宫廷"有这样两个定义："①帝王的住所。②由帝王及其大臣构成的统治集团。"我们也可以从这样两个层面对清代宫廷加以理解，一方面在皇帝的居处这样一个地理场所内出现的人、事、物，我们都可以将其算为宫廷范畴；另一方面，在政治层面上，以皇帝为核心，向下层层发散的权力网络，也可被理解为宫廷。

清代宫廷的社会我们可以从内涵与外延两个层面上加以定义，这一社会中，人员结构界限其实并不清晰，包括家庭主体——皇帝在内，几乎每个主体的身份都是多层次的，事件的定义也并非非此即彼的，但是，如果要加以了解和认知，我们还是先要明确我们讨论的对象——"宫廷"。因此，以下作者将从清代宫廷的核心——皇帝的家庭谈起，粗略地梳理一下清代宫廷中的社会结构。

（一）清宫中的家庭结构

黑格尔的理论一直是我们认识宫廷社会的一个基本点，即："东方主义的一个普遍命题，就是认为古代中国的国家形态是家国一体，国家就是扩大了的家庭，皇帝就是大家长，人民都是皇帝的儿女，所以没有西方那种个人主义，没有个人的自觉意识。"① 这种家国同构的形态是否完全切合中国古代历史的发展，在国家层面尚存在很多争论②，但这一判断对于宫廷来说并无疑点，宫廷社会就是自皇帝个人家庭发育而出的组织形态，而皇帝的家庭也是

---

① 黑格尔. 历史哲学 [M]. 王造时，译. 北京：三联书店，1956：164-165.
② 马克垚. 论家国一体问题 [J]. 史学理论研究，2012（2）：25-35.

宫廷社会的核心。

皇帝的家庭本身是一个自然家庭，家庭成员基本是靠血缘关系维持的。因此皇帝的家庭以皇帝本人、后妃、子女为中心，加上前代皇帝所遗留的后妃及子女，就组成了清代宫廷的核心家庭。

《白虎通义》中写道："王者，父天母地，为天之子也"。皇帝独揽天下大权，生杀予夺，历朝历代都是至高无上的存在。清代的皇帝是一个人物个体，明万历四十四年（1616），建州女真部首领努尔哈赤在赫图阿拉（今辽宁新宾）称"覆育列国英明汗"，国号"大金"（史称后金）。1626年10月20日，在赫图阿拉建立大金国，即大汗位，改年号为天聪，成为后金大汗。天聪十年四月十一日（1636年5月15日），皇太极在盛京改国号为大清，建立大清帝国。从顺治元年（1644）清朝入关到1912年"中华民国"成立，清帝退位，共统治268年。清朝12位君主分别是（括号内为年号）：努尔哈赤（天命）；皇太极（后金天聪汗，改国号为清后年号崇德）；福临（顺治）；玄烨（康熙）；胤禛（雍正）；弘历（乾隆）；永琰，后改颙琰（嘉庆）；旻宁（道光）；奕詝（咸丰）；载淳（同治）；载湉（光绪）；溥仪（宣统）。

这12位人物个体，就是整个皇帝家庭的核心，而家庭中的其他成员，基本上都是与这12位皇帝有婚姻或者血缘关系的。而与皇帝本人的婚姻或者血缘关系，也是宫廷中身份地位的一个区分标准，有关人员基本都居于主位，而与皇帝没有事实或潜在的婚姻与血缘关系的人员，在宫廷中基本都处于从位。

清代嫔妃有人数限制，按照级别分为：皇后1人，皇贵妃1人，贵妃2人，妃4人，嫔6人，贵人、常在、答应无定数。但这个配置在清宫中往往很难齐备，经常或多或少有所出入。比如康熙十六年（1677）册立钮祜禄氏为皇后，同时册封赫舍里氏为僖嫔、李氏为安嫔、章佳氏为敬嫔、董氏为端嫔、马佳氏为荣嫔、那拉氏为惠嫔、郭络罗氏为宜嫔，如果再加上康熙帝在这之前册封的嫔，那么就远远超出"六嫔"这个规定。

皇后妃嫔中有严格的主从区分，皇后是君，其他则为臣；嫔以上为主，贵人、答应、常在地位较低。但是需要指出的是，即使是地位最低的常在，在后宫也是居主位，配有宫女、太监、日常用度，与杂使宫女有很大的区别。清代可考的历史中，没有一个"宫女转正"的例子，甚至答应、常在后来升到主位的也极少。归根结底，这跟选秀时的血统论是分不开的。康熙时期定制："秀女入宫，妃、嫔、贵人惟上命。选宫女子，贵人以上，得选世家女，贵人以下，但选拜唐阿以下女。"雍正六年时明确了这个规定："皇后、妃、嫔、贵人宫内者，官员世家之女尚可挑入。如遇贵人以下挑选女子，不可挑入官员世家之女，若系拜唐阿、校卫、护军及披甲闲散人等之女，均可挑入。"① 贵人是有机会晋级的嫔妃中最低的，这也就是为什么我们看到的后宫升级基本都是从贵人开始的。

清高宗孝仪纯皇后，嘉庆生母，本姓魏，正黄旗包衣管领下人，进宫便封为贵人，后一路晋升为皇贵妃，又被追封为皇后。嘉庆帝即位后，才将其外祖母家列入正黄满洲旗，解除了皇室家奴的身份。孝仪纯皇后的奋斗史并不是一个孤例，前有雍正的生母孝恭仁皇后，后有咸丰的生母孝全成皇后。而入宫就从贵妃级别做起的，都是出身极为煊赫的女子，比如雍正时期的敦肃皇贵妃年氏和乾隆的慧贤皇贵妃高氏，娘家都是当朝大员、皇帝肱骨。

嫔妃的升迁大概有如下四个机会：第一，最为常见的就是诞下皇子，从最为低等的妃嫔上升到贵妃、皇贵妃的，通常都是以这种方式。第二，皇恩普升，就是给妃嫔们都晋级，这在实例中并不多见。第三，妃嫔死后或临死追封，如雍正皇帝的敦肃皇贵妃、乾隆皇帝的纯惠皇贵妃、淑嘉皇贵妃等。第四，活得足够长的妃嫔，在历次新皇继位的时候，都会予以加封。例如乾隆皇帝的婉妃，是个汉人，终生没有生育，她初封仅仅是个常在，在嫔位上46年，直到乾隆五十九年（1794）才晋升为妃。但是因为活得够长，嘉庆继位后屡次加封，92岁高龄时，以皇贵太妃的身份薨逝。而因为贤良淑德、有特殊贡献而被加封嫔妃者，可谓凤毛麟角。当然，在皇后死后，皇帝通常会加封某人为皇贵妃，代理皇后的后宫主位，摄理六宫事务。

据乾隆朝颁布的《钦定宫中现行则例》所载，清代后妃、宫人的等级待遇非常明确，包括名号、玉碟、册宝、服色、宫分、铺宫、遇喜七类。皇后地位最高，节庆之日及朝廷庆典，皇贵妃及以下的妃嫔等人都要向皇后行礼祝贺。

皇后与妃嫔在等级和礼仪上都存在严格的区别，总体来说，她们之间既是妻妾之别，又是君臣之别。妃嫔见皇后和见皇帝一样必须行臣妾之礼。"皇帝驾临内宫，本宫居住内廷等位咸迎于本宫门外，立，俟驾至随行进宫。驾

---

① 清史稿：卷412. 列传一·后妃［M］. 长春：吉林人民出版社，1995：7148.

回，仍送于本宫门外，若皇后驾临，各宫迎送之礼亦如之。"①

在皇帝去世后，其遗孀仍然会被养在宫中，其中皇帝的生母及先皇的嫡皇后会被尊为太后，而其余妃嫔则各按皇帝生前尊号加封。太后、太妃们通常会在新皇帝继位后移出东西六宫，到慈宁宫、宁寿宫、寿安宫、寿康宫等处居住，从此脱离皇帝的核心家庭。但在清代，也有太后、太妃重新回到皇帝家庭当中，重新参与权力分配的情况，为我们所熟知的慈禧太后即为一例。

后妃作为皇帝的配偶，无疑是皇帝家庭中的核心成员，而其诞下的皇子皇女，也是后宫中的主位，享有宫廷中的尊贵地位。值得注意的是，虽然皇子皇女被称为"天生贵胄"，但是在清代，他们的身份和地位并非与生俱来的。其中一部分取决于其生母的血统与地位，一部分则要根据其后天情况叠加，这也是清代皇帝家庭的特点之一。

清代，太祖初起时，诸女都称"格格"。崇德元年（1636）四月，"五宫"（中宫、东宫、西宫、次东宫、次西宫）并建，后宫制度初步确立，太宗皇太极宣布：皇帝之女，中宫所出者封"固伦公主"，品级相当于亲王；妃嫔所出者及中宫抚养宗室者，均封"和硕公主"，品级相当于郡王妃。所谓固伦、和硕，只表示公主的等级，并非公主封号。公主的封号，需届时由礼部奏请，皇帝钦定。例如，康熙帝第三女，初封"和硕荣宪公主""荣宪"为封号。

乾隆以前，公主的封号加在和硕或固伦与公主之间，如前述"和硕荣宪公主"。从嘉庆朝开始，公主的封号改冠于前，例如，嘉庆帝第三女"庄敬和硕公主"、第四女"庄静固伦公主"，封号"庄敬""庄静"均列于前。道光二十四年（1844）五月的谕旨更明确规定："以后书写固伦、和硕公主等称，著将固伦、和硕字样与公主二字相连，不得以固伦等字样写在封号之前。钦此。"② 此后，奏书文移的书写格式也就划一了。

但是实际情况要复杂一些，由于各种原因，有时非皇后所生之皇女也可被加封为固伦公主，以示殊宠，如乾隆帝的第十女和孝公主，咸丰帝的独生女荣安公主和宫中抚养恭亲王奕䜣的长女荣寿公主等，她们都不是中宫皇后

① 鄂尔泰，张廷玉，庆桂，等. 国朝宫史：卷8［M］. 北京：北京古籍出版社，1994：140.
② 钦定总管内务府现行则例二种：卷4. 掌仪司［M］//故宫博物院. 故宫珍本丛刊：第2册. 海口：海南出版社，2000：234.

所生，本应照制度规定封为和硕公主，但是，实际上她们都封为固伦公主了。而康熙帝的第三女荣宪公主、第六女恪靖公主、第十女纯悫公主及宫中抚养恭亲王常宁的长女纯禧公主，嘉庆帝的第九女慧愍公主，道光帝的第九女寿庄公主等，她们也都不是中宫皇后所生，并且都是初封和硕公主，以后由于各种原因均晋封或追封为固伦公主。

公主成年后，要进行婚配，但是出于古代男女在婚姻家庭中的归属原因，成婚后的公主开始脱离皇帝家庭。从居住地到日常生活，与以皇帝为中心的皇家家庭渐行渐远。清代与公主婚配者称"额驸""凡额驸之品级，各视其公主、格格之等以为差"①。公主被指婚后开始议定额驸品级，先由礼部根据公主的等级奏请，然后由皇帝定夺。固伦公主下嫁，其额驸封为固伦额驸，品级与固山贝子相同；和硕公主下嫁，其额驸封和硕额驸，品级与镇国公相同。公主下嫁以后，所生儿子的品级，原来没有统一规定，乾隆四十年（1775）正月初二日乾隆谕旨："惟公主所生之子，未经定例赏给品级，此内如下嫁蒙古王公之公主等所生之子，本各有应得品级，无庸另为办理。至在京公主所生之子，若不授以品级，于体制殊未允协。嗣后在京公主所生之子，至十三岁时，如系固伦公主所生，即给予伊父固伦额驸品级；和硕公主所生，即给予伊父和硕额驸品级，著为例。"②

清代公主多与蒙古贵族或朝中权贵有联姻关系，但其本身并不涉及皇位继承问题，因此，在家庭中属于比较稳定的因素。与之相比，由于直接涉及皇帝权力承嗣和国家权力的分配问题，清代皇子与皇帝核心家庭之间的关系就复杂许多。

与前代相同，清宫也将未成年皇子养育宫中，对其实行教育和管理，年满 15 岁后，便由宗人府奏请皇帝参照宗室十四等封爵制度予以册封。一般情况下，皇帝都会根据皇子的嫡子、庶子身份以及其受宠爱的程度，予以相应的册封，或为亲王，或为郡王，甚至是贝勒、贝子等。例如，在康熙四十八年（1709）十月，康熙帝便曾大规模册封皇子，赐封皇三子多罗贝勒允祉为和硕诚亲王，皇四子多罗贝勒胤禛为和硕雍亲王，皇五子多罗贝勒允祺为和

---

① 钦定总管内务府现行则例二种：卷 4. 掌仪司［M］//故宫珍本丛刊：第 2 册. 海口：南海出版社，2000：234.
② 钦定大清会典事例：卷 2. 宗人府 2. 封爵［M］. 转自王树卿，李鹏年. 清宫史事. 北京：紫禁城出版社，1986：165.

硕恒亲王，皇七子多罗贝勒允祐为多罗淳郡王，皇十子多罗贝勒胤娥为多罗敦郡王，皇九子、皇十二子与皇十四子俱为固山贝子。

但与前代不同的是，清代皇子成年后，并不另赴别地就封，而是搬出紫禁城后仍留于京师，改居别府，此行为称之为"分府"。分府后的皇子任职于八旗或是中央职官系统，一部分逐渐脱离皇帝的核心家庭，但是由于清代特有的皇位继承制度，这些皇子理论上可能都有继承皇位、重新回归皇宫的机会，所以他们与皇帝之间始终有着千丝万缕的联系。

清政权的开创者努尔哈赤，最初曾立嫡长子褚英为继承人，后废掉而继立嫡次子代善，不久代善也被废黜，而定其死后由本家诸旗主推举其中一人为"汗"的办法，结果正白旗主皇太极被推举为汗，后称皇帝。皇太极死后，其弟弟睿亲王多尔衮与皇太极之子肃亲王豪格争夺皇位，这场争夺实质上是兄终弟及与父死子继的斗争。结果以折中方案解决，二人都不入选，而以皇太极之子年方 6 岁的福临继位，是为顺治帝。

康熙十四年（1675），康熙帝年仅 2 岁的嫡长子胤礽被立为太子，迨至康熙四十几年时，皇太子胤礽已是 30 多岁，父子对于权力分配的矛盾日渐增多。与此同时，太子党也逐渐形成，有鉴于此，康熙帝两废太子，最终结束了绵延 2000 余年的嫡长子继承制度。

雍正帝继位后，鉴于以前严酷的储位之争及其给朝政带来的严重影响，决定实行秘密立储。其方法是，皇帝将心中默定的太子人选书写为密诏，于匣内密封，当众藏于皇宫之乾清宫内最高处正大光明匾之后，向臣民表示"国本"已立，以安天下。另写一份与此内容相同的密诏，由皇帝自己收藏。皇帝临终前，以两份密诏所书太子之名宣示而传位。即使皇帝突发不测，未能以身藏密诏示人，或猝亡而别人未能找到这份密诏，也有乾清宫正大光明匾之后的密诏为凭。

秘密立储除了将所立太子保密外，另一特点是不拘嫡长，从优选择。乾隆帝在最初实行秘密立储时尚有嫡长情结，这或许与他对嫡妻孝贤皇后情笃有关，并爱及其所生嫡子。嫡子死后，乾隆帝对传统的嫡长制进行了深刻的反思，权衡其利弊，决定废除嫡长制的局限，不拘嫡庶长幼，择优选储。为避免皇家内部及朝臣出现异议，还专门为此发表上谕进行说明。他也进一步表明观点：立储"以长不以贤，以贵不以长之说""实甚谬"。实际上，还有一个关键的问题就是，要实行秘密立储，就必须破除嫡长制，否则人们仍可从诸皇子中谁嫡、谁长的身份中猜测出谁是被密立的储君。因此，在这种悬而未决的情况之下，各皇子理论上都有再次回归皇帝核心家庭的机会，因此他们也不是完全游离于皇宫之外的。

综上所述，我们了解了清代宫廷的核心是以皇帝为家长的自然家庭。其中，皇帝作为夫、父，凝结着作为配偶的嫔妃及皇子皇女。这在父权至上的中国古代社会是一种非常普遍的社会组织形态，也是宫廷社会的组织基础。在此之上，衍生出了庞大而复杂的宫廷系统。

（二）供职于宫廷的人员

比起作为宫廷核心的皇帝家庭，围绕在宫廷周围的人群则没有如此完整的社会组织形态。他们都供职于皇室，为核心家庭服务，在人身关系上主要有两种形态：一种以雇佣的形式为皇家服务，他们在人身上并不属于皇帝，但日常为皇家提供服务。这种雇佣的形式是多样的，有支取国家俸禄的职官人员，有被皇家供养的宗教人员，有支领工钱的工匠，也有接受短期雇佣的杂役人员，他们并不完全依附于宫廷。另外一种则以主奴关系完全依附于皇室，也就是我们熟知的宫女与太监。他们日常活动在宫廷范围之内，在宫廷服役期间可以说没有人身自由，属于宫廷核心家庭的奴仆。此外，还有一些人员的身份介于二者之间，比如皇室的乳母，她们在人身上有一定的自由权，但在宫廷服役期间又从属于皇室。

皇帝为了让宫廷在财政和人事上与国家分离，特设内务府总理宫廷事务，这一点我们将在下一节详细介绍。不过即使清代皇帝在家、国事务上有较为自觉的区分，但因为官僚集团领导和宫廷大家长的双重身份，还是让一些国家的职能部门为皇家服务。

除内务府下管辖的各衙门外，一些中央职官部门也与皇室有着各种联系。例如翰林院，清初沿明制，于内三院（内国史院、内秘书院、内弘文院）下设翰林院，内三院的职掌主要是编纂史书、编辑百官奏章、记注诏令、拟撰文告敕命、侍皇帝皇子讲解经史等等，形式上类似于明代的内阁。顺治时改内三院为内阁，另外设立翰林院，专司一般性的文字撰述工作。同时，翰林院也担任宫廷中皇子教育的部分工作。皇子教育机构上书房于雍正元年（1723）设立，负责管理和教习的是总师傅和总谙达，一般各有 1—3 人。师傅讲授五经、《史记》《汉书》、策问及诗赋等文化课。他们出自翰林学士，由皇帝亲自简任。

此外，例如工部虽为六部之一，但也同样担任着一些宫廷建筑的修建工作。太医院、钦天监等衙门也有类似的现象。

在各衙门为宫廷工作期间，会从民间聘请工匠、苏拉等，他们根据工作支取报酬，虽为皇帝工作，但本身没有隶属关系。苏拉是清代内廷机构中担任勤务的人。苏拉为满语闲散之意，亦指一般闲散的人，在宫廷中担任杂务的太监有时也被称为苏拉。现存的内务府档案中，有大量关于内务府雇佣苏拉进宫从事掏鱼池、种树、搬运东西等工作的记录。

除苏拉外，各种工匠也常有进宫服务的记载。清初沿用明代的匠籍制度，顺治初曾在京师废匠籍，但不久又恢复。康熙时期，把班匠银也并入地亩征收，等于最后废除匠籍。雍正时曾颁令"士农工商，四民平等"，实际是生产领域奴隶制残余的扫除，此后，服役于宫廷的工匠基本都是按照工作内容雇佣而来的。

清代朝廷和官府营造工程不断，役使工匠人数众多。如此众多的工匠集中在一起，必然需要任用众多"匠首""作头"来加强管理，工程完工后按照"凡宫殿工成，在工员役，均别久暂，叙赏有差"的惯例。① 营建这些工程的匠首及技艺出众的工匠即由此入仕，清代因参与营造有功得以入仕的普通工匠，以"样式雷"家族最为典型。清代进入宫廷服务的制造工匠也很多。比如银匠叶雨臣、竹刻家施天章，牙雕艺人顾彭年、刘常存，版刻工匠朱圭等。

宫女和太监是与皇帝核心家庭人身依附关系最强的群体。其实从身份上来讲，宫女和太监虽然同属后宫服役人员，但是地位并不完全相同。宫女一般来源于内务府包衣家的女孩，理论上讲，地位比一般旗人要低。《啸亭杂录》中说："后宫使令者，皆系内务府包衣下贱之女，亦于二十五岁放出，从无久居禁内者"。② 皇帝与内务府包衣三旗实际上是主子与奴才的关系，换言之，他们从身份上继承了与皇帝的主奴关系，也可称之为"正身奴仆"，虽然皇帝高高在上，处于主导地位，但也有义务赡养他们。

乾隆朝以前，太监是在官府和宫中经过净身选用的贫寒农家子弟，私人是不允许净身入宫的。乾隆四十四年（1779）以后，允许了个人净身投进和净身后由官吏推荐、王府私买的贫寒农家子弟投进充任太监。乾隆帝说过：

① 徐珂. 清稗类钞·爵秩类 [M]. 北京：商务印书馆，1917：157.
② 昭梿. 啸亭杂录：卷10 [M]. 北京：中华书局，1997：324-325.

"向例太监于投进当差时，只赏给银五两，其每月应得分例不过二两……一经阉割，便成了废人，苟非实在穷苦，孰肯甘心求此。"① 可见他们卖身进内廷，完全是为生活所迫，亦可见太监身份的低下。雍正时曾明文规定旗人不能充当太监。

与宫女不同，太监与皇帝的关系是后天获得的，也就是鲁迅先生所谓"想做奴隶而不得"的人，他们的境遇比宫女更加悲惨，如果不是实在年老体弱，宫中太监不许擅自离开宫中，不许轻易请假，有病就地养病，外出要有人监督，王府太监不许离开王府，送进宫后不许再回原主之处等。

从自由度上看，宫女可能略好一些，她们有出宫的年限，也有因病出宫的机会。不过因为女性身份限制，她们在当差期间的自由度要比太监差，常见史料中有太监请假出宫或是与民人交往的记载，宫女则几乎没有。但是无论如何，皇帝与宫女和太监的关系，都是明确的主奴关系。

清代宫廷社会可以说是以皇帝个人为中心、皇帝的自然家庭为核心辐射出来的。皇帝的子女随着成年逐渐远离宫廷核心，但并不脱离宫廷，他们的社会关系仍与宫廷有着千丝万缕的联系。诺贝特·埃利亚斯认为：宫廷社会的整合有三方面的含义：首先是生产上的整合，其次是组织上的整合，最后也是最重要的是社会关系上的整合。②

二、清代的宫廷文化

从存在主义的角度，文化是对一个人或一群人的存在方式的描述。人们存在于自然中，同时也存在于历史和时代中；时间是一个人或一群人存在于自然中的重要平台；社会、国家和民族（家族）是一个人或一群人存在于历史和时代中的另一个重要平台；文化是指人们在这种存在过程中的言说或表述方式、交往或行为方式、意识或认知方式。文化不仅用于描述一群人的外在行为，文化特别包括作为个体的人的自我心灵意识和感知方式。一个人在回到自己内心世界时的一种自我的对话、观察的方式。

宫廷文化的产生离不开宫廷这一社会组织的经济、政治基础，同时也对

---

① 赵之恒，牛耕，巴图. 大清十朝圣训：第 8 册 清高宗圣训［M］. 北京：燕山出版社，1998：2542.
② 诺贝特·埃利亚斯. 宫廷社会［M］. 林荣远，译. 上海：上海译文出版社，2020：57.

其产生了反作用。前一节我们分析了作为社会组织的宫廷，而这一组织主体所孕育出的文化，就是我们这一节要探讨的宫廷文化。

（一）清初的满洲特色宫廷文化

正如诺贝特·埃利亚斯在讨论法国宫廷时所说的："我们所称的法兰西王政时期旧制度的'宫廷'，起初根本不是任何别的东西，无非是法兰西的国王们及其家属和所有在狭义或广义上的这方面的人极端扩大的房屋和家政财务。"①清代宫廷在关外初形成时，也只是这样一种首领家族聚居组织。在入主紫禁城前，满洲宫殿的建造经历了一个较长的过程，从佛阿拉的"三重城，第一重为栅城，以木栅围筑，略呈圆形"②，到赫图阿拉的因山为城，都有非常显著的民族特色。直到在沈阳——盛京建造皇宫，才形成了较为成形的宫殿区域。

此时的宫廷文化有着鲜明的满洲特色，既不自觉脱离于之前的生活形态，也没有与普通的满洲民众隔绝开。这种满洲文化一直迁延至入关，例如，满洲化的改造在紫禁城中非常常见。最为明显的就是后三宫中的坤宁宫与外东路中的宁寿宫，这两所宫殿从外部就可以看出不符合汉人建筑设计的部分。清代将坤宁宫的皇后寝宫变为象征性质，主要功用则改为满洲内廷祭神祭天之所。坤宁宫舍弃了汉式建筑正中开门的做法，将门开到了东次间上。此外在东北角隔出一小间，内设灶台，台上安设3口大锅，以做萨满祭祀之用。

外东路中的宁寿宫则将其室外之烟囱改为铜制，其室内之装修与陈设按坤宁宫制，有"神亭一座、神厨毗卢帽挂面一分、琴腿炕沿七堂、排插板一槽、八方神柱一根，东次间后檐仙楼一座、楼下楠木落地罩、槛窗一槽、包镶床十张，楼上带子板二槽、毗卢帽挂面二分、栏杆二堂"。③

此外，坤宁宫、宁寿宫、南三所以及永寿后殿东西配殿、启祥宫（体元殿）后殿东西配殿、长春宫后殿东西配殿等，清初都改建为"口袋房""万字炕""吊搭窗"的形式。④

---

① 诺贝特·埃利亚斯. 宫廷社会［M］. 林荣远，译. 上海：上海译文出版社，2020：63.
② 申忠一. 建州纪程图记［M］//辽宁大学历史系. 建州纪程图记校注，汉译《鞑靼漂流记》. 沈阳：辽宁大学历史系. 1979：20.
③ 阎崇年. 清宫建筑的满洲特色［J］//郑欣淼. 中国紫禁城学会论文集：第5辑. 北京：紫禁城出版社，2007：50.
④ 阎崇年. 清宫建筑的满洲特色［J］//郑欣淼. 中国紫禁城学会论文集：第5辑. 北京：紫禁城出版社，2007：48.

此外，在礼俗、婚俗、饮食等方面，宫廷文化中也一直保留着鲜明的满洲特色。在生活的习俗上，这一传承延绵不断，并又进而影响了宫廷管理结构的设置。例如，满洲上层仍在生活中保留着喜食兽肉的习惯。清廷每年令地方进贡的方物上，虎、鹿、獐、狍的干鲜肉及白鱼等皆是必不可少之物，还派出专门人员设置专门机构采买山珍海味。早在顺治十八年（1661），便在打牲乌拉（今吉林省永吉县乌拉街，又称大乌喇或乌喇虞村）设打牲乌拉总管衙门，专为宫廷采捕东珠、蜂蜜、松子等。擢"总管一员，统辖珠轩（打牲活动的一些小组织）正副头目及参户（挖人参者）、蜜户（养蜂采蜜人）、渔户、猎户、专司采捕之役"，以供皇宫及宗室享用。此外，在已作为陪都的盛京内务府也设有为数不少的"牲丁"，每年限定数目向皇室进贡各种兽肉、鱼以及瓜、果、梨、菇、木耳、葡萄、李子等干鲜果品。

满人入关后虽然亦以五谷杂粮为主食，在饮食习惯方面渐染汉习，但是比较喜食黏食和甜食，东巡膳食清单上多次提到要"做麻花和撒糕用的稷米""磨得极细的蒸黏米饭用的稷米"。此外，因为长白山区自古为养蜂之地，早先就有很多专司其业的"蜜户"。后来当然不止长白山区，各地皆有养蜂者。蜂蜜营养价值亦高，除了一般饮用外，还能制作各种蜜制食品，甚至制作中成药也离不开蜂蜜，仅就制药一项，每年的需用量亦很大，所以清入关后仍派出大量牲丁，亦称"蜜丁"，从事养蜂采蜜之职。

满人习惯食猪肉或猪油炒菜也见于史料记载。不论年节或喜庆日子，甚至祭祀时也要杀猪，名曰"吃福肉"。康熙首次东巡时就从盛京要过 38 头小猪崽，二次东巡征 122 头小猪崽。① 此外，满人还喜欢食奶及奶制品。紫禁城西华门外，清廷专门建造了 3 个牛圈，被称为"内三圈"，这里是紫禁城的牛乳专供区。康熙皇帝在世时，宫廷内的乳牛供应分配之策十分有趣，具体的分配方法是：帝后共用 100 头乳牛，太皇太后和皇太后各用 24 头，皇贵妃 7 头，贵妃 6 头，妃 5 头，嫔 4 头，贵人 2 头。

建筑和饮食所体现出的社会文化，有着绵延的继承性，这与社会组织的连续性与迁延性密不可分。后期随着文化背景和受教育主体的改变，清代宫廷的文化在一些层面转向了某种模式化的追求，而某些原始的自觉的内容，还在一些物质和精神层面存在着。

---

① 王佩环. 从康熙东巡的膳食用品看满族的生活习俗 [J]. 满族研究，1985（1）：85-89.

（二）从民俗化向文人化的转变

清代在雍正时有了较为完整和固定的皇子教育制度。雍正元年正月，雍正帝命朱轼、张廷玉、徐元梦、嵇曾筠等为诸皇子师傅；令钦天监选择吉日，进书房课读，并遣内侍总管传谕"皇子见师傅礼当拜"。开学那天，朱轼等固辞不受礼拜，遂行揖礼。雍正帝在开学后的第二天又训饬各位师傅道："皇子课读，事关重大，当教以立身行己，进德修业之要。"① 以后各朝，皇子年及六龄，都要重温雍正元年上书房开学礼仪、训话的一幕。这就是陈康祺所说"上书房设于雍正朝，凡诸皇子及近支王公及岁读书，必将简翰林官使授读。耆家教胄，龙种传经，此古元子入学遗法也"。② 上书房习文师傅基本上延请了当时名望最盛的翰林官员，因此，儒家经典及价值观遂逐步深入于诸皇子当中。

因此，在紫禁城生活过的 10 位皇帝中，除了第一位入关的顺治帝仅有一组 30 首为母亲孝庄皇太后祝寿的《万寿诗》以及年幼的末代皇帝宣统外，其他 8 位都有诗文集传世：康熙、雍正、乾隆三帝的诗文相当可观，嘉庆帝诗作达 11760 余首，道光帝超过 2000 首，尔后诸帝诗作不多，咸丰仍存 370 余首，同治 330 多首，光绪 600 余首。③

这一教育方式使宫廷文化出现了文人化的倾向，并于乾隆时期达到顶峰。乾隆皇帝是清代皇帝中最具文人情趣的，他对很多古画中的具体意象都有自己的见解，常以诗文识之；同时又极好造园，对园林有着独到的偏好。这一点，从乾隆时期的绘画、文玩收藏、建筑、诗词等多个方面均有体现。

乾隆皇帝诗词作品的数量，为古今第一人，这一点在学界已颇受关注。乾隆有《御制乐善堂全集定本》及《御制诗》初集、二集、三集、四集、五集、余集，现存诗歌总数为 43630 首。乾隆又有《御制文》初集、二集、三集、余集，共著文 1041 篇，有论、说、序、记、跋、杂著、表、颂、赞、箴、铭、赋等 10 多个门类。

从乾隆元年（1736）开始，乾隆每 12 年编 1 本诗集，在位 60 年，共编

---

① 张廷玉. 澄怀主人自订年谱 [M] // 张体云. 张廷玉年谱. 合肥：安徽人民出版社，2016：107.

② 章乃炜，王霭人. 清宫述闻 [M]. 北京：故宫出版社，2009：378.

③ 统计数据引自：郑欣淼. 清代康、雍、乾三帝与诗歌评议 [J]. 故宫博物院院刊，2020（10）：233-249.

得 5 集。他总结诗歌内容，为"凡坛庙祭祀，用人行政，省方问俗，关心晹雨，廑念农桑，并几暇辨订经史子集，阐发儒先奥义，或游览所至，或一名一物，抚笺染翰"。乾隆特别强调，这些作品"皆有为"，并在"为"字后专门注了"去声"两个字。① 说明这些诗都是有所为、有缘故、有意义的，绝非无病呻吟之作。乾隆退位后直至去世的 3 年间，又写了 750 首诗，也是"皆有为"的作品，收入《御制诗余集》。

乾隆皇帝作诗的习惯，与文人习诗在本质上有着较大的差别，因其帝王身份，带有浓厚的政治性，这也是宫廷文化的一个特质，即宫廷文化一般不会脱离政治而单独存在。正如乾隆皇帝在自己 88 岁时总结的那样："予初非以韵语一事与文人学士絜量多寡也。夫诗以言志，言为心声，非仅章绘句如词人东涂西抹之为。且为人君者，若专以吟咏为能，亦即溺情之一端，自古有戒，予曷肯出此？实因予临御六十余年，中间大功屡集，鸿仪叠举，兼以予关心民事，课雨量晴，占年省岁，数十年如一日。而阅事既多，析理尤审，即寻常题咏。"② 他的诗歌，很大程度上已经脱离了诗歌的一般作用，而作为帝国治理的痕迹被留存下来。乾隆的儿子嘉庆皇帝继承了他父亲的这一写作传统。他执政 25 年，写诗超过万首，是紫禁城写诗最多的第二人。他的诗也以纪事为主，但附注几乎看不到了。

公共领域和私人领域在西方一直以来是泾渭分明的。但在中国古代政治中并非如此，国家是借助于宗法关系建立，血缘和家族在政治建构中起到了关键作用，因此，伦理在政治和个人事务中都一样重要。国和家不分，治国和治家相同。政治权力可以介入私人领域，私人生活也变成公共生活。乾隆皇帝从未将诗歌创作认为是完全的个人生活，他的诗歌是基于治国理念之上，同时为治国服务的。这使这种日常的文人喜好脱离了其原有的内涵，在宫廷和朝廷的环境下发展成为新的文化因素。

与诗作对应，乾隆皇帝所引领的宫廷画风也兼有文人习气和政治作品的属性。乾隆皇帝在宫廷绘画方面的工作主要可以分为两项：收藏与创作。乾隆皇帝常以"文治"自我标榜，也是中国古代历史上存世诗作最多的皇帝，

---

① 爱新觉罗·弘历. 清高宗御制诗余集：卷 1. 观历年诗集即事［M］// 爱新觉罗·弘历. 乾隆御制诗文全集：第 10 册，北京：中国人民大学出版社，2013：9.

② 爱新觉罗·弘历. 清高宗御制诗余集：卷 2. 鉴始斋题句识语［M］// 爱新觉罗·弘历. 乾隆御制诗文全集：第 10 册，北京：中国人民大学出版社，2013：9.

他在位期间，除了主持多项文化工程，平时亦以诗书自娱，与画师词臣唱和。现存乾隆皇帝本人作画多幅，其中很多静物习作和年节吉祥题材。相对于诗歌，这种创作行为则比较私密，基本属于个人情感的抒发。

乾隆皇帝不仅在宫中对其所收集的名画进行日常观摩和题写，即使在巡幸当中，也未曾停止。总计乾隆皇帝南巡途中，存有题画诗近百首，观画数量必在此之上。这些画有特意于宫中携带而来的，有途中沿路贡献的，亦有宫廷画师及皇帝自己随行创作的。从这些画作之中，我们看到了乾隆皇帝作为书画鉴赏家及文人的一面。但是他的"文人"兴趣又极具特殊性，各类唐宋元明的古画不必访寻，自有官员献于身边，皇帝也不用考虑成本或作品去向，随看随题，满盖鉴赏印章。

乾隆皇帝认为，自己与古人在审美和创作上都是可以完全对接的。例如其在《茶事图》的题诗上认为，虽然文徵明"图称支硎虎阜茶事最盛"，但乾隆却认为"苏州虽产茶实不如浙之龙井"，昨日刚刚品过龙井，今天便笑文徵明为苏茶"强出头"。显然是皇帝于品茶之后，想到了所带的《茶事图》，特意展画题诗。在此图并不宽阔的留白处，乾隆皇帝密密麻麻地题写了"茶坞""茶人""茶笋""茶籯""茶舍""茶灶""茶焙""茶鼎""茶瓯""烹茶"等十首七言绝句，从饮茶的场所到饮茶的器具，从制茶的工艺到茶汤的色状，事无巨细地描绘了自己对饮茶一事的心得体会。他在诗中提到，昔日南巡过龙井之时，特意观看了采茶制茶"慢炒细焙"的过程，并称"辛苦工夫殊不少之"。更有趣的是，乾隆皇帝在末尾意犹未尽地说："十章吟罢飞逸兴，又似金阊一再游。"观画题诗，不仅使他细数品茶韵事，回想绿杯清茶，更想起苏州之行，吟诗后好像又重游故地，逸兴遄飞。正如他题在文徵明另一幅山水画作后的诗一样："画在诗中诗在画，所欣即景阅吴江。"在观画题诗的过程中，无论图像还是文字，都是皇帝本人情怀的载体，通过这种载体，他回想到南巡过程中的风景秀丽，再次体会自己文人情怀的释放，实在是一件不可言传的乐事。

此外，乾隆皇帝对于绘画作品的收集和临摹，也体现了极强的文人情趣。例如他在多次巡幸过程中，常挥毫作画。乾隆皇帝行箧画作中，最能展现其文人旨趣的，要算他本人的行间习作了。因为对倪瓒的《狮子林图》喜爱有加，他自己亦于南巡途中摹画此图，称自己"虽亦循门得蹊径，真成依样画葫芦"，有"惜墨闲情"。乾隆皇帝的仿古见于记载的很多，基本上是其修身养性之作，不论宗教题材抑或山水静物，都会对画作进行自己的解读。此外，皇帝也会画一些途中即景，如其首次南巡之时，正值春寒料峭，轻启船窗，见岸上梅花正开，便题本作画，并配有一诗曰："舡窗恰见一枝梅，断岸横斜几朵开。便拂宣笺为写照，香风邓尉远吹来。"且不论其画作、诗作水平如何，但这种见景作画、临画作诗的兴趣，与一般文人确实别无二致。

此外，乾隆皇帝的文人雅致还拓展到了他在位期间兴建的一系列建筑之上。例如，他推崇元代画家倪瓒，对其《狮子林图》颇为青睐，不但广泛收集各朝同类题材画作，自己更是两度仿画，反复题咏。甚至在南巡时携带此画，冀图在苏州一寻画景。之后，乾隆在避暑山庄与圆明园两处皇家御园中，两度仿建狮子林，这其中的实践过程，既体现了他作为文人的爱好，更体现了其身为清代最高统治者的权威，而这种权威作用于建筑园林上，则从一个侧面体现了乾隆皇帝对于文化的把控力。

从康熙到乾隆时期，虽然满洲风俗仍从衣食住行诸层面影响着宫廷文化，但是此时的宫廷风气已经发生了一种自主的转向。此处我们所谓的"文人化"很难从定义上给出量化的标准，在前人的研究中，通常将其定义为"雅化"。《论语·述而》："子所雅言：《诗》《书》、执礼，皆雅言也。"所谓的"雅化"即高雅、文雅，也就是以经典为标准的审美情趣。康熙之后对于皇子规范而完整的经典教育被视为是宫廷文化"雅化"的直接原因。当然，满人对汉人文化从陌生的排斥走向根本性的接受，应该是这一趋势形成的根本性原因。

（三）清代宫廷文化的转向及完成

文人文化与市民文化之间并不是泾渭分明的，但表达的是不同的价值取向，我们可以将其划分为"雅""俗"，其承载群体有着明显差异。"俗文化"也就是民间文化一直贯穿于宫廷生活，即使在我们前述的文人化高峰的乾隆时代也是如此。

例如清代皇家园林中兴建的买卖街，就是民俗文化在宫廷的具体表现之一，这种建筑规制在乾隆时期成为常制。宫里的买卖街大概分为两类，一种是情景代入式的，一种是模拟式的。前者是功能单纯的"买卖街"，不营造景观，只是创建一个做生意的环境。后者比较复杂，需要临水而建，"绝似苏州观前街及金陵三山街、杭州大街等处景象"①，主要是为了满足乾隆皇帝及其母后的江南情怀。虽然不能常居江南，但是可以把最喜欢的场景复制到宫内。

例如圆明园里的两条买卖街之一的同乐园舍卫城东西的买卖街，此街是井字街，四长虽不及百尺，却有通都大邑、四通八达的街市妙境。有19座57间，现在名号可知的有嫩绿轩、同盛号、魁元堂、兴盛号、韵古斋、广兴号、聚香斋、德兴号、天翔号、华服斋、居之安、乐婴号、文雅斋、天宝楼、翠云斋、宝华楼、如意渡等，虽然不知道具体的经营项目，但是从名字上可以推断，大抵有当铺、衣帽、古玩、文房等行当。

从现在乾隆间的内务府档案及清人的笔记、传教士的信件中，我们可以统计出，圆明园的买卖街中，有当铺、首饰楼、银号、香蜡铺、纸马铺、油盐铺、菜床子、粮食铺、颜料铺、茶馆、南酒铺、干果铺、兵器铺、鞍鞯铺、文具店。除此之外至少还应该有古玩店、酒馆、饭庄、估衣铺、瓷器店、漆器店、丝绸店、布店、古籍店、木器家具店、鸟雀店等，总计20余种店铺。

乾隆皇帝在买卖街里的活动，可谓是集合了前代帝王的大成，还自创了很多项目。关于买卖街的活动，清代道光时期文人姚元之的笔记《竹叶亭杂记》中记载得颇为详细：先期由崇文门监督在外城的店面中采购当季流行货品，但是并不付钱。各种货物就是标个价码，到时候被王公大臣们买走的呢，就结账，没买走的把货品归还，很像今天的代销网点。据法国教士王致诚描述，这里货品相当时髦齐全，"中国、日本、欧洲各国，各种最珍奇之物，群汇于此，如市场然"。② 皇帝购物最多，出价当然最高，宫眷内监则各购其所需。

圆明园并非禁内，每年正月燕九节（十九日）前，皇帝会在买卖街赐戏，并率领群臣于此买卖游乐。臣僚每赐入园，"皆竞相购买，或集于酒肆饭馆啜哺，与在外等"。③ 乾隆每年都要亲临买卖街，满朝文武大臣则随侍其后。皇帝在临街店铺中出高价买来的商品，大都分赐给后宫内眷或随行官员。买卖街上开店的，由宫中太监承担，也有外城各间铺中挑选声音洪亮、口齿伶俐者充当。太监们可以化装成各种角色，有的推车挑担、陈市列货、开埠迎船；

① 许指严. 南巡秘纪［M］. 上海：上海书店出版社，1997：129.

② 张恩荫，杨来运. 西方人眼中的圆明园［M］. 北京：对外经济贸易大学出版社，2000：118.

③ 李岳瑞. 春冰室野乘［M］//清代野史. 第5辑，成都：巴蜀书社，1987：47.

或者在街上买卖商品，说书卖艺；或者酒肆、茶店里划拳行令、喝茶聊天。

这种对于民间生活的追求和向往体现了一种市民化的审美追求，它与文人化并不矛盾。在美学史、文艺史上，"雅"与"俗"的对立、冲突、融合互补、互摄情况非常复杂，"雅""俗"之争、"雅""俗"之辩绵延了几千年，观点众多，歧说纷纭。雅俗之分，最早从《诗经》就开始了。《诗经》分《风》《雅》《颂》三部分。《风》重娱乐，《雅》《颂》重教化，这样两种不同的文学功能，形成了中国文学的雅俗传统。石昌渝指出：一个民族有雅、俗两种文化。中国古代的雅文化是以礼、乐、诗、书为内核，以士大夫标准为外壳的文化。雅文化是士大夫文化或称贵族文化；俗文化是以民间意识为内核，是属于下层人民的俚俗文化。① 但是从文化主体上进行的区分，使得审美行为本身的界限不甚清晰，事实也正是如此，随着主体间流动性的增加，所谓的雅俗界限也在逐渐模糊。

到了嘉庆之后，以皇帝为中心的宫廷生活，在保留了部分雅化文化的基础上，对于"俗化"的追求日益明显，这一趋势在同光时期达到了顶峰。一个非常明显的例子就是内廷演剧上发生的变化。

戏曲有雅俗之别，"乾隆初，纯皇帝以海内升平，命张文敏制诸院本进呈，以备乐部演习，凡各节令皆奏演。其时典故如屈子竞渡、子安题阁诸事，无不谱入，谓之《月令承应》。其于内廷诸喜庆事，奏演祥征瑞应者，谓之《法宫雅奏》。其于万寿令节前后，奏演群仙神道添筹锡禧，以及黄童白叟含哺鼓腹者，谓之《九九大庆》。又演目犍连尊者救母事，析为十本，谓之《劝善金科》，于岁暮奏之，以其鬼魅杂出，以代古人祓之意。演唐玄奘西域取经事，谓之《升平宝筏》，于上元前后日奏之。其曲文皆文敏亲制，词藻奇丽，引用内典经卷，大为超妙"。《月令承应》戏，通称节令戏，《法宫雅奏》戏为喜庆戏，《九九大庆》戏称为"寿戏"或"万寿节戏"。②

在乾隆时期，宫廷中已经将节令演剧形式固定下来，但此时的演剧为弋阳腔和昆腔，还属于文人雅乐的范畴。作为清代礼乐制度的主要创制者，乾隆帝即对宫廷戏曲有着明确的定位。他在乾隆五十六年九月（1791 年 10 月）

---

① 石昌渝. 中国小说源流论［M］. 北京：生活·读书·新知三联书店，1994：190.

② 昭梿. 啸亭续录［M］//俞为民，孙蓉蓉. 历代曲话汇编：清代编. 第 3 集，合肥：黄山书社，2009：577-578.

的御旨中曾明确指出："南府学艺人等，乃国家岁时宴会备用音乐所必需。"①
也就是说，在乾隆帝看来，南府内外学所习演的戏曲，与中和乐、十番乐、
弦索乐所奏诸艺一样，都是"国家岁时宴会备用音乐"，亦即清代吉、凶、
军、宾、嘉五礼中的宴飨用乐，尤其是嘉礼中的燕礼之乐。清宫戏曲在朝廷
礼仪中的运用已明确载入清代正史《国朝宫史》中，即有对慈宁宫筵宴仪、
乾清宫家宴仪、乾清宫曲宴廷臣仪、瀛台锡宴仪、丰泽园凯宴仪、紫光阁锡
宴仪等相关礼仪与宴戏的集中记载，从中可见清代礼乐制度对戏曲的广泛
接纳。

嘉庆年间，民间戏曲与昆曲经历了此消彼长，昆曲"共尚吴音"的地位
发生动摇，代之以花部乱弹成为新的时尚。焦循《花部农谭》云："梨园共尚
吴音。花部者，其曲文俚质，共称为'乱弹'者也，乃余独好之。盖吴音繁
缛，其曲虽极谐于律，而听者使未睹本文，无不茫然不知所谓。其《琵琶》
《杀狗》《邯郸梦》《一捧雪》十数本外，多男女猥亵，如《西楼》《红梨》
之类，殊无足观。花部原本于元剧，其事多忠、孝、节、义，足以动人；其
词直质，虽妇孺亦能解；其音慷慨，血气为之动荡。郭外各村，于二、八月
间，递相演唱，农叟、渔父，聚以为欢，由来久矣。"② 这种审美新的变化不
唯是焦循"独好之"，应该是一种比较普遍的社会现象。

不过，此时流行的宫廷演剧方式尚未成型，嘉庆以前宫廷尚未发现皮黄
戏，道光时期演出中只有零星的两出皮黄剧目。嘉、道时期"乱弹"和"侉
戏"都不包括皮黄。

清宫戏剧经过嘉庆、道光年间的变革后，暂时转向了低潮。道光七年
（1827）以后，南府改为升平署，宫中只剩下了习艺太监规模较小的演出活
动。道光七年二月十二日，道光帝在召见禄喜时曾经说过："每逢皇太后万岁
爷万寿与年节，不能无戏，若连台大戏，一场上七八十人者亦难，无非归拢
开团场小轴子小戏就是了。"③

与此同时，昆山腔和弋阳腔却日渐衰微，在戏园里受到冷落。然而宫内
还是数十年如一日地由太监们演出着昆弋腔的老剧目。其实深居禁宫的帝王

① 鄂尔泰，张廷玉．等．国朝宫史：卷4［M］．北京：北京古籍出版社，1994：34.
② 焦循．花部农谭［M］//中国戏曲研究院．中国古典戏曲论著集成：第8册．北京：中国戏剧出版社，1959：225.
③ 杨常德．清宫演剧制度的变革及其意义（下）［J］．戏曲艺术，1985（3）：98-103.

后妃也一样喜欢看到新戏，听到新腔，但因遵循旧例，皇家却看不到近在咫尺的北京城里演出的乱弹戏。

咸丰十年（1860），为庆贺文宗三十万寿，升平署分三批从民间征召了演员和随手进宫承应。咸丰十年八月八日，英法联军入侵北京，咸丰帝巡幸热河避暑山庄，直至咸丰十一年（1861）七月十七日去世。咸丰十一年，咸丰皇帝从民间招进了两批艺人。两年所招进的 61 名演员，皮黄演员合计 38 名，占总人数的 60%。由于皮黄艺人的入宫，皮黄戏剧目在宫中有大幅度的增加。这极大丰富了宫廷皮黄剧目，皮黄戏通过"花唱"演出形式征服了清宫帝后。民间艺人的入宫是清宫演剧发生重要转变的契机，也就是在咸同之际，宫廷演剧基本脱离了"雅乐"范畴，而与民间演剧逐渐合流。

慈禧太后主政期间，皮黄戏的演出在清宫进入全盛，这与慈禧的文化教育水平有着直接的关系。慈禧少年入宫，不像皇子一样受过完整的儒家经典教育，文化水平也只是识字而已。因此，民间戏剧对其吸引力要远远大于文人诗词书画。此外，慈禧嗜好看戏也是受到了咸丰皇帝的影响。咸丰二年（1852），慈禧进宫封为兰贵人，看戏一定程度上是嫔妃们在沉闷的宫廷生活之中最重要的娱乐消遣。

同治二年（1863），两宫太后裁退了咸丰末年挑进的民籍教习，只保留 12 名民籍随手和 7 名旗籍筋斗人。而清宫皮黄戏的发展势头并未因此减弱，宫内的太监们学会了不少皮黄戏，同治时期延续了咸丰末年皮黄戏在宫廷的发展态势，并在演出的剧目中所占比重越来越大。同治五年（1866）全年演出 304 目次，皮黄戏目次为 140，这几乎已经占据了全年演出目次的一半，这说明皮黄戏在同治时期受到了两宫太后特别是慈禧的偏爱，得到了长足的发展。①

同治八年（1869）起，宫内演戏场次大量增加；十月份，在慈禧居住的长春宫内，日日不间断地有演戏活动。同治九年至十年的正月里，连一些仪典戏也在长春宫里连续演出。长春宫内曾有一名叫"怡情书史"的室内小戏台，有段时间少则一天一出戏，多则一天三出戏，有时索性每日传"里外随手、筋斗人、写字人、听差人至长春宫伺候差事"。在慈禧身边长大的同治皇帝，也爱看戏。清亡后曾有在太监科班演过戏的耿进喜说他能唱演武生，表

---

① 周和平．中国国家图书馆藏清宫 t 升平署档案集成：第 21 册［M］．北京：中华书局，2011：10723-10755.

演过《白水滩》《黄鹤楼》等武戏，不过未见档案记载证实。①

到了光绪时期，虽然国运已走向衰微，但皮黄戏在宫廷的势头则进入了全盛。光绪七年（1881）慈安太后猝死，27个月的服期尚未结束，慈禧已开始指令升平署筹划在京城戏班召进艺人。慈安服丧期过后，光绪九年（1883）六月二十日重新开戏，随着民间享有盛誉的皮黄名角的加入，使得宫廷皮黄戏的发展进入了全盛时期。此日，慈禧观看了由新选进的民籍伶人和太监们的演出，将近十个小时，并连续数日在漱芳斋观看《喜溢寰区》等仪典戏及昆弋、乱弹腔剧目。其后，京城出色的伶人几乎都被选进内廷承差。有的艺人在民间唱红不久，就很快被召入升平署，如谭鑫培、王瑶卿、杨小楼等。光绪十九年（1893）又曾传京城著名戏班轮流进宫唱戏，每次付给戏班几百两银子，直到八国联军攻进北京，慈禧挟光绪帝西行避乱之前。

据研究者统计，光绪中后期，共招进民间昆腔、弋腔、梆子、皮黄艺人82人，其中昆腔9人，弋腔2人，梆子8人，专演皮黄人数则高达61人，昆腔、皮黄兼演者2人，总计演出皮黄的共63人。②

宫廷演剧从雅到俗，从文人化到市民化的变化，既与民间戏曲发展走向重合，又体现了宫廷内部人员结构变迁所导致的审美变化。从表面上看，慈禧入主清宫，是引领清宫审美变化的一个节点，但仔细观察我们发现，早在咸丰时期，宫廷文化的风向就开始向市民化和娱乐化倾斜，这与当时已经日渐颓靡的国事以及日益失控的政局密不可分。正是在这种失控感的压迫下，咸丰皇帝开始将关注点转移到民间戏曲上，可能以此寻求慰藉。

清代的建筑在清末也发生了风格上的转向，清代园林建筑有两个高峰，乾隆时期和慈禧主政的同光时期，以彩画风格为例，清末的装修中，苏式彩画被大量引入宫廷。慈禧在主政时期，主持改建了西六宫之一的长春宫。王氏《东华续录》载："咸丰十一年，上奉母后皇太后居长春宫绥履殿，圣母皇太后居长春宫平安室，每日亲诣问安。"同治皇帝大婚后，躬亲大政，慈安、慈禧搬离养心殿，慈安入住钟粹宫，慈禧则继续留在长春宫居住。同治十年（1871）慈禧正式移居长春宫，至此，慈禧独享长春宫四进院落，居住在长春宫正殿，直至光绪十年（1884）移居储秀宫。

---

① 丁汝芹．清代王府演戏［M］//恭王府管理中心．清代王府及王府文化国际学术研讨会论文集．北京：文化艺术出版社，2006：81.

② 徐瑞．清宫皮黄戏发展考略［J］．文化遗产，2020（2）：90-96.

在庆祝慈禧五十大寿期间，长春宫进行了整体修缮，① 经学者考证，在这一时期，长春宫院墙上添绘了18幅以《红楼梦》故事为题材的壁画，分别为：双玉听琴（87回）、四美垂钓（81回）、贾母游大观园、香菱换石榴裙（62回）、怡红寿宴（63回）、宝玉夜探潇湘馆（45回）、暖香坞作画（50回）、史太君中秋夜宴（75回）、芦雪亭赏雪联句（50回）、回廊幻景之宝玉黛玉（28回）、品茗栊翠庵（41回）、湘云眠芍（62回）②。这种将当朝流行小说情节改编成壁画，直接用于宫殿装修的情况，在清前中期极为少见。咸丰之前的皇帝鲜有对小说、戏曲等民间艺术发表言论及感想的文字，而自咸丰之后，戏曲和小说题材在宫廷创作中占有越来越重的比例。

这不仅是建筑装修题材的转变，也是宫廷文学爱好上的转变。自道光后，宫廷内绘画、诗文的数量没有减少，但质量锐减，取而代之的则是民间文学进入宫廷。慈禧就酷爱《红楼梦》，据说她曾在一部由陆润庠等数十人精楷抄录的《红楼梦》上留下"细字朱批"。不仅如此，她还常常模仿《红楼梦》中的生活场景，邓之诚曾言："闻孝钦颇好读说部，略能背诵，尤熟于《红楼》，时引史太君自比。"③

除了精神文化上的民间化，宫廷与民间的物质交流更加频繁。到了清末，随着宫廷和民间人员往来的日益频繁，物质交换也成为日常，一些宫廷习俗传入了民间，宫廷和民间在物质文化上有了趋同的势头。以饮食一项为例，民间夏季有直接吃冰的习惯，"京师暑伏以后，则寒贱之子担冰吆卖，曰冰胡儿"。④ 还有一种叫"雪花酪"的冰品，它是把凉水、天然碎冰块、淀粉、糖精、香精装在铁桶里，再把铁桶放入内有冰坨的大木桶。桶中间有轴儿，转动起来能把冰块等搅成雪花冰凌，盛在玻璃杯里有点像冰激凌。而宫中饮食则在继承了民间吃法的基础上更为讲究，于制成的冰花中加入红果汁、酸梅汤等调味，再放入果子干，半嚼半饮，冰爽可口。《宫女谈往录》中，宫女何氏还讲了慈禧常吃的另一种夏季小吃："宫里头出名的是零碎小吃，秋冬的蜜饯、果脯，夏天的'甜碗子'。'甜碗子'是消暑小吃，把新采上来的果藕芽

① 张淑娴. 长春宫戏台与《红楼梦》壁画 [J]. 曹雪芹研究，2020（1）：90-106.

② 陈骁. 清代《红楼梦》的图像世界 [M]. 杭州：浙江工商大学出版社，2015：192-197. 其他学者也对壁画内容提出了不同见解，情节略有差异.

③ 邓之诚. 骨董琐记 [M]. 北京：中国书店，1991：201.

④ 潘荣陛，富察敦崇. 帝京岁时纪胜 燕京岁时记 [M]. 北京：北京出版社，1961：46.

切成薄片，用甜瓜里面的瓤，把籽去掉和果藕配在一起，用冰镇了吃。"① 这种甜食的低配版，在盛夏时节也常常在北京街市售卖，用荷叶托着新鲜的莲子和菱角米，和着蜜饯或是淋上糖浆，在今天看来，也是一道消夏美食。除了冷食之外，还有一些宫廷夏季饮品，以酸梅汤最有代表性。《燕京岁时记》记："酸梅汤以酸梅合冰糖煮之，调以玫瑰、木樨、冰水，其凉振齿。以前门九龙斋及西单牌楼邱家者为京都第一。"② 宫中惯有饮用传统，据慈禧的侄孙叶赫那拉·岳超的回忆文章《庚子——辛丑随銮纪实》记载："辛丑在陕度夏，慈禧要吃冰镇酸梅汤，关中天气温热，向无存冰，御膳房计无所出。"③

时至今日，我们可以发现，现在生活中所见的所谓"清宫"遗存，无论是宫廷食品、宫廷戏曲还是宫廷建筑风格，其实大多是晚清清宫文化转型之后的成果，而这些从市民阶层流入宫廷而被保存的内容，在市民文化发生动荡和变迁后，反而又成了宫廷的代表。

（四）清代宫廷文化转型的社会依托

1. 宫廷文化与民族认知

满人所认识的民族共同体，正是被本尼迪克特·安德森称为"广大无限的共同体"的内在组成形式，"它是一种想象的政治共同体——并且，它是被想象为本质上是有限的，同时也享有主权的共同体"。④ 他们以语言为自身文化的必要联结。而汉文化的入侵无疑破坏了这种共同认知的基础，使其民族的自我认知和界定发生了新的变化。这种变化并非一蹴而就，而是在缓慢的历史演变中逐渐成形的。宫廷文化的主体——皇帝，由于逐渐熟读汉家典籍，这种自内而外的破坏感尤其强烈，这也正是为何在康雍乾宫廷汉文化达到高峰的同时，文字狱及满文推广也达到了高峰期。

满人在文化被汉化的同时，不断在思考其形成共同体的实在的、可控制的内核文化究竟为何物，在这个答案出现之前，他们无疑是非常忐忑而不自信的。于是清朝皇帝不断试图在文化上找到满汉的民族界限，以重塑他们的群体内核。最后，满人勉强以满文及弓马骑射作为满洲文化的核心和特点，

---

① 金易，沈义羚. 宫女谈往录（上册）[M]. 北京：紫禁城出版社，2004：150.
② 王碧滢. 燕京岁时记：外6种 [M]. 北京：北京出版社，2018：95.
③ 溥佳，溥杰. 等. 晚清帝王生活见闻：上册 [M]. 台北：聚珍书屋出版社，1984：124.
④ 安德森. 想象的共同体：民族主义的起源与散布 [M]. 吴叡人，译. 增订版上海：上海人民出版社，2016：2.

以此稳固他们的民族共同体。

这种情况在清中后期逐渐发生了变化。满人作为统治核心的概念在近200年的统治中逐渐被固定下来，而他们与汉人的边界也在不断强调的过程中明晰起来，满人不再需要靠强调某种内在的价值而加强其自身凝聚力。加上外来文化入侵式的冲击，满人在国家统治中的首要重点，不再是如何将自己与汉人区分开来。在此时，市民文化的渗入显得温和与自然，看起来没有任何满汉属性和民族色彩，这种非满非汉的市民文化在宫廷中大行其道，实际上是满洲统治已经获得了广泛认可，而不再刻意保持其独立性的体现。

2. 宫廷文化与政治局势

在之前的研究中，很多学者都发现了乾隆朝是清宫文化转变的一个节点。乾隆之后，宫廷内的诗歌创作、绘画、书法、古籍、文玩等制作，都逐渐衰落。继而得出结论，认为清宫文化的发展与国运有着密不可分的关系。这一结论看似有一定道理，但我们仔细分析每种物质文化的主体和受众，却发现并不尽然。

以我们前文所讲的戏剧文化为例，它在清宫中的发展趋势就与国家政治走向完全背离。前文中我们也进行了一定分析，第一，从这一文化承接的主体看，咸丰皇帝、同治皇帝、光绪皇帝及慈禧太后，几位内廷主政人物在经典学习上均无建树，清宫内遗存诗作、画作不多。几人的文化修养不足以支撑如乾隆皇帝一样的文人雅趣，因而转投民间艺术。第二，从信息渠道来看，晚清随着报纸、照片、电报等文化传播媒介的产生，宫廷与民间的文化信息交互更加频繁，而这种频繁的交互所带来的就是两种文化的趋同。第三，随着人员交互的频繁、信息渠道的拓展，宫廷与民间的藩篱逐渐被打破，审美旨趣上的互通则使二者在戏曲的发展上产生了共同的助力。

因此可见，对于宫廷文化的研究很难一概而论，而需要对主体、媒介、传递方式等方面分别考察，从而分析其成因，这也是我们研究宫廷社会以及宫廷文化的一个必经之路。

随着社会学理论的逐渐发展，宫廷历史的研究在探讨史实，研究人、事、物的基础上有了新的突破。宫廷社会作为一种统治形式，实际上设置和呈现了一种权力场域。任何统治形式都是一种社会斗争的沉淀，是与斗争的出发点相适应的权力分配的固化。同时，这种固化的时间点，在政权制度诞生时这种社会发展的状态，对于这种政治制度的特殊形态及其进一步发展的命运都具有决定性意义。所以，在塑造了自身社会结构的同时，宫廷社会直接而深刻地影响了朝廷，也通过各种方向影响了整个社会体系。

推荐阅读书目：

［1］祁美琴.清代内务府［M］.沈阳：辽宁民族出版社，2009.

［2］万依，王树卿，刘潞.清代宫廷史［M］.天津：百花文艺出版社，2004.

［3］王佩环.一个登上龙廷的民族：满族社会与宫廷［M］.沈阳：辽宁民族出版社，2006.

［4］章乃炜，王霭人.清宫述闻［M］.北京：紫禁城出版社，2009.

［5］诺贝特·埃利亚斯.宫廷社会：关于君主制和宫廷贵族制的社会学研究［M］.林荣远，译.上海：上海译文出版社，2020.

［6］罗友枝.最后的皇族：清代宫廷社会史［M］.周卫平，译.上海：上海人民出版社，2020.

第八讲

成为"问题"的民国农村

农村在中国占有极其重要的地位，其兴衰影响乃至决定着中国社会经济的发展及走向。随着近代中国的不断沉沦，特别是进入民国时期，农村开始成为一个关乎中国命运的"问题"被提了出来。有学者估计，仅在1925—1935年间，中国的各类农村调查就不少于9000次。[①] 在20世纪20—30年代，为解决农村问题而建立的各种实验区就达1000多处，参加乡村建设运动的学术团体和教育机构有600多个。[②] 农村境况已然成为影响中国命运的一个关键所在。从另一方面而言，农村也是深入认识中国社会的重要切入点。有学者就曾在总结自己30多年乡村史研究的历程后愈益坚信，中国向来为农民大国、农业大国，不研究农村是无法深入理解中国的历史和现实的；而近代乡村史既是一部苦难史，也是传统与现代相互交织的历史，其学术价值之高自不待言。[③] 本讲即对民国时期农村何以成为"问题"，以及时人对解决当时农村问题进行的各种探索加以阐述。

一、民国农村何以成为"问题"

民国时期农村之所以成为倍加关注的"问题"，其原因应是多方面的。有学者总结20世纪20—30年代出现农村调查热的原因时就详列了6点：①中国土地兼并日益严重，不合理的土地占有，引起人们的关注；②孙中山提出的

---

① 陶诚. 30年代前后的中国农村调查 [J]. 中国社会经济史研究，1990 (3)：92-98.
② 郑大华. 民国乡村建设运动 [M]. 北京：社会科学文献出版社，2000. 前言.
③ 李金铮，金伯文. 乡村研究是理解中国近代社会变迁的基石——李金铮教授访谈录[J]. 历史教学（下半月），2020 (12)：3-8.

平均地权思想，引起广大知识分子对农村调查的兴趣，他们力图把富国强民的理想与平均地权联系起来，以实现土地的平均分配；③帝国主义的政治侵略与经济掠夺日益严重，造成中国农村破产，引起全国人民惊觉和严重关切；④当时关于中国社会性质问题的争论，一直没有得到解决，他们各持己见，为了替自己的主张找到事实根据，因而开展广泛的农村调查；⑤部分仁人志士试图通过改良主义做法改变农村现状，试办试验点，从而促成了农村调查的浪潮；⑥美国的社会学调查风已传入中国，有些学者出于学术研究的目的，效法美国，而在中国兴起规模壮阔的调查热潮。①

农村调查热的兴起恰恰反映了当时人们对农村的关注程度。虽然上述原因大体可以说明民国时期农村为什么成为"问题"而备受关注，但从根本上来说，民国时期农村之所以备受关注，无外乎农村之重要与农村之衰败。

（一）农村的重要地位

农村在中国具有十分重要的地位，其兴衰状况直接关乎国计民生与民族命运前途。1926 年，有学人对此评论到，"我国从开国以来，完全是以农业立国。试一阅我国的农业史，凡是承平的时代，都是农民生活余裕的时期；一遇灾歉，农村就引起不安，从而地方亦随之而不安了"②。20 世纪 30 年代初，有识之士在谈到当时乡村建设缘起时讲道："我国数千年来以农立国，农村之健全与否，农业之兴隆与否，不仅为农民生死问题，亦为国家民族存亡问题。"③ 更有人总结中国历代治乱兴亡，以说明农村的重要，"综观以上历代治乱兴亡之迹，社会经济之变动，皆以农业为中心。政府所以提倡奖励及发展农业与慰勉农民者，莫不孜孜以求农业行政之良善也。否则农村经济发生动摇与崩溃，而影响反映政治上社会上各方面之变动。可知农业与社会之关系，最为重要。前者是因，后者是果，有其因必有其果，乃社会现象之法则。数千年中成为循环式一治一乱之局面，皆由于此。然则农业为立国之本，不待言矣"④。正是由于农村在近代中国社会中的这种极端重要性，其在民国时期能够引起各界广泛的关切也就在情理之中了。具体而言，民国学人对农村

① 陶诚.30 年代前后的中国农村调查［J］.中国社会经济史研究，1990（3）.
② 陈翰笙，薛暮桥，冯和法.解放前的中国农村：第 2 辑［M］.北京：中国展望出版社，1987：25.
③ 乡村工作讨论会.乡村建设实验：第 1 集［M］.上海：中华书局，1934：1.
④ 杨季华.皖北农村社会经济实况［M］//李文海.民国时期社会调查丛编：乡村社会卷.福州：福建教育出版社，2005：135.

之重要性的阐述主要集中在人口与经济方面。

1. 农村人口的比重

中国是农业社会,农村人口占总人口的绝大多数。由于民国时期缺乏十分精确的城乡人口调查统计,有关农村人口占总人口的比重主要来自估算,因此也就颇多争论。当时有学者对此评论说,我国以农立国,农民当占全人口的最多数,唯其确数则估计纷歧,莫衷一是;有谓85%者,有谓80%者,但大多公认为75%左右。① 当时,著名社会学家许仕廉曾估计,住在人口2500以下村庄的约3亿人,占全国总人口的66%。② 这个估计明显偏低。乔启明等又根据一些调查数据得出,1929—1933年,中国城乡人口分布比例为城市占总家数的10%,市镇为11%,村庄为79%。③ 两组数据比较,后者依据调查所得,更为可信一些。由于受地理环境、工商业发达程度等因素影响,不同区域间的城乡人口分布也会稍有差异。据1932年国民政府的全国户口统计,各省农户数占总户数的百分比相差较大,农户比重最高的山东为88.9%,最低的广东则为63.7%。④

实际上,无论哪种调查统计,抑或人口估计,农村人口比重过大都是一个不争的事实。而在众多农村人口中从事农业者又占绝大比例。由于缺乏全国性的从事农业人口的调查统计,仅选取部分地区的调查数据对此状况作一大体说明。据统计,在浙江兰溪县各类从业人员中,农业人口比率甚高,占有业人口总数的73.3%,且99%系耕种农作物。⑤ 其他地区的调查情形大体类似。如江苏江宁从事农业的人口占比60.64%⑥,四川彭县、双流、崇宁从事农林渔牧的人口比例分别为65.01%、42.11%、59.85%⑦。上述调查数据未必十分精准,某种程度上也存在职业界定与分类标准不一的问题,虽多少会与事实有所出入,但多数劳动力从事农业应是毫无疑问的。

农村人口占全国总人口的绝大多数,其中又有相当大的比例是从事农业

---

① 乔启明. 中国农村社会经济学 [M]. 上海:商务印书馆,1947:26.
② 乔启明. 中国农村社会经济学 [M]. 上海:商务印书馆,1947:19.
③ 卜凯. 中国土地利用 [M]. 成都:金陵大学农业经济系,1941:505.
④ 乔启明. 中国农村社会经济学 [M]. 上海:商务印书馆,1947:27-30.
⑤ 兰溪实验县县政府. 兰溪实验县户口统计及分析 [M] //李文海. 民国时期社会调查丛编(2编)·人口卷(上),福州:福建教育出版社,2014:66.
⑥ 陈达. 现代中国人口 [M]. 廖宝昀,译. 天津:天津人民出版社,1981:177.
⑦ 国民政府主计处统计局. 四川省选县户口普查总报告 [M] //李文海. 民国时期社会调查丛编(2编)·人口卷(下),福州:福建教育出版社,2014:203.

者，农民在社会经济发展中具有举足轻重的地位，以至农村、农业的任何变动都足以引起社会之波动也就不难理解了。时人曾就农业人口众多评论到，以偌大多数的农民，其生活的安危、知识程度的高低，关系于文化的进展、国势的强弱，不待言而可知了。① 而"近年来因内忧外患的煎迫，举国上下，发奋图存，已是渐渐地步上了建设的道路。因为农民占全人口的四分之三，所以复兴农村已被认为最基本与最迫切的工作之一"②。

2. 农村经济的重要地位

民国时期，有学者曾明确讲到，"农村问题的中心是农村经济问题"③，"农村经济问题不能解决，其他一切问题皆将成为空谈也"④。在近代中国，农村经济更多的还是指农业。而"农业之盛衰，国民经济之消长系焉、整个社会之治乱系焉，此种关系，各国皆然，尤以我国为甚；盖我国向以农立国，时至今日，仍以农业为重要生产业。苟无农业，人民将无以生存，工商将无以立足，是何国民经济之可言！农业既为一切货值之基础，亦为立国之大本，在今日经济落后民生凋敝之中国，是尤非重农不为功"⑤。甚至有人认为，救济农村为唯一救亡之策，当然也不是过语。⑥

1926年，著名农业经济学家、新中国成立后曾任农业部副部长的吴觉农曾对农业在中国的重要地位有过较为详细的论述。他讲到，一国生产品的多寡良否与国家的进步发达，都与农业有直接的关系；自近代以来，每年输入的大都是工艺制造品，幸亏有农产品做极大的输出；根据每年海关的统计，输出入相抵，约为80：100，而输出品的90%都为农产品。由此，他感叹中国最大部分的生产乃农业的生产，这是何等关系重大的事。至于农业与国家财政的关系就更加重要了。吴觉农讲到，中国每年军警行政、教育实业的设施等所需巨款，完全由生产阶级为之负担；而我国的生产阶级，不待说，当然是三四万万的农民。他进一步举例说，国家经常岁入最大的为田赋，其次为盐税；而田赋税名义上虽由地主阶级为之代纳，实际间接取之于农民者，更

① 陈翰笙，薛暮桥，冯和法. 解放前的中国农村：第2辑 [M]. 北京：中国展望出版社，1987：25.

② 卜凯. 中国农家经济. 译者序 [M]. 张履鸾，译. 上海：商务印书馆，1937.

③ 李景汉. 定县土地调查：上 [J]. 社会科学，1936，1 (2)：435.

④ 杨季华. 皖北农村社会经济实况 [M] //李文海. 民国时期社会调查丛编：乡村社会卷. 福州：福建教育出版社，2005：161.

⑤ 童玉民. 农业经济学 [M]. 上海：中国农业书局，1936：7.

⑥ 归廷铨. 农村经济没落之原因及其救济方案 [J]. 东方杂志，1935，32 (1).

十余倍；盐税一项，亦完全由农民担任，因为食盐的 90%，都是农民消耗的；其余如货物税、丝茶税、烟酒税、糖及木料税，以及各种的杂税，也无一不直接间接收之于农民。他认为，要图国课的增收、财源的旺盛，根本之图，不能不注意到农民生活的健康与农业经营的改良发达。最后，他讲到，以上仅就其大者而言，其实我国即使工商业如何的发达，将来总是一个农业国，如果农业改良、农业丰富，不但使内地人民生活可以安乐，就是在国际地位上，也可以衣食世界。①

随后，至 20 世纪 30 年代，农业经济学家童玉民又对农业的重要地位进行了较为全面的阐释。他讲到，就中国农业之重要的一般情形而言，主要表现在以下方面：我国固有文明，由来于长期间之农业生活；国民之生活资料，多赖本国之农产物；农业财产之价值较之矿、渔、铁路、商业等方面财产之价值为多；每年主要物产系农产物，其价值较其他产业之所出价值为多；每年输入品多为工业制造品，输出品则多为农产品，如丝、茶、棉花、豆饼等，均有大宗输出，为国际间重要贸易品；工业用原料及辅助原料大半为农产物，如各种纺织厂、糖厂等所用之原料，靡不仰给于农村；商业用货物大半为农产物，棉、茶、丝、豆、米、药料等，为其主要者；政府之财源，所来自农民，直接者如田赋，间接者如烟酒税、关税等，大半为农民所负担。②

3. 农村与工业化

实现工业化是近代以来国人孜孜追求的未竟事业，在传统的农业国发展工业必然会涉及工农业的关系。20 世纪 30—40 年代，无论人们争论"以农立国"抑或"以工立国"，都不能否认农业对工业的重要作用。对此，被誉为发展经济学奠基人的张培刚在 1945 年就有过较为翔实深入的阐述，而该思想却早在 20 世纪 30 年代初就已在酝酿。张培刚认为，农业本身就包含在工业化过程之中，并且是这个过程的内在的不可分割的一部分，农业与工业是相互依存的关系。在他看来，在工业化过程中，农业除将继续是中国粮食供给和制造工业原料的主要来源外，更是为工业提供大量的劳动力。他认为，从农场到工厂的劳动力转移形成了工业化过程中最具重要意义的一个方面，这对于中国这样的国家特别重要，因为中国农村家庭以"隐蔽失业"的方式存在

① 陈翰笙，薛暮桥，冯和法．解放前的中国农村：第 2 辑［M］．北京：中国展望出版社，1987：25-26.

② 童玉民．农业经济学［M］．上海：中国农业书局，1936：7-8.

着大量剩余劳动力。虽然无法准确推断究竟会有多少剩余劳动力能够转移，但可以肯定的是工业化进行到充分发展的阶段时，劳动力从农业转移到其他行业的规模将极为引人注目。接着，张培刚又分析了农业对工业化的另一方面作用，便是农业可以为工业产品提供购买者。他从两点予以了讨论：农民作为消费者，仅为消费目的而购买工业品；农民作为生产者，为生产目的而购买肥料及农业机器等工业品。①

事实上，农村的重要性所体现的几个方面在当时基本已成共识。正如有人所言，"今日忧时之士，辄曰：'拯救衰弱之中国'。然拯救之法，必先解决民生问题，而解决民生问题大半有赖乎农业，可得而言：夫农业为工商业之基本，尽人皆知。我国工商幼稚，欲振兴工商，必先发展农业，而原料方不致缺乏。此其一。我国财政收入以国赋为大宗，其中农业所负担者为多。此其二。我国海禁开放以后，洋货入口，逐年加多，而国家经济地位，犹能保持现时之状况者，实专赖农产品输出，以资抵偿，否则更不堪设想矣。此其三。政府及人民，果能努力发展农业，则仓廪充实，余一余三，足食足衣，民生问题，自可解决，个人经济可以充裕，由个人以及国家，国家经济必绰绰有余焉。②"也正因此，民国时期无论政府还是社会，抑或个人，但凡欲救民族于危亡、复兴民族者，大多对农村予以了格外的关注。

（二）农村的衰败

诚如前述，民国时期农村之所以成为备受关注的"问题"，除因其地位之重要，更与其不断的衰败有关。

1. 由农村衰败而图救济与复兴

在 20 世纪 20—40 年代，有关农村破产的呼声不绝于耳。早在 1922 年，就有人写道："中国目前最急迫的两大问题，一为暴日的侵占东北，一为国内的农村破产。"他认为，日寇侵占东北，只要能同心合力坚持抵抗终会迎来胜利；但农村的破产，若不急速设法救济，从根本上着手救济，不独不能长期抵抗外侮，而民族亦将陷入万劫不复了。③ 到 20 世纪 30 年代，农村的衰败与

① 张培刚. 农业与中国的工业化 [M] // 罗荣渠. 从 "西化" 到现代化——五四以来有关中国的文化趋向和发展道路论争文选. 北京：北京大学出版社，1990：943-948.
② 杨季华. 皖北农村社会经济实况 [M] // 李文海. 民国时期社会调查丛编：乡村社会卷. 福州：福建教育出版社，2005：135-136.
③ 钟全人. 如何救济农村破产 [N]. 铎声，1922-12-10.

破产已然成为不证自明的共识了。1934 年，著名经济学家千家驹在天津《益世报·农村周刊》创刊发刊词中写道："农村问题现在已经变成了全国最严重的问题，它不但决定了社会的动乱与安定，而且中华民族的前途，四万万广大民众的生存，也因农村的崩溃而感受到莫大的威胁，这是无须乎用什么数字来证明，而为每个有识见的人们所共认的事实了！"① 类似言论在当时各类书刊报纸中俯拾即是，"近年来吾国农村经济之衰落，已成为昭昭之事实，实亦为目前切要而严重之问题。"②

农村的衰败，促使国人多方寻求良方予以救济。1933 年，有学者对此评论到，"农村破产的呼声，渐渐在一般金融资本家和知识阶级中高响起来。于是彷徨都市的知识分子在讨论回农村去的问题。政府也感到国内经济危机的日深，其重要原因在农业的衰败，农村经济的破产"③。当时人们就已经认识到，农村问题就是中国问题。1933 年 7 月，作为沟通、联络乡村建设团体、同人的乡村工作讨论会在山东邹平成立，发起人章元善、许仕廉在谈到该组织发起缘起时就讲道："海通以还，东西资本帝国主义者，挟其机械文明政治、经济、武力，来相侵凌；而我国内又复兵连祸结，灾褟洊至，在此重重迫害之下，农村与农业，遂日趋于衰落与崩溃，为事势所必然，言之殊可慨也。现在关心国事者，以国之不强，由于农业之不振，使坐此不救，则覆亡厄运，必迫在眉睫，于是救济声浪，弥漫全国；救济事业，应用勃兴。或从平民教育入手，或从农村经济入手，或从乡村自卫入手，其入手处虽有异同，而目的在共谋农村之救济与复兴，企图县自治之完成，以创造新中国则一也。"④

因认识到农村对救亡图存之重要，而农村之衰败以至破产又促使人们欲奋起救济复兴农村，进而实现国家富强，这在当时已然成为一种共识。1935 年，有经济学家也讲道："试观现在中国的农业演成了何等的惨状，农民疲惫不堪，农村危急万状，农产品价格惨跌，而各地人民之啼饥号寒欲得草根树皮果腹而不可得者，犹日见其多，是可见中国农民之生计已濒绝境，中国农村之经济已快破产，欲救中国而不从农村着手，基础瓦解，国将焉存？不待

---

① 千家驹. 发刊辞 [N]. 天津益世报, 1934-3-3 (11).

② 杜岩双. 浙江之农村金融 [J]. 申报月刊, 1934, 3 (9).

③ 杨霁云. 农村的破产与复兴 [J]. 新社会, 1933, 4 (11).

④ 乡村工作讨论会. 乡村建设实验: 第 1 集 [M]. 上海: 中华书局, 1934: 1-2.

帝国主义之亡中国，中国亦必自亡……行政院既有农村复兴委员会的组织，各地也成立了不少救济农村的团体，仿佛举国都觉悟了农村是中国立国的基础，农业问题是挽救中国的根本问题。"① 由此之故，"'救中国先救农村'这句口号，到现在可以说是弥漫了全中国。不问在朝在野，但凡是看清了世界大势和中国现状，并且正在热心寻求着一个可以复兴中国的根本办法的人们，没有不是朝朝夕夕在那里默念着这句口号的"②。

2. 农村衰败的表现

农村的衰败体现在各个方面，不仅仅在经济上，更在政治与文化方面。有学者在分析民国乡村建设运动的背景时，就将当时农村经济衰落归结为以下几方面：土地高度集中，农产价格低落、输出减少，农民购买力锐减，地价下跌、耕地荒芜，生产力下降、农产萎缩，农村金融日趋枯竭，农民绝对贫困化，大量农民流离与死亡。③ 纵观民国时期人们对农村衰败表现的描述大体相差无几，区别则更多在于或详或略，或全面阐述或就某一方面深入剖析。在此仅举几例予以说明。

1926 年，吴觉农在分析中国农村危机时讲到，我国农民生活的疾苦，不是今日才发生的现象，不过近年以来，越弄得不堪设想了。随后，他"把最浅鲜的例"拿来说明中国农村危机的主要表现。

一是土地分配不足。虽然边境旷地很多，但内地农民却有土地不足的恐慌，且越近都会、交通越便的地方，土地不足的现象也越加显著。其原因在于农民多富于保守性，不愿远徙他处；坟墓及荒地甚多，或为迷信所阻，或无资本经营；一部分平地农民，尚不能注意到数量众多的陵阜的高山上去；交通水利的不便；人口生产的过剩。在这诸多原因中，吴觉农认为第五点最有关系，即无节制的生育，造成人口过剩，耕地不足。

二是农民粮食恐慌。虽然米价已较三五年前增长一倍多，但农民却因将收获的四分之三或三分之二供给地主阶级，也就很难获利。加之，农民生齿日繁，新辟土地无几，山地等又不能出产米麦，便多有劳力过剩、食粮愈益恐慌。

---

① 杨季华. 皖北农村社会经济实况［M］//李文海. 民国时期社会调查丛编：乡村社会卷. 福州：福建教育出版社，2005：129.
② 乡村工作讨论会. 乡村建设实验：第 2 集［M］. 上海：中华书局，1935：1.
③ 郑大华. 民国乡村建设运动［M］. 北京：社会科学文献出版社，2000：1-65.

三是农民生活的穷困。家长负疾从事,子女面皮黄瘦,缺乏一定的滋养,成为当时农村一种普遍的现象。在吴觉农看来,当时中国农民对于蛋白质及脂肪的营养非常不足,不得已只得以蔬菜杂物等碳水化合物,充充空腹而已;这不但有害于国民健康,就是农业前途,也发生极重大的危险。

四是农家收入低减。中国农民本来缺乏科学的常识,各种农产也都没有改善的希望。加之当时丝茶及其他输出品已多年递减及价格低落,无形中减少了不少收入,这也就造成农民购买肥料、经营土地的财用变得愈加匮乏。

五是灾荒频仍。据农商部第五次的统计,农田及园圃因森林滥伐、水利失修与无有效的病虫害防治,每年损失不下 9 万万元,间接减少国家收入,直接就是断丧农家的元气。

六是受工商业的影响。随着工商业的发展,使农民越来越深地卷入市场,直接造成家庭手工业的衰落,间接被都会工业及商人榨取无数的金钱。农村青壮年转移到城市工业,不仅造成农村工价飞涨,且缺乏有力的劳动力。又因工商业逐渐发达,资本家买卖土地增多,地价亦从此增高,农民就越发感到痛苦。

七是受地方资本家的压迫。一般农民都苦于资本缺乏,而生产资料又随时需要费用,便在急用的时候不能不抵押自己所有的田地,或预卖还未收获的农副产品等。而借此放贷以盘剥重利的资本家,到处皆是。

虽然详列了这许多方面,但吴觉农仍在最后着重强调说,"上面不过约略举几个显著的例,其如因战争疫疠所受的损失,苛捐土匪的骚扰,因土地的散漫而使生产能力的减少;因交通河道的不便,而使物产不能运送;因婚姻丧葬等礼节的过繁,而使经济上发生极大的困难;因知识及团体能力的缺乏,而使居间商人任意的欺弄等等,那更不胜其枚举了。"[①] 有人就此形容到,"中国农村经济现已濒于破产之一途,农民生活贫困达于极点,总其痛苦状况,非笔所能罄书者"[②]。

3. 农村衰败的内外因

农村衰败的原因,虽然时人林林总总详列众多,但也都基本可以归结为帝国主义的侵略、封建统治的掠夺、天灾人祸的打击几个方面。对此,1933

---

① 陈翰笙,薛暮桥,冯和法. 解放前的中国农村:第 2 辑 [M]. 北京:中国展望出版社,1987:26-28.

② 董成勋. 中国农村复兴问题 [M]. 上海:世界书局,1935:5.

年，有人就讲到，"农村的崩溃，虽根源众多。然细按之，不外外受帝国主义的经济侵掠，工业制造品输入农村，破坏了固有手工业的生产。内受军阀的苛捐杂税，重重榨取，酿成天灾人祸！"① 图8-1、图8-2为20世纪30年代绘制的反映民国时期农村逐渐衰败的历程及原因的生动图像。②

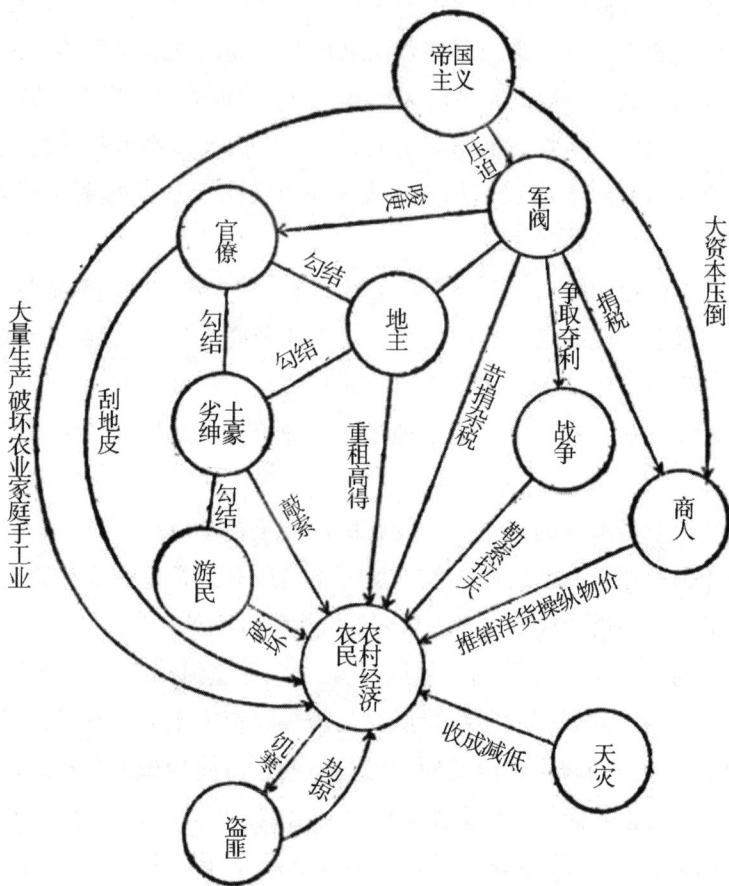

图 8-1　中国农村破产形成图

对于图8-1反映的农村破产情形，作者分析到，帝国主义者无论于直接上或间接上均可以支配农村经济，吸收农村现金，助长一切高利贷之盘剥，陷全国农村于僵死之地步；又因本国之工商业被其压倒后，只能于其底下推

---

① 杨霁云. 农村的破产与复兴 [J]. 新社会，1933，4（11）.
② 两图引自董成勳. 中国农村复兴问题 [M]. 上海：世界书局，1935：2, 4.

销洋货过活，一面将洋货输入农村，一面将金钱输入都市，再为自己利益计，更操纵物价，贱买贵卖，故农民即作俎上鱼肉矣；而土豪劣绅，上面联络官僚地主，下面勾结无赖游民，专赖剥削农民，以维持生活；一旦天灾或战争发生，部分农民因饥寒所迫沦为盗匪，再劫掠农民，辗转相寻，盗匪日众；结果，全国农村至于破产。[①] 对于图 8-2 所反映的情形，作者解释道，中国农村经济之破产，其内力破坏完全由于封建军阀割据而成，外力压迫是由于帝国主义者之侵略；但内力破坏为其近因，而外力压迫实为其远因。[②]

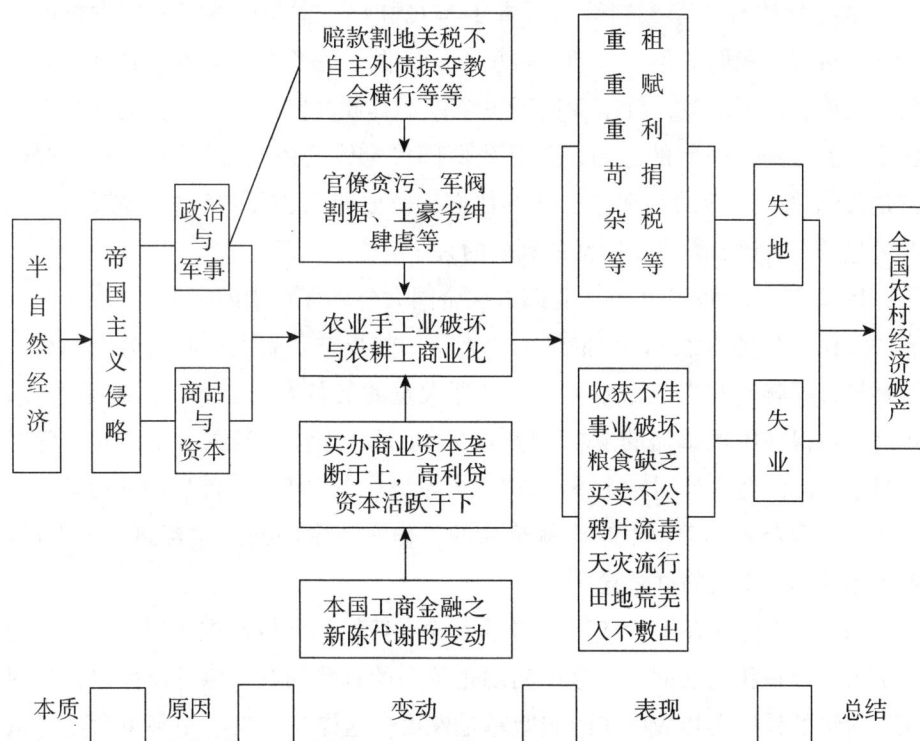

图 8-2 中国农村经济的变动

（三）农村与新民主主义革命

民国时期农村问题备受关注，与当时的革命形势与需要也有莫大关系。马克思曾说过：农民的利益同资产阶级的利益、同资本相对立了，农民就把

---

① 董成勳. 中国农村复兴问题［M］. 上海：世界书局，1935：2.
② 董成勳. 中国农村复兴问题［M］. 上海：世界书局，1935：5.

负有推翻资产阶级制度使命的城市无产阶级看作自己的天然同盟者和领导者。法国农民一旦对拿破仑帝制复辟感到失望，就会把对于自己小块土地的信念抛弃；那时建立在这种小块土地上面的全部国家建筑物都将会倒塌下来，于是无产阶级革命就会形成一种合唱，若没有这种合唱，它在一切农民国度中的独唱是不免要变成孤鸿哀鸣的。① 显然，无产阶级革命离不开农民的支持与参与，尤其对于中国这样的农业国。因此，更进一步的影响则是农村在中国革命中至关重要的地位和作用。

早在 1919 年，李大钊就在《青年与农村》一文中阐述了开发农村的意义。他讲道，我们青年应该到农村里去，来做些开发农村的事，是万不容缓的。农民若是不解放，就是我们国民全体不解放；他们的苦痛，就是我们国民全体的苦痛；他们的愚暗，就是我们国民全体的愚暗；他们生活的利病，就是我们政治全体的利病。去开发他们，使他们知道要求解放、陈说苦痛、脱去愚暗、自己打算自己生活的利病的人。②

1922 年 7 月，《中国共产党第二次全国大会宣言》中即指出，"中国三万万的农民，乃是革命运动中的最大要素……如果贫苦农民要除去穷困和痛苦的环境，那就非起来革命不可。而且那大量的贫苦农民能和工人握手革命，那时可以保证中国革命的成功"③。同年 11 月，陈独秀又在《中国共产党对于目前实际问题之计划》中指出，"无产阶级在东方诸经济落后国的运动，若不得贫农群众的协助，很难成就革命的工作……中国共产党若离开了农民，便很难成功一个大的群众党"④。

随后，毛泽东在 1925 年的《中国社会各阶级的分析》中指出，谁是我们的敌人？谁是我们的朋友？这个问题是革命的首要问题。他进而指出，中国无产阶级的最广大和最忠实的同盟军是农民，这样就解决了中国革命中的最主要的同盟军问题。⑤ 1926 年 9 月，毛泽东又在《国民革命与农民运动》一

---

① 中共中央马克思恩格斯列宁斯大林著作编译局. 马克思恩格斯选集：第 1 卷 [M]. 北京：人民出版社，2012：766，769.
② 陈翰笙，薛暮桥，冯和法. 解放前的中国农村：第 1 辑 [M]. 北京：中国展望出版社，1985：93.
③ 中央档案馆. 中共中央文件选集：第 1 册 [M]. 北京：中共中央党校出版社，1989：113.
④ 中央档案馆. 中共中央文件选集：第 1 册 [M]. 北京：中共中央党校出版社，1989：124.
⑤ 毛泽东. 毛泽东选集：第 1 卷 [M]. 北京：人民出版社，1991：3.

文中指出，"农民问题乃国民革命的中心问题，农民不起来参加并拥护国民革命，国民革命不会成功；农民运动不赶速地做起来，农民问题不会解决；农民问题不在现在的革命运动中得到相当的解决，农民不会拥护这个革命。"①

事实上，中国共产党建立农村革命根据地，走农村包围城市的革命道路，就已经用实践表明了农村在中国革命中的重要地位和作用。对此，毛泽东于1939年12月在《中国革命和中国共产党》一文中予以了清晰明确的阐述。他指出，因为强大的帝国主义及其在中国的同盟军，总是长期地占据着中国的中心城市，革命的队伍就必须把落后的农村造成先进的巩固的根据地，造成军事上、政治上、经济上、文化上的伟大的革命阵地，借以反对利用城市进攻农村区域的凶恶敌人，借以在长期战斗中逐步地争取革命的全部胜利。接着，他进一步指出，在这种情形下面，由于中国经济发展的不平衡与土地的广大，以及反革命营垒内部的不统一和充满着各种矛盾，由于中国革命主力军的农民的斗争是在无产阶级政党共产党的领导之下，就使得中国革命有在农村区域首先胜利的可能；而在这种革命根据地上进行的长期的革命斗争，主要的是在中国共产党领导之下的农民游击战争；因此，忽视以农村区域作革命根据地的观点，忽视对农民进行艰苦工作的观点，忽视游击战争的观点，都是不正确的。②

另一方面，民国时期的民族资本主义发展尚不充分，工人阶级力量薄弱，大革命失败以后，"中国共产党以毛泽东同志为首把革命的主要力量转到乡村，发动农民的土地革命和游击战争，建立革命根据地和工农民主政权。国民党统治区的农村经济也迅速破产，不论白区或赤色根据地，农村问题都是革命的中心问题。因此从帝国主义者到国内的各党派、各阶级，都纷纷讨论农村经济问题，代表不同的阶级利益，进行着激烈的争论。"③ 而当时的马克思主义经济学家就揭示了研究农村对说明中国社会性质和土地革命的意义，他们认为，"当时农村人口在全国人口中，农业在国民经济中，都占绝大比重，揭露帝国主义在农村中的掠夺和农村中的封建剥削关系，就可以说明中

---

① 中共中央文献研究室. 毛泽东文集：第1卷 [M]. 北京：人民出版社，1993：37.
② 毛泽东. 毛泽东选集：第2卷 [M]. 北京：人民出版社，1991：635-636.
③ 陈翰笙，薛暮桥，冯和法. 解放前的中国农村：第1辑 [M]. 北京：中国展望出版社，1985. 薛暮桥序.

国社会的性质，证明当时党领导的土地革命的正确性和必要性"①。薛暮桥曾回忆1933—1935年有关中国农村社会性质的论战时说，"伴随中国日趋深重的民族危机，农村经济情况更加恶化。农村破产的症结及其出路何在，成为世人瞩目、特别是思想理论界和广大知识青年所关切的突出问题。在中国农村社会性质问题上向较为广泛的读者群纠正谬误，澄清是非，已是迫切的客观需要。"正是由于以陈翰笙为代表的马克思主义经济学家们广泛而深入地进行了科学的农村经济调查，"真正掌握了客观的实际情况，占有无可辩驳的数据和实例，足以澄清许多似是而非的说法"。②

二、农村救济方案的探索

诚如前述，面对农村的衰败，无论政府、政党、社会组织、个人等，无不从各自立场和角度对农村救济方案展开了探索，提出了各种各样的主张，许多还付诸实践，或展开乡村实验。而在各种探索之中，又有一个共同之处，即大都展开了各种形式的农村调查。

（一）农村调查的展开

1. 农村调查之于救济农村

欲救济农村、复兴农村，一定要先了解农村状况，然后才能找到解决农村问题的正确道路，这是当时关注农村问题的人们的一个基本认识，也是兴起农村调查热的一个主要原因。

译者在翻译卜凯著《中国农家经济》时就讲到，"可是要复兴农村，我们必须先要对于农村的实况有一彻底的认识，然后才能分别缓急，对症下药，以最经济最有效的方法去获得最大的效果"③。而当时有关农村状况的资料十分欠缺，时人在开展农村工作时常常感叹，"惟农业经济研究工作头绪万端，发轫伊始，基础未固，各方需要资料每感欠缺，尤于运用之际，未能发挥其

① 钱俊瑞.中国农村经济研究会成立前后［M］//薛暮桥，冯和法.《中国农村》论文选（上）.北京：人民出版社，1983：7.
② 以上薛暮桥的回忆均引自薛暮桥.薛暮桥回忆录［M］.天津：天津人民出版社，1996：69，92.
③ 卜凯.中国农家经济［M］.上海：商务印书馆，1937，译者序.

切实之功效"①。

1932年，杨季华在谈到进行皖北农村社会经济实况调查的缘起时讲到，"夫惩前毖后，探本穷源，欲昭苏其困苦，非先从调查入手不可。欧美农业发达之国家，对于农业调查统计，无不集中人才，岁糜巨款者，深知调查统计，为改良农业、繁荣农村之根本也"。农村问题不仅迫切而重要，亦且复杂而繁难。因此，作者认为，"处今日之世，欲洞悉农村情形，惟有到乡间去与农民打成一片，方有研究之事实根据"。正是怀抱这样的目标，作者调查农民劣点与优点，使乡民具有正确之观念，然后能协同一致，发奋兴起，共趋向上之路，以达全民福利之目的。②

在当时社会名流为杨季华的皖北农村调查报告再版时所作序言中也对此多有表达。如杨亮功在序中所说，"从农村的急激崩溃中，产生了救济农村的需求和呼声。农村的亟待救济已成为铁一般的事实。而农村经济的实况的了解与农村崩溃的原因的寻求，实为复兴运动揭幕前一件切要而不可少的工作"。李顺卿在序中分析近年来农村复兴运动无甚功效，"究其原因，即在吾国农业，虽有数千年之经验，向乏科学方法，以言改良，缺乏统计，无以为依据，难期迈进。以言救济，对于农村经济状况，向无调查，未能彻底明了，故于经济之施设，无从着手。是国人有救济农村之谋，而未见有若何实效也"。在刘筹运所作序言中也表达了同样的观点，"空谈复兴农村，而不察农村的真相，不明农民的痛苦，亦如医生之不知病源，不观病象，是无从处方，无从施行手术的。职是之故，农村衰颓既为国家贫弱的症结，复兴农村，非从农村调查着手不可，诸如农村社会的组织，农村经济的现状，农村破产的远因近果，农民生活的痛苦程度，与夫一切有关农村问题的实况，要先缕析明了，然后才可以谈到农村的救济和农村的复兴。"③

另一方面，非但当时各类农村资料缺乏，就是已有的农业统计等也错讹较多，不足以为建设的依据。1929年，我国农业统计学奠基人、著名农业经济学家张心一曾对中国农业统计的状况评价说：农业统计如此重要，然而看

① 郑林宽，陈文理. 福建省农产贸易之研究 [M]. 福州：福建省农业改进处调查室，1946. 总序.
② 以上均引自杨季华. 皖北农村社会经济实况 [M]//李文海. 民国时期社会调查丛编：乡村社会卷. 福州：福建教育出版社，2005：136-137.
③ 以上均引自杨季华. 皖北农村社会经济实况 [M]//李文海. 民国时期社会调查丛编：乡村社会卷. 福州：福建教育出版社，2005：127, 128, 130.

看我国已有的统计，很觉得不能令人满意。民国以前，历代未尝没有农田与农产的调查，然而大都以财赋为目的，方法既甚粗疏，事项更极简略，不足以应统计之实。民国以后，农商部有逐年农商统计表的编制，虽较为完备，但基本材料全靠地方官厅或商会农会等征求而来，并没有根据切实的调查，所以数目往往离奇，屡经各方面指摘。地方实业厅也曾有农业调查统计表，虽比农商统计表更为详密，但也未能以切实的清查为基础，往往根据地方的揣测和报告。① 前述杨季华也讲到，当时中国"对于农民向无精确之统计，而历史记载，阅时已久，遭多次兵火虫鱼之劫，经过多人剿袭和假造，已不可靠。且一鳞半爪缺乏系统之叙述"②。

因此之故，调查研究农村实况也就成了解决农村问题的必然前提和基础。有人更是直接阐述了调查与建设的关系，"社会调查，在中国一向都不被人注意的，不过，因为近年农村破产得太凶，大家都嚷着到农村去，调查农村实况……等口号，所以农村社会调查就应时而行。因为社会调查和社会建设，原本是一件事的两面看法；社会调查是一种手段，社会建设是一种目的"③。有学者在回顾与总结民国时期中国农村调查时就认为，依靠某些对理论的认识在对中国社会生活进行改造的过程中实践，在实践中总结出更多的理论认识，这是社会学在中国社会发展的早期所经历的轨迹，在其中调查和改造是紧密地结合着的；乡村建设运动的倡导者们不仅仅是要说明一些问题，更是进行着改造中国农村的实验，他们对社会事实的认识常常就是改良活动的方案。④

2. 土地革命与农村调查

开展土地革命更离不开调查研究。1930 年，毛泽东在《反对本本主义》一文中就明确提出，没有调查，就没有发言权。他指出，调查就是解决问题，一切结论产生于调查情况的末尾，而不是在它的先头；而本本主义的社会科学研究法是最危险的，纠正的途径只有向实际情况做调查。接着，他进一步

---

① 张心一. 江宁县农业的调查 [M] //李文海. 民国时期社会调查丛编（2 编）：乡村经济卷（中）. 福州：福建教育出版社，2014：215.

② 杨季华. 皖北农村社会经济实况 [M] //李文海. 民国时期社会调查丛编：乡村社会卷. 福州：福建教育出版社，2005：136.

③ 陈国棨，卢明. 樟林社会概况调查 [M]. 广州：国立中山大学社会研究所，1936：编者序.

④ 李培林，孙立平，王铭铭，等. 20 世纪的中国：学术与社会·社会学卷 [M]. 济南：山东人民出版社，2001：140-141.

指出，离开实际调查就要产生唯心的阶级估量和唯心的工作指导，其结果，不是机会主义，便是盲动主义；社会经济调查是为了得到正确的阶级估量，接着定出正确的斗争策略，而中国革命斗争的胜利要靠中国同志了解中国情况。① 1942 年初，时任中央政治局委员、中央书记处书记的张闻天组织"延安农村调查团"，奔赴晋陕根据地开展长达一年多的农村调查。随后，他在调查总结中高度概括了调查研究对革命工作的重要性。他讲到，调查研究是从实际出发的中心一环，无论是对领导者或被领导者，都是绝对必要的；并且调查研究工作不是一时或阶段性的工作，而是一切工作的基本，是贯穿在全部工作过程中的基本工作，是全部工作中最重要的有机组成部分，是一切工作者都需要做的工作；调查研究工作做得是否充分，是决定一项工作成功的关键。②

20 世纪 20—30 年代，一批马克思主义经济研究者在我国马克思主义农村经济学先驱陈翰笙带领下，进行了大量农村调查。薛暮桥在回忆中说，只有深入农村，调查研究，点面结合，由浅入深，真正了解客观实际，才能从实际出发，分析研究，上升到理论高度，科学地回答现实生活中提出的问题，能够经得起实践的检验以及历史的检验。③

3. 社会科学本土化与农村调查

从另一方面而言，西方社会科学传入中国后，其理论方法并不都适应中国国情，也需要一个中国化的过程，这也需要开展实地调查研究。对此，有学者就讲到，"虽然，此欧美各国之情势也。其社会研究，以由工业发达而起之劳动问题为中心，以决定改造之方针。吾国工商业尚不发达，资本主义亦甚幼稚；五千年来，以农立国，主张保守，性好和平，但求自给，不喜竞争；政治、制度、文化、礼俗，莫不以此为根本；社会问题不如欧美之为都市的、工商的，而为乡村的、农业的，其情势大为相异，此农村社会之宜研究一也"④。直到 20 世纪 40 年代，国民政府教育部已将农场管理学列为各大学农学院主要必修课程，然讲授该课所用教材皆采用外国教本，常感理论与实际未能尽合。有鉴于此，金陵大学农业经济系教授卜凯编著《中国农场管理学》

① 毛泽东. 毛泽东选集：第 1 卷 [M]. 北京：人民出版社，1991：109-116.

② 张闻天选集传记组，中共陕西省委党史研究室，中共山西省委党史研究室. 张闻天晋陕调查文集 [M]. 北京：中共党史出版社，1994：330-332.

③ 薛暮桥. 薛暮桥回忆录 [M]. 天津：天津人民出版社，1996：94.

④ 顾复. 农村社会学 [M]. 上海：商务印书馆，1935：绪言.

一书，其对农业推广人员、决定农业政策以及农场管理者，均属有用。而该书所用资料即主要为金陵大学农业经济系所搜集，阐述农场管理学之原理的佐证也主要以所得中国农场管理之实际资料。① 著名社会学家、新中国成立后任中国科学院副院长的陶孟和，曾于1932年批评了当时盲目照搬西方理论与方法以图解决中国社会问题的现象；主张用科学的精密的方法，研究我们自己的现实社会，必须先认识自己的社会，然后才可以根据这认识规定改进社会的计划。②

总体上看，举行农村调查的主体可谓十分多元，既有高等院校，也有各种研究机构及社会团体、政府机构、各党派、个人等。高等院校举行的农村调查成果显著者，包括燕京大学、清华大学、金陵大学、北平大学、浙江大学、岭南大学等。科研机构举行农村调查成就最显著者为北平社会调查所和国立"中央研究院"社会科学研究所，而乡村建设派在进行乡村建设实验之前和进行过程中一般都会进行实地社会调查，以为建设实验的根据。其他诸如政府、党派、个人等举行的农村调查不胜枚举。

（二）农村问题解决方案的探索

调查农村、研究农村，其目标则在救济农村、复兴农村。综观民国时期有关农村问题的解决方案，虽然林林总总、五花八门，但归结起来无非是改良和革命。有学者在回顾中国近代农业经济研究时总结：从卜凯开始，对中国近代农业问题的认识分成了两种观点，即以卜凯为代表的"技术学派"，他们认为中国近代农业问题主要是经济问题，解决方案是广义的技术进步；以陈翰笙等中国马克思主义学者为代表的"分配学派"，他们使用了阶级分析的方法，认为中国农村最主要的问题是土地分配不均，解决方案是重新分配土地和财产；技术学派的观点曾成为国民党政府制定农业政策的基础，而分配学派的观点则成为共产党社会革命的理论基石。③

1. 改良主义的农村救济方案

总体来看，民国时期各类有关农村的调查研究，基本都会提出相应的解

---

① 卜凯，等.中国农场管理学［M］.戈福鼎，汪荫元，译.上海：商务印书馆，1948：原序.
② 李景汉.定县社会概况调查［M］.上海：上海人民出版社，2005：陶序.
③ 陈意新.美国学者对中国近代农业经济的研究［J］.中国经济史研究，2001（1）：118-124，137.

决方案。如《四川峨眉山 25 个田区之调查》一文，针对农村中的问题，作者认为，居民太密，地质不肥，所以移民乃一件切实之建议，省边各地，居民稀少，极宜于移民。而改善农民贫困境况最急需的工作，乃是向他们介绍科学的耕作方法，在各学校课程上，并须加以农业的训练。新法之有成效者，须介绍之，并以财政帮助之，以各项证明而辩服各人，使其效用新法，如善种之支配、防范树木虫病之方法等，皆能助其改善经济之地位；在中学或大学里，须传农事之纲要，使人人对于中国农业，都存有改善之决心。而在《四川成都平原 50 个田家之调查》中，作者根据田产之经营及状况的调查，认为可以改良的地方：第一是增加田地生产力，可以采取消灭虫类及其他植物之病，改良种子及选择新种，施用人造的肥田料等。第二是建设农家新的耕种以外的生利事业，以增加原有之收入，这属于家庭工业方面，与扩大市场、增加运输有很大的关系；在各田上工作之人实太多，可用于其他增加入息改良经济之方法。第三是减少一定面积之田地需养之人数，求其解决，非振兴工业及移民不可，且移民是一个补救的方法，可减少耕种区域每平方公里的人口。最后，作者感叹道，若政局平靖，建筑道路，保障商务，奖励普及教育以及科学的耕种方法，成都平原真不难变为"中国之乐园"。①

实际上，类似的见解在当时很普遍，其依据则是对中国农村状况的认识，即人多地少、地块零散、缺乏资本、生产力低下等是造成农村衰败的主要原因。这其中又以乔启明的分析较具有代表性。他概括中国农民生活程度极低的缘由有四：一是农村人口过多，家庭过大，生产者少而消费者多。二是农场面积过狭，人工的劳力，田地的产量，每年经营的收入，自然跟着缩小，生活当然不能充裕满意。三是生产效力过低，净利收入自少。四是交通不便，农产物销售难以扩大，谷贱伤农的事就难以避免。而提高农民生活程度就非先排除这些障碍不可，由此乔启明提出相对应的改进方案：第一，应实行移民殖边，提倡实业，使内部人口不至过密，农场人口可以被一部分的工场吸收，节制生育亦可在某种范围内实行；第二，农村人口密度降低，农场面积增大，农家收入自然增高；第三，农场面积增大后，可利用机器增加生产效力，生产费用亦随之减低，获利可丰厚；第四，交通发展实为目下的急务，

---

① 以上均引自戴乐仁，等．中国农村经济实况［M］//李文海．民国时期社会调查丛编（2 编）：乡村经济卷（上）．福州：福建教育出版社，2014：68，84-85．

国家方面当尽力提倡发展，农产物销路自随之增高。① 21世纪初，有学者曾评价，乔启明的结论很具有现代学术水平，即便是在今天，那些自认为很有深度的研究如何提高农民收入的文章，提出的途径也无非就是多种经营、劳动力转移、非农化、兼业、发展乡镇企业等等，并无新意。②

　　卜凯在《河北盐山县一百五十农家之经济及社会调查》中就认为，人口向外移殖以及食物营养不足因而致命者，与农家之大小（即人口多少）有极密切之关系。由于农场营业大小，影响于农民幸福者甚巨，故可用通过增加农场面积、种植较集约之作物、施行较精密之耕作方法以增大；若按农场面积大小与农家人口多少而言，可通过殖民、节制生育增加农场面积。但卜凯又认为，农民向开辟未竟之地方移植，或改事他种职业，固皆可使留居家中农民之土地增多；发展实业，固亦可使过剩之人民，得以图谋生活；然亦有一定之限度，若一旦超过土地所能供给之分量，于事实亦仍无补。由此，节制人口就显得十分必要。最后，他讲到，若当地实业可以渐次发展，人民教育程度渐次增高，人口之繁殖亦有适当之限度，则人民之生活程度始可提高，人民之社会经济状况始有一线之希望。③ 此外，卜凯还在《中国农家经济》一书中对改进农村经济提出更为详尽的见解，其中他还讲到，进步的交通、流动的金融与良好的市场，可以使农人的出产物数量增多而品质渐好。至于水旱灾害的影响，卜凯认为，举办水利工程固然能防止极大的水患，而从事造林亦能减低冲刷，使泥沙不至淤塞河道形成水灾；不过在水利工程与造林事业未能发达之先，还要以金融与交通为减低灾荒程度最佳的良剂。④

　　而《陕西农业经济调查研究》则认为，陕西农村土地利用仍属零细，农业经营极不合理，农村人口亦相当稠密，倘不及时匡正，过时又复踏入衰落之阶段。由此，作者提出解决的方案包括：因陕西地多平原，土壤之差异甚微，灌溉排水方便，无水源之争执，且田野无分界，合并甚易，同一村庄之土地，地价又恒一律，因是在实行交换合并之际，纠纷较少；可重行整理土地，交换土地，化零为整。而整理重划后之土地，可采用合作农场方式，共

① 乔启明．中国农民生活程度之研究［J］．社会学刊，1930，1（3）．

② 李培林，等．20世纪的中国：学术与社会·社会学卷［M］．济南：山东人民出版社，2001：165．

③ 卜凯．河北盐山县一百五十农家之经济及社会调查［M］//李文海．民国时期社会调查丛编（2编）：乡村经济卷（上）．福州：福建教育出版社，2014：167-168．

④ 卜凯．中国农家经济［M］．上海：商务印书馆，1937：563-565．

同经营，采用新式农具，兼营各种利用农产之副业，共同购买，共同贩卖，经营结果则共同分配。施行之始，可以一村为单位，将全村之土地，依地形分为数个农场，以全村之人力共同经营，并可先设示范村而后推及全县。至于农业所需资本，可以利用合作社之方式取得；农民日用所需，亦可藉消费合作之组织，以取得物美价廉之货物。厉行民生主义之土地政策，保证佃农，予雇农以土地，并扶植自耕农为合理之经营；出租之土地当向政府登记，其租率由政府规定，并不得任意撤佃，农民对土地之利用亦须受政府之扶植、指导、监督与奖励。此外，还可设立工厂，利用当地之主要农产从事各种工业品制造；开发交通，使剩余农产品及工业品可向外输出；开渠凿井，改良品种、肥料及耕作方法等均属农业分内应行改良之事项。在作者看来，准上所述进行，则陕西农村，可长保今日之繁荣。①

虽然这些救济农村的主张林林总总，但大多为治标之策，且基本集中于生产力因素。乔启明曾评价当时各种乡村建设主张，"议论丛集，方策甚多，其中自皆言之成理，各有所见，而求其确能洞明症结，切合时弊的中肯綮者，尚不多观。"由于中国幅员辽阔，农情互殊，问题错综，现象复杂，又无整个可靠的调查，依据局部的或区域的资料提出的方案未免会有"头痛医头脚痛医脚"之感。② 薛暮桥更是批评这些调查研究，或者以自然条件为主要研究对象，或者以生产技术为主要研究对象，或者以封建剥削为主要研究对象，或者以农产商品化程度为主要研究对象，很少能够把握着中国农村问题的中心。③

2. 生产关系变革与农村问题解决

在马克思主义经济学者看来，农业经济的中心问题应是探讨某一特定的社会发展阶段中农村社会的生产关系，也就是应当研究某种社会内农业部门各种经济的关系，而求得其一般的准则。而卜凯的研究办法，正是代表国外和国内一般农业经济学家的见解，这种办法非但是偏而不全，且没有找到问题的中心。他们认为，在近代中国，农业经济的几个主要问题乃是列强资本对于中国农村直接间接的支配，国内封建性剥夺的加强，转化农村阶层的分

---

① 以上均引自熊伯蘅，万建中. 陕西农业经济调查研究［M］//李文海. 民国时期社会调查丛编（2编）：乡村经济卷（上）. 福州：福建教育出版社，2014：221-222.

② 乔启明. 中国农村社会经济学［M］. 上海：商务印书馆，1947：自序.

③ 薛暮桥. 怎样研究中国农村经济［M］//薛暮桥，冯和法.《中国农村》论文选（上）. 北京：人民出版社，1983：34-38.

化和小农经营的统治等；这些问题才是规定中国现阶段农业经济特性及其发展前途的主要因素；至于人口、农场大小、农业劳动、耕畜和肥料等问题，只有在这里才能得到一个综合的合理的说明。① 基于此，卜凯等既然没有把握中国农村社会的本质，其所提救济农村的见解也就谈不上对症下药了。

实际上，以陈翰笙等为代表的马克思主义经济学家研究中国农村经济，最根本的问题是要彻底地明了农村生产关系和这些生产关系在殖民地化过程中的种种变化；在他们看来，寻找那些压迫中国农民的主要因子，并将其铲除，非但农民可以活命，我们的民族也便有翻身独立的一日。② 进而，他们提出农村经济学的研究对象应是农业生产过程中人与人的关系（农业生产中的社会生产关系），而不是人与自然（人与土地、机械、肥料等）的关系；③ 并要从整个国民经济甚至世界经济的联系之中来观察农村问题，必须进而研究中国农村社会复杂的经济结构，以及直接间接支配着中国农民的整个经济体系。④ 其在农业经济研究领域中的任务，是在从农村生产关系演变的过程中，全面阐明其本质与归趋，从而"规定一种新的能使生产力更进一步发展的社会形态"。⑤ 他们认为，土地问题，主要是指土地的分配问题，是中国农村问题的核心，其原因则在于：土地是农业生产最主要的生产手段，而中国的耕地绝大多集中在地主富农手中；中国目下农村资金的积累与剥夺，主要以"土地所有"这一种财产关系为根据；农村劳动力的荒废起因于农民的失地，而完成于大土地所有者的不致力于大规模的经营。⑥

1930年4月，著名的马克思主义理论家吴黎平在《中国土地问题》中讲到，土地问题是中国革命在目前阶段上的一个中心问题，也就是1925—1927年大革命所提出来而没有得到解决的一个基本问题。他认为，对于土地问题

① 以上均引自钱俊瑞. 评卜凯教授所著《中国农场经济》[M] //薛暮桥，冯和法.《中国农村》论文选（下）. 北京：人民出版社，1983：898.

② 《中国农村》发刊词 [M] //薛暮桥，冯和法.《中国农村》论文选（上）. 北京：人民出版社，1983：32.

③ 孙冶方. 农村经济学的对象 [M] //薛暮桥，冯和法.《中国农村》论文选（上）. 北京：人民出版社，1983：43-44.

④ 薛暮桥. 怎样研究中国农村经济 [M] //薛暮桥，冯和法.《中国农村》论文选（上）. 北京：人民出版社，1983：38.

⑤ 钱俊瑞. 现阶段中国农村经济研究的任务 [M] //薛暮桥，冯和法.《中国农村》论文选（上）. 北京：人民出版社，1983：88.

⑥ 钱俊瑞. 现阶段中国农村经济研究的任务 [M] //薛暮桥，冯和法.《中国农村》论文选（上）. 北京：人民出版社，1983：88-89.

的正确了解，"是先进阶级前锋能在目前革命中完尽其领导作用的一个先决条件"；而中国农村经济危机的加深，恰恰是现存社会制度阻碍并破坏农村生产力发展的深刻的表现，其基本原因就是农村土地关系的羁绊。在吴黎平看来，在现存的土地关系之下，农民是没有出路的。因之，土地问题不经彻底地解决，中国农村经济生产力没有发展的可能，农民状况也没有坚决改善的希望。土地问题，于是就成为中国数万万农民群众的生死的问题，也就成为中国革命在目前阶段上的最主要的急待解决的问题。①

因此，在马克思主义经济学家看来，民国时期中国农村仍是半殖民地半封建社会。"帝国主义的资本已经掌有中国农村的完全支配权；这种支配有的采取直接的形式，而多半还是透过中国买办性的资本跟封建和半封建的势力实现出来……农村的直接生产者虽然多数变成无产者和半无产者，可是他们终不能大批地走进资本主义的生产之门；他们终陷溺在饥饿的小农经营里面，过他们接近中世纪的生活。"② 而中国农村，"在帝国主义所栽养的封建残余统治之下，充满着水旱、瘟疫、饥饿的现象，充满着苛捐、杂税、压迫、屠杀的政绩。中国的农民过着牛马不如的生活"。由此，也就进而提出，只有执行土地革命与消灭封建残余，才能免除这种非人的生活，把农村从水旱、瘟疫、饥饿、苛捐、杂税、压迫、屠杀之下解放出来。而中国农村，亦要经过执行反帝的民族解放运动与推翻封建势力的土地革命二种同时并行的工作才能解放出来；要肃清封建势力自不能不推及维持封建势力的帝国主义，要打倒帝国主义自不能不打倒帝国主义所利用的工具——封建势力。然而实现这项工作，农民是不能单独执行的。由此，也就提出工农联盟的问题。"到今日，农民不但不当单独进行其解放而亦不能单独进行其解放……从革命的客观条件来说，从社会阶级的成分来说，农民只有与无产阶级结坚决之同盟而受其领导，然后才能执行反帝与土地革命的工作，才能彻底地扫除社会上一切的剥削关系，才能获得真正的解放。"③

除上述解决农村问题的主张外，晏阳初的平民教育运动，梁漱溟的乡村

---

① 陈翰笙，薛暮桥，冯和法. 解放前的中国农村：第 1 辑 [M]. 北京：中国展望出版社，1985：350-351.

② 陶直夫. 中国农村社会性质与农业改造问题 [M] //薛暮桥，冯和法.《中国农村》论文选（上）. 北京：人民出版社，1983：130.

③ 上述引文均引自陈翰笙，薛暮桥，冯和法. 解放前的中国农村：第 1 辑 [M]. 北京：中国展望出版社，1985：454.

建设理论、农村工业化、城市化等都在当时产生了较大影响。但在当时的国内外环境下，试图通过改良的方式解决农村问题显然是走不通的。

农村在中国一直都占据着十分重要的地位，即便时至今日，亦不例外。然而，民国时期农村却成为全国上下广泛关注和讨论的一个"问题"，除因农村之重要，显然也与一定的政治、经济、社会等环境有紧密的关系。农村问题就是中国问题，已然成为当时人们的共识。政府、政党、社会团体，以至个人，纷纷投入农村的调查与研究，提出各自的解决农村问题的主张或方案，进而展开讨论，甚至激烈的论战。在此之前，中国农村从未受到过如此广泛而深入的关注。回溯历史，我们看到的不仅仅是当时人们强烈的现实关怀，更有相当多人挽救民族危亡、实现复兴的历史责任感。而他们对当时中国农村历史与现实的透彻观察与研究，富有智慧的思想与主张，更是我们当前和今后实现乡村振兴的重要历史借鉴。

推荐阅读书目：

[1] 毛泽东. 毛泽东农村调查文集 [M]. 北京：人民出版社，1982.

[2] 陈翰笙，薛暮桥，冯和法. 解放前的中国农村（一、二、三辑）[M]. 北京：中国展望出版社，1985、1987、1989.

[3] 郑大华. 民国乡村建设运动 [M]. 北京：社会科学文献出版社，2000.

[4] 苑书义，董丛林. 近代中国小农经济的变迁 [M]. 北京：人民出版社，2001.

[5] 李金铮. 近代中国乡村社会经济探微 [M]. 北京：人民出版社，2004.

[6] 温乐群，黄冬娅. 二三十年代中国社会性质和社会史论战 [M]. 南昌：百花洲文艺出版社，2004.

[7] 费孝通，张之毅. 云南三村 [M]. 北京：社会科学文献出版社，2006.

[8] 王先明. 走近乡村——20世纪以来中国乡村发展论争的历史追索 [M]. 太原：山西人民出版社，2012.

第九讲

近代中国的知识女性群体

女性，作为近代中国四万万同胞的半边天，与男性同盟者一同为寻求民族独立和国家复兴呐喊奔走。她们追求独立、拥抱自由、呼吁平等，在浩瀚夜空的各个角落闪着微光，汇聚成璀璨的"薪火"，共同照亮黎明到来前的漫漫暗夜。每一个故事的展开，每一段芳菲的岁月，都从不同的角度切近了近代中国女性解放的多元谱系。她们或是走在女性解放道路的前列，或是在星空长河中"随波逐流"，又或是演绎着看似颇有些"格格不入"的独特命运。女性作为"书写历史"的主体与"被历史书写"的客体，在时代舞台上走过的足迹，在历史天空中留下的回声，唱响了一曲曲浪漫的长歌。

女性史的研究，实为观察近代中国政治、社会与文化变革的一个重要窗口。女性既可作为历史研究的对象，也可成为切入历史场域的凭借。透过知识女性的生命历程，管窥近代中国社会的一个个侧面、一层层问题，可为理解和阐释时代转型与历史变革提供多维的视角与立体的空间。从性别研究的角度出发，解读近代中国政治、思想与社会的密码，将有助于我们拨开历史风云的重重迷雾，还原男性世界以外更为细腻立体的生活形态。

近代女子教育发端以来，传统社会"女子无才便是德"的观念逐渐出现了松动的表征，各种新式与现代的女性观念随之萌芽，催生了近代知识女性群体的诞生。本讲择选了九位跨越晚清民国，身处各个领域，拥有不同身份的知识女性，分别是吕碧城（女教育家）、秋瑾（女革命家）、唐群英（女权运动领袖）、张竹君（女医师）、胡彬夏（女报人）、马振华（女教师）、王人美（女影星）、关露（女间谍）、王苹（原名王光珍，女导演），以长时段的眼光，去探讨近代中国事件、文本与社会镜像中的性别文化转型诸议题。她们历经从辛亥鼎革到共和肇建，从五四运动到两次国内革命战争，从抗日救亡到新中国成立各时期，均是近代中国不同历史阶段具有代表性和典型性的人物。其身份、角色与记忆富于个性化、生动性、鲜活性，从多侧面、动态地、立体式展现出知识女性所处的时代性特征，这为从不同时段的女性人物反映不同时代的历史，从不同的女性职业反映不同领域的历史，提供了一种可行性的研究方案。

一、近代中国女性史研究的学术回顾

学术界围绕近代中国女性史与近代中国女性文化这一问题，已陆续出版了一系列优秀的学术作品。有关中国近代妇女通史主要有：顾秀莲主编《20世纪中国妇女运动史》①，吕美颐、郑永福《中国妇女通史（民国卷）》②，涉及的具体议题主要涵盖以下四个方面。

一是涉及晚清女性与社会，学界对于晚清女性史的研究起步较早且已具备相对成熟的水平。罗苏文在《女性与近代中国社会》中将晚清妇女解放视为"千年一遇之变局"，剖析了传统中国社会男女性别分工与地位差异产生的根源，从女子教育、女子装饰、女子就业、婚俗与消费观念的变革等方面分析了近代化进程中女性地位与角色的变化，并比较了城乡之间女性群体的差异，是 1995 年世界妇女代表大会在中国召开后涌现的重要论著③。王绯在《空前之迹：中国妇女思想与文学发展史论（1851—1930）》中将近代妇女解放思想与文学的演进脉络分成太平天国革命、维新革命、辛亥革命、五四运动、大革命时期等五个阶段，概括出其相继呈现的原创性、先驱性、独立性、阶级性、民族性的重要特征与发展趋向，将 1851—1930 年妇女解放的历史轨迹创造性地连缀成为一条"空前之迹"④。杨剑利在《女性与近代中国社会》中从社会史的角度，分专题探讨了清末民初的女性问题，包括女子缠足等陋俗的变革、近代学制中女子教育的发展、女性在婚姻家庭中的角色变迁、法律实践中的性别关系等，勾勒出贯穿女性从传统迈向现代社会进程中的新与

① 顾秀莲. 20 世纪中国妇女运动史［M］. 北京：中国妇女出版社，2008.
② 郑永福，吕美颐. 中国妇女通史（民国卷）［M］. 杭州：浙江大学出版社，2010.
③ 罗苏文. 女性与近代中国社会［M］. 上海：上海人民出版社，1996.
④ 王绯. 空前之迹：中国妇女思想与文学发展史论（1851—1930）［M］. 北京：商务印书馆，2004.

旧、变革与反变革的冲突与激荡①。刘慧英在《女权、启蒙与民族国家话语》
中梳理了近代民族国家话语的兴起中有关性别的言说，着重探讨了女性、政
治与家国之间的关系，包括女性启蒙的功利性、无政府女权主义反民族国家
的立场、以男性为本位的妇女主义等，引起了学界的热议与争论②。夏晓虹的
《晚清女性与近代中国》③《晚清文人妇女观（增订本）》④《晚清女子国民常
识的建构》⑤ 尤为值得关注，她通过丰富的报刊史料返回晚清历史现场，将
女性故事作为透视晚清社会的窗口，以个案研究的形式展现了先进女性有别
于传统的精神世界，并解读了男女两性文人有关妇女问题的论述，借助晚清
女子启蒙读物的生产与传播，还原出近代中国国民常识的知识图谱，是将文
学与史学融合的经典著述。秦方在《"女界"之兴起：晚清天津女子教育与女
性形象建构》中以晚清天津女学为研究对象，在吸收海外汉学理论方法的基
础上，将晚清天津女学师生的游移经验、天津画报中的女学呈现等作为探究
新女性形象与气质的重要维度，是近年来近代女性史研究的一部力作⑥。

　　二是涉及民初的女权与女子参政运动，海内外关于近代中国女权运动的
研究比较充分。美籍学者王政主编的论文集《百年中国女权思潮研究》收录
了海内外历史学、文学、社会学等多学科领域的学者的代表性论文，是百年
来在中国大陆举办的关于中国近代女权史研究最大规模的国际学术研讨会的
成果结晶⑦。日本学者须藤瑞代的《中国"女权"概念的变迁：清末民初的
人权与社会性别》细致梳理出近代以来西方"女权"概念如何引入中国本土、
"女权"的概念与内涵历经着怎样的演变、各界精英对于"女权主义"的展
开与实践，以及"贤妻良母论"如何消解着"女权论"，由此窥视清末思想
与社会的变动⑧。澳洲学者李木兰在《性别、政治与民主：近代中国的妇女
参政》中较为全面地探讨了 1900—1948 年中国妇女争取选举权与参政权的历

① 杨剑利 . 女性与近代中国社会 ［M］. 北京：中国社会出版社，2007.
② 刘慧英 . 女权、启蒙与民族国家话语 ［M］. 北京：人民文学出版社，2013.
③ 夏晓虹 . 晚清女性与近代中国 ［M］. 北京：北京大学出版社，2004.
④ 夏晓虹 . 晚清文人妇女观 ［M］. 增订本 . 北京：北京大学出版社，2016.
⑤ 夏晓虹 . 晚清女子国民常识的建构 ［M］. 北京：北京大学出版社，2016.
⑥ 秦方 . "女界"之兴起：晚清天津女子教育与女性形象建构 ［M］. 北京：中华书局，
　 2019.
⑦ 王政，陈雁 . 百年中国女权思潮研究 ［M］. 上海：复旦大学出版社，2005.
⑧ 须藤瑞代 . 中国"女权"概念的变迁：清末民初的人权与社会性别 ［M］. 须藤瑞代，
　 姚毅，译 . 北京：社会科学文献出版社，2010.

程，及其对男性政治家、立法议员、政府官员产生的冲击，揭示出在此期间进步人士与保守势力之间的博弈及较量，以及各方为推动民主代议制政治结构新理念的发展而设计的制度保障①。宋少鹏的《"西洋镜"里的中国与妇女：文明的性别标准和晚清女权论述》以全球史研究的视野，考察了欧洲文明论的性别标准如何在近代中国传播、转化，以及对中国妇女运动产生影响，是近年来研究女权运动史的重要论著②。方祖猷的《晚清女权史》将晚清女权运动的发展分成戊戌维新时期、二十世纪初期、辛亥革命时期三个阶段，探讨了19世纪中期西方文明的输入、顽固守旧派的阻挠对戊戌维新时期女权主义思潮从初兴到受挫的影响，分析了"西学东渐"与"东学西渐"的深入与二十世纪初期女权思潮复兴之间的内在关联，勾勒出辛亥革命时期女子团体的勃兴与女权运动的高涨等史事，汇集了作者对于近代女性史研究毕生的精华③。

　　三是涉及五四时期的妇女之声，学术界关于五四时期女性与社会的研究，有如下代表性论著。黄兴涛在《"她"字的文化史：女性新代词的发明与认同研究》中考察了五四新文化运动时期发明的指代女性身份的代词"她"字的诞生、早期书写与实践、"她"字存废的论争、"她"字的社会化进程，及其背后关涉的女性意识、中西方文化的碰撞等内涵，令人耳目一新④。梁景和在《五四时期社会文化嬗变研究》中系统梳理了五四时期开放女禁与男女同校、男女社交公开思潮、贞操观受到批判、性伦文化的变革等重要议题，是研究五四时期社会文化史及妇女史的重要著作⑤。赵妍杰在《家庭革命：清末民初读书人的憧憬》中侧重分析在传统政、学、教体系崩溃的进程中，包括争议中的自由恋爱、婚姻中的性与爱、婚姻解体的去道德化等家庭革命论题，是近来学界涌现的新锐之作⑥。

　　除此，在女性文学方面，孟悦、戴锦华的《浮出历史地表：现代妇女文

---

①　李木兰. 性别、政治与民主：近代中国的妇女参政 [M]. 方小平, 译. 江苏：江苏人民出版社, 2014.

②　宋少鹏. "西洋镜"里的中国与妇女：文明的性别标准和晚清女权论述 [M]. 北京：社会科学文献出版社, 2016.

③　方祖猷. 晚清女权史 [M]. 浙江：浙江大学出版社, 2017.

④　黄兴涛. "她"字的文化史：女性新代词的发明与认同研究 [M]. 福州：福建教育出版社, 2009.

⑤　梁景和. 五四时期社会文化嬗变研究 [M]. 北京：人民出版社, 2010.

⑥　赵妍杰. 家庭革命：清末民初读书人的憧憬 [M]. 北京：社会科学文献出版社, 2020.

学研究》被誉为"中国女性批评和理论话语'浮出历史地表'的标志性著作"。作者借助西方女权主义理论，通过解构传统男权主义的性别中心观，细致阐释了庐隐、冯沅君、冰心、凌叔华、丁玲、白薇、萧红、苏青、张爱玲等9位现代女作家，如何在文本书写中扮演着性别群体文化代言人的角色，并视五四时期为女性从历史地心的蜷伏突破出来并踏上历史地平线的转型期，对于现代文学中的女性作家、作品与女性意识进行了重评，在现代女性文学研究中奠定了开山之作的位置①。刘思谦的《"娜拉"言说——中国现代女作家心路纪程》通过文本的解读，触摸五四以来庐隐、冯沅君、石评梅、冰心、凌叔华、丁玲、白薇、萧红、林徽因、杨绛、苏青、张爱玲等12位女作家的创作心路，同样被誉为"女性文学批评的开山代表作之一"②。以上两部论著从女性文学史的角度，揭示了五四以来知识女性的群体经验、觉醒后的彷徨与困厄。

四是涉及20世纪30—40年代性别、战争与国族主义等，包括"摩登女郎"、健美风尚、婚姻与家庭、"娜拉"形象演变、女性革命等在内的众议题。

关于"摩登女郎"与电影女演员的研究，姜进等在《娱悦大众：民国上海女性文化解读》中分专题细致探讨了都市女演员的产生及困境、上海少女歌舞团的兴起、上海舞女群体与现代性文化的重新定位、战时上海女性题材的话剧、戏曲与电影，是一部将女性主义史学、大众文化史、文化社会史多视角融合的论著③。美籍学者张英进主编的《民国时期的上海电影与城市文化》收录了有关歌女、舞女、女明星与娼妓研究的重要论文，包括报纸杂志对歌女与舞女的评头论足、女明星的形象由负面转向正面、电影对于娼妓的表现与同情所引发的争议等，是海外汉学研究中国电影史的力作④。

值得一提的是，有关"近代中国女性、战争与革命"这一问题，学界近年来在研究视角与研究路径方面的转向。郭冰茹的《20世纪中国小说史中的性别建构》解读了20世纪30—40年代的战争中断了五四以来女性对于自由

① 孟悦，戴锦华．浮出历史地表：现代妇女文学研究［M］．郑州：河南人民出版社，1989.
② 刘思谦．"娜拉"言说：中国现代女作家心路纪程［M］．上海：上海文艺出版社，1993.
③ 姜进，等．娱悦大众：民国上海女性文化解读［M］．上海：上海辞书出版社，2010.
④ 张英进．民国时期的上海电影与城市文化［M］．苏涛，译．北京：北京大学出版社，2011.

恋爱与自由婚姻的追求，促使知识女性放弃了觉醒的自我，进而投身革命浪潮的转折与进程，并勾连了丁玲、萧红、张爱玲等女性日常生活与女性文本书写之间的互动①。陈雁在《性别与战争：上海（1932—1945）》中突破了传统女性战争史着重关注妇女救亡活动的研究路径，考察了一些特殊的女性群体如何构成了战时上海多元的社会面相，包括"摩登女郎"、职业妇女、女画家、"抗战夫人"等，探究战争对于女性生存体验的影响、女性记忆与民族国家话语的关联，以及其所遭遇的道德评价与法律审判，研究视角颇为新颖②。

有关"娜拉"形象的演变、"娜拉"与现代中国革命的研究，以下代表性论著值得注意。台湾学者许慧琦的《"娜拉"在中国：新女性形象的塑造及其演变（1900s—1930s）》勾勒出"娜拉"现身中国的光谱，诠释出"娜拉"符号承载的内涵及其在近代中国扮演的角色与时代意义、新女性与新女性形象之间的落差、"娜拉"融入政党话语与民族国家建构的趋势、中西方"娜拉"谱系的对比等重要内容，是系统研究"娜拉"问题的重要专著③。余华林的《女性的"重塑"：民国城市妇女婚姻问题研究》探讨了民国时期女性独立、一夫一妻等新式婚姻观念的产生及其引发的社会争论，揭示出女性在近代婚姻生活的改造中的角色和处境，以及性别与社会因素对于女性"新思想旧道德"形象的塑造，注重观念史与社会史的结合与互动④。杨联芬的《浪漫的中国：性别视角下激进主义思潮与文学（1890—1940）》分析了男女恋爱、社交公开、自由结婚、自由离婚等西方自由平等观念在近代中国的传播以及在文学文本创作中的实践，解读了"娜拉"身份的建构及其出走后遭遇的困境，揭示出"贤母良妻"的现代命运与民国伦理观念的变迁，同时透视激进主义思潮在女性解放问题上的投射，是将文学史、社会史、思潮史融汇统合的典范之作⑤。

---

① 郭冰茹. 20世纪中国小说史中的性别建构 [M]. 上海：华东师范大学出版社，2013.
② 陈雁. 性别与战争：上海（1932—1945）[M]. 北京：社会科学文献出版社，2014.
③ 许慧琦. "娜拉"在中国：新女性形象的塑造及其演变（1900s—1930s）[D]. 台北：政治大学历史系，2003.
④ 余华林. 女性的"重塑"：民国城市妇女婚姻问题研究 [M]. 北京：商务印书馆，2009.
⑤ 杨联芬. 浪漫的中国：性别视角下激进主义思潮与文学（1890—1940）[M]. 北京：人民文学出版社，2016.

二、从晚清到五四：近代中国女性"浮出地表"

近代中国的女性解放问题萌发于晚清时期，伴随着通商口岸的开埠，传统小农经济的解体，西学东渐的逐渐深化，部分来华欧美传教士通过兴办教会女校、创设女报、印刷宣传册、组织宣讲会、推动不缠足运动等方式，传播男女并重的观念，开创并引领变革中国女性封建陋俗的风气。继而，王韬、郑观应等早期维新思想家在西方进化学说的影响下，初步提出了兴女学、戒缠足，禁止弃婴、溺婴，改良旧式婚姻制度等见解。在此基础上，以康有为、梁启超为代表的维新派则依据天赋人权的理论，在探索男女平权的道路上更进一步，组建了近代中国第一个女子团体"女学会"，构想了大同社会中的女性角色以及"相夫教子""宜家善种"为核心的良母贤妻主义，并将女性视为男性同胞追求民族国家解放的辅助力量。随后，为配合晚清种族革命的需要，革命派党人为创办近代女报、女学堂、妇女团体积极谋划奔走，号召动员女性走出闺阁，与男性一道投身反清革命，并应允她们在共和新政权中分享政治权利与地位，既要求女性充当"国民之母"，培养新国民健康的肌体，同时赋予她们"女国民"的身份与使命，具政治之思想，尽国家之义务，享公共之权利，促使男女两性在建立现代民族国家的进程中合作并进。与此同时，女界内部也开始了自我的反省，将从前遭受身体与思想的禁锢，半归于男子之压制，半归为女子之放弃，并在男性精英的协助下组建了涵盖实业、教育、医学等各类女性团体，以"爱国""合群"为践行之约。由此，"英雌"一词作为与"英雄"相对应的称谓，成为晚清民国时期的新生词汇，流行开来，并彰显出自我风气，建功立业，确立经济自主、教育平等、人格独立等谋求两性解放的观念诉求。女权、启蒙与民族国家话语的相互交织，催生了近代中国女性解放的空前热潮。

吕碧城是近代中国妇女运动史上影响卓著的人物，既有"近代女词人第一"的美誉，又因任职于《大公报》成为中国第一位女编辑，同时还是第一所公立女学堂的创始人。她凭借在《大公报》担任编辑的成就，开启了女性从事报刊编辑职业的先河，使晚清社会一度呈现出"绛帏独拥人争羡，到处咸推吕碧城"的魅力景观。她以《大公报》为平台传播女性解放主张，为女性谋求自我解放与民族解放的合一，提供了崭新的路径①。然而，若分析吕碧城何以凭借《大公报》编辑的身份，进入公共视野并迅速崭露头角，且与京津文人圈中英敛之、傅增湘、方药雨、樊增祥、严复、袁世凯等人"众星捧月"般的推崇之间，究竟存在怎样具体的关联，吕碧城又是以何种方式实现了对于晚清公共空间人际网络的融入，成为探究近代中国知识女性成长空间开拓史上的一项重要问题②。在她声名鹊起的背后，亦可窥见晚清女性解放的历程，不单是孤身奋战的自我运动，更是在"男女共进"中成就社会事功。

　　一方面，吕碧城事业生涯中最关键的人物，即《大公报》主编英敛之对其帮扶甚多。除了任命吕碧城为《大公报》助理编辑，提供其传播女学思想的平台外，英敛之积极联络傅增湘、周学熙、袁克定等，助吕碧城创设女学，乃至天津女子公立学堂议事员的聘任、教习的延请、课本的选择、校舍地址的规划等事，也事必躬亲③。另一方面，京津地区文人圈的唱和，也是促成吕碧城出场的助力之一。如，清末晚唐诗派代表樊增祥即青睐吕碧城在《大公报》的编辑活动，遂以诗词相赠和，称其"满衣香雾女相如"④；费树蔚、唐绍仪、张謇等社会名流亦同吕碧城交往甚深。以至于一时间，京津地区慕名拜访者接踵而至，吕碧城本人亦与各幕僚"诗词唱和无虚日"⑤。再者，1906年底吕碧城结识了另一重要良师益友严复。严复遂得吕碧城之邀，不仅为其《女子教育会章程》作序，还讲授《名学浅说》，并且介绍外甥女何纫兰与之相识，愿助一臂之力⑥。此外，吕碧城的另一"伯乐"袁世凯也对其成就有所助益。天津女子公立学堂在创办初期经费难产，吕碧城于《大公报》刊登募捐启事响应者寥若晨星的情形下，袁世凯慨然拨款相助⑦。值得一提的是，

---

① 吕碧城. 兴女学议［M］//戴建兵. 吕碧城文选集. 天津：天津古籍出版社，2012：19-30.
② 山东第一公立女学堂校长萧国英女士调查天津女学日记［J］. 中国新女界杂志，1907（3）：116.
③ 方豪. 英敛之笔下的吕碧城四姊妹［M］//李又宁，张玉法. 近代中国女权运动史料. 台北：龙文出版社股份有限公司，1995：1392-1424.
④ 樊增祥. 七绝八首［M］//李保民. 吕碧城词笺注. 上海：上海古籍出版社，2001：524.
⑤ 吕碧城. 予之宗教观［M］//李保民. 吕碧城词笺注. 上海：上海古籍出版社，2001：480-481.
⑥ 严复. 与甥女何纫兰书［M］//王栻. 严复集（二）. 北京：中华书局，1986：832-840.
⑦ 方豪. 英敛之先生日记遗稿（1904年10月9日）［M］. 台北：文海出版社，1972.

同为晚清"英雌"的秋瑾因见吕碧城在《大公报》上刊发的文字，基于知音共鸣，遂于同年夏季专程由京赴津拜谒。二人一见如故，义气相合，夜里同榻同寝，双方在办报中保持了合作关系，如吕碧城于 1907 年在秋瑾创办的《中国女报》上刊发了两篇文章等。

在今人看来，秋瑾是近代中国的女革命家，也是妇女史研究中不可回避的重要人物。学术界此前侧重于考订秋瑾的生平事迹，分析秋瑾的妇女解放思想，解读秋瑾创作的诗文及以秋瑾为题材的文艺作品，挖掘秋瑾"着男装，佩刀剑"的拟男化特征，梳理秋瑾百余年来形象的变迁，阐释秋瑾之死引发的各方评说等研究议题，已取得了长足的研究进展①。1907 年 7 月 15 日，因牵涉徐锡麟刺杀安徽巡抚恩铭一案，秋瑾以"谋反罪"在浙江绍兴的大通学堂被逮捕，并遭遇了砍头的厄运，在社会各界引发了轩然大波：浙江巡抚张曾敭被迫调离，山阴县令李钟岳谢罪自杀，被误认为告密者的胡道南也于三年后遇刺，以及晚清文学对于秋瑾作为"家庭革命鼻祖"的形塑②。然而，不同于晚清社会刻意回避秋瑾"革命党"的身份，随着种族革命的胜利以及"中华民国"共和曙光的来临，秋瑾作为辛亥革命的"功臣"之一，也自然跻身于崇高的女英雄之列，成为各界同人争相纪念的对象。

秋瑾迁葬与秋瑾纪念乃是秋瑾"纷纭身后事"中值得观照的一个重要问题③。其中，民国元年秋瑾灵榇从湖南至浙江的第五次迁葬耐人寻味，若细致地考订、还原这一鲜为人知的史事，则可以挖掘出背后所蕴藏着的更为隐秘而复杂的社会面相。1912 年初，秋社的成立、秋瑾墓重修的吁请、各地纪念秋瑾活动的开展，实则与辛亥革命后烈士纪念的热潮以及共和记忆的塑造之间，存在着密不可分的关联④。湘省和浙省围绕秋瑾究竟安葬在湖南还是迁往杭州西泠湖畔展开了一场电报拉锯战：浙江方面主张秋瑾灵榇归葬西湖，是

---

① 郭延礼. 秋瑾文学论稿［M］//郭延礼. 解读秋瑾（下册）. 济南：山东教育出版社，2013：49–212.

② 夏晓虹. 纷纭身后事——晚清人眼中的秋瑾之死［M］//夏晓虹. 晚清女性与近代中国. 北京：北京大学出版社，2016：341–386.

③ 冯自由. 鉴湖女侠秋瑾［M］//陈象恭. 秋瑾年谱及传记资料. 北京：中华书局，1983：71.

④ 秋宗章. 六六私乘［M］//周芾唐，秋仲英，陈德和. 秋瑾史料. 长沙：湖南人民出版社，1981：64–65.

基于革命宣传与增进共和认同的考虑①；湖南方面反对秋瑾遗体迁出，重视的是传统妇女礼俗与家属的情感因素②。在双方争执不下之际，两地以"共祭秋瑾"为约定，可谓"湘水西湖同为佳话，洵千古未有之盛事"③。此外还有论者提议以迁葬岳麓山为折中之方案，与陈天华、杨毓麟等秋瑾的革命同志并葬相邻，以增岳麓之荣光④。实际上，双方分歧所折射出的是，作为共和大业缔造者的秋瑾，她的生命与人格是如何"被政治化"的，本属于家族私人事务的安葬事宜，又是怎样被卷进了公共领域令人瞩目的范畴。在秋瑾灵榇从湖南至汉口，抵上海归杭州的沿途，女校女学生、诸多女性团体在纪念仪式中的参与，显示出了哪些女性角色的表现意图⑤？至于孙中山、黄兴借助拜谒秋瑾祠堂或墓表的契机，又是如何利用秋瑾生前具备双重党籍的特定身份，着力调和着光复会与同盟会的政见，以期促成党派力量的整合？⑥ 在次年秋墓规格改低五尺的背后，反映了革命党人与袁世凯政府关系怎样的逆转？⑦ 更为重要的是，秋瑾迁葬并非一个孤立的事件，而是考察民国元年多重历史图景的一个切入口。无疑，透过此窗口释读烈士纪念与政治仪式的操演、女性英雄人格的再现与重构、民初女子参政运动的发展、民初政党关系的变动，这种"去性别化""去神圣化"的历史书写，则是全新叙事模式的探索与试验。

与民国元年秋瑾遗体历经迁葬风波同时，社会各界围绕着女性参政这一问题展开了论争。其焦点在于妇女是否具备参政的能力、女性是否适合参政、女子参政是否会破坏社会秩序与家庭生活等子议题。其中，女子参政运动的领袖人物湘籍女杰唐群英，为争取男女平权组织过多次请愿运动，坚持称女子参政乃天赋人权，且认为女子既为革命"尽义务"，故"享权利"属自然情理，并视妇女参政为共和制度建设的重要组成部分。诚然，学术界对于唐群英的研究已是汗牛充栋，涉及她的革命运动经历、女权解放思想、创办的

① 秋社同人致湖南都督书［M］//郭长海，秋经武.秋瑾研究资料·文献集（上）.银川：宁夏人民出版社，2007：290-291.
② 秋女侠归骨西湖［N］.申报，1912-9-24（6）.
③ 湘省追悼秋侠记［N］.申报，1912-7-29（4）.
④ 郑泽叔容.为秋瑾女士改葬麓山公启//陈象恭.秋瑾年谱及传记资料.北京：中华书局，1983：73.
⑤ 秋瑾女侠之葬仪［N］.民立报，1912-10-27（10）.
⑥ 孙中山莅杭记（一）［N］.民立报，1912-12-10（8）.
⑦ 徐蕴华.记忏慧词人徐寄尘［M］//周永珍.徐蕴华、林寒碧诗文合集.北京：社会科学文献出版社，1999：153-154.

女子团体及女性报刊等方面，除了肯定她作为女性参政的倡导者和急先锋这一历史功绩外，还认为性别民主化程度的缺失，实为民初女子参政运动失败的原因，具体包括以袁世凯为首的封建旧官僚的压制和破坏，以孙中山、宋教仁为代表的资产阶级革命党人认识的不足，以及在强大旧势力面前的妥协和软弱等①。

　　尤为值得关注的是，1913 年 2 月 16 日，因《长沙日报》刊载了一则唐群英与郑师道结婚的虚假广告②，引发了一场唐群英怒砸报馆而遭遇司法诉讼的事件，被时论斥责为"女德有缺"的行为，并以此为否定女子参政权的借口③。这段史事不仅在历史场域被当时的各大媒体记录报道，而且还跨进了文学叙事的范畴，被加工、渲染、再造为一场"婚变案"，在新闻传播中逐渐变形④。《申报·自由谈》《时报·滑稽余谈》《新闻报·庄谐丛录》《时事新报》《神州日报》等"逸史""文苑""酒令"等栏目中，涌现了一批以唐群英为原型的"游戏文章""谐文"等近代文学的特殊文体⑤。在这些文学作品中，唐群英的形象被谐趣化，除了作为正面意义的"英雌"故事出场外，还成为"多情"的湘女⑥，甚至还以"无情""虚伪""泼辣""野蛮"的面目粉墨登场，演绎了一段被讲述的"艳史"与"丑史"，致使其"英雌"形象不可避免地遭遇了"陷落"⑦。这些分散在报刊的文学史料，此前并未引起研究者的留意。如果将其收集、整理、鉴别、利用，运用跨学科的研究方法，通过历史事件与文学文本之间的互照与对比，将有助于重新考察唐群英更为多元而鲜活的"英雌"形象。特别是从史学与文学的对话中，探究这一案件所投射出的"社会镜像"中民初女性的生存境遇，具体包括：被"英雌"误解了的思想逻辑，"英雌"话语建构的内在困境，被"妖魔化"了的"英雌"形象，"贤母良妻"的游移与复归，"发乎情止乎礼"的男女交往边界。如此

---

①　李细珠. 性别冲突与民初政治民主化的限度——以民初女子参政权案为例［J］. 历史研究，2005（4）：69-83.

②　唐群英大闹《长沙日报》之详闻［N］. 神州日报，1913-2-26（3）.

③　论女权［N］. 大公报，1913-3-22（1）.

④　李定夷. 潇湘风流案［M］//车吉心. 民国野史（卷四）. 济南：泰山出版社，2000：113-116.

⑤　魏绍昌. 鸳鸯蝴蝶派研究资料（上）［M］. 上海：上海文艺出版社，1984：480-483.

⑥　海吴虞公. 唐英雌之趣谈［M］//车吉心. 民国野史（卷四）. 济南：泰山出版社，2000：486.

⑦　平江不肖生. 留东外史（上）［M］. 南昌：百花洲文艺出版社，1991：505-507.

可见，"英雌"在革命中"尽义务"、在共和后"享权利"的政治诉求，并未完全得到男性政治精英的兑现。在他们看来，女学发达之日，收复女权才是水到渠成①；而"英雌"们采取的激进化、暴力化的手段，无疑冲击了男权社会秩序，故被时人引为"三千年未有之活剧"②；诚然，也不能排除袁世凯等代表的男权世界在妇女解放问题上功利化话语的倾向③。在此基础上，我们还可以凭借李普曼有关"拟态环境"的传播学理论④，检视与省思百余年来唐群英形象的变迁。

"始信英雄亦有雌"，以唐群英为代表的女界精英，在谋求身体解放的同时，政治意识也随之觉醒，并导演了清末民初历史舞台上一幕轰轰烈烈的女子参政运动，其他女性响应者主要还有沈佩贞、林宗素、林宗雪、吴淑卿、傅文郁、李佩兰、吴木兰、张汉英、张昭汉、王宗国等，这也成为当时大多数走出闺门的知识女性的普遍选择。然而，并非每一位女性精英都在清末民初政治转型之际，将参与民族国家解放的热情转化为争取女子参政权利的动力。我们还应当进一步从细致入微的角度，观察并还原更为多元而丰富的女性解放思想图景。

其中，广东番禺籍的张竹君则表现出较为特别的一面，在时代变幻的主潮中颇显冷静的姿态。她也一度活跃在晚清抵制美货运动⑤、浙江保路风潮⑥、云南片马危机的应对中⑦，但在武昌起义来临之时，虽组建了"赤十字会"这一慈善团体奔赴战场从事战地救治工作⑧，却并未如唐群英等"英雌"一并投身到参军革命的浪潮，其认为女性的生理局限，或反致军旅拖累之弊，更在随后的女子参政激流中选择退却⑨。可以说，张竹君在清末民初提供了一条性别解放的"中间路径"，即将女性培育"自立之学"作为起点，以"合群"为行动之力，以女子实业为基础，以女子医学为特长，为女性取得经济、

---

① 孙中山. 复南京参政同盟会女同志函//中国社会科学院近代史研究所中华民国史研究室，等. 孙中山全集（二）. 北京：中华书局，1982：438.

② 史晓风. 恽毓鼎澄斋日记（二）［M］. 杭州：浙江古籍出版社，2004：605.

③ 洪宪女臣［M］//刘禺生. 世载堂杂忆. 北京：中华书局，1997：214.

④ 沃尔特·李普曼. 舆论学［M］. 林珊，译. 北京：华夏出版社，1989：9-10.

⑤ 张竹君女士致广肇公所绅董书［J］. 大陆报，1905，3（4）：1-2.

⑥ 张竹君女士意见书［N］. 申报，1907-11-16（10）.

⑦ 中国保界大会纪事［N］. 时报，1911-3-12（5）.

⑧ 发起中国赤十字会广告［N］. 民立报，1911-10-18（6）.

⑨ 张竹君. 论组织女子军队［J］. 东方杂志，1912，8（10）：7.

政治、人格权利提供了前提和保障。为此，她在上海爱国女学校附设"手工传习所"，发起成立"女子兴学保险会"①，与汤尔和创设"卫生讲习会"②，与李平书合办"女子中西医学院"③，在"女子参政"与"女子回家"两者之外，以"从医之路"贡献"女国民"的责任与担当。尤其是她始终坚持"女医师"的角色，登上了女界慈善明星的舞台，并赢得了"女界之梁启超""女界之张季直"的美誉④。实际上，张竹君对"中间路径"的探索与实践，背后彰显的是她关于"女学"与"女权"何者为先的独特智慧，既有对于女性解放话语的接纳和认同，又有对于以父权制为本质的女权话语的警惕。这种逾越家庭的困守，又超然于政治的场域，立足于女性社会价值的启蒙思路，体现了部分知识女性在"浮出历史地表"前夜富于前瞻性的思考与认知。但就目前学界的研究而言，对于张竹君"女革命家""女权运动者"的角色定位，实则受到民国中后期国民党三民主义教育、革命话语的演进与女权主义思潮的影响，不免消解了她作为"女医师"的历史本相⑤。

民初女子参政运动犹如昙花一现，转瞬即逝。北洋政府为"整肃"女界风气起见，颁布了一系列限制女性政治权利的措施，如在《治安警察条例》《褒扬条例》等中禁止女性参加政治集会或政治结社等活动，"女子回家"的声调甚嚣尘上，"贤母良妻"角色的重新规制，一度为民初各界人士所推崇青睐⑥。在这种复古逆流之下，担任《妇女杂志》主编的江苏无锡籍胡彬夏女士，则顺势提出了一套以"改良家庭论"为核心的论说及主张⑦。从表面上看，不少学人认为此等同于"妾妇教育"，乃迎合政府当局倡导的"贤妻良母"之论调⑧。但如果细加解读与阐释，可以发现，胡彬夏主张的"贤妻良母"乃是建立在社会进化观念的前提下，并且尝试建立起与改良社会、女子教育、儿童启蒙等问题相关联的"改良家庭论"，在女性启蒙思想史上闪烁着

---

① 女士张竹君. 女子兴学保险序［N］. 警钟日报，1904-04-23（4）.
② 卫生讲习会章程［J］. 女子世界，1904（6）：6.
③ 女子中西医学院简章［N］. 申报，1905-01-23（9）.
④ 中国实业界之扩张［N］. 警钟日报，1905-01-16（1）.
⑤ 陆丹林. 女权运动前辈张竹君［J］. 三民主义半月刊，1945，6（5）：30-31.
⑥ 公布治安警察条例令［M］// 骆宝善，刘路生. 袁世凯全集：第25卷. 开封：河南大学出版社，2013：396.
⑦ 彬夏. 何者为吾妇女今后五十年内之职务［J］. 妇女杂志，1916，2（6）：1-5.
⑧ 节录施淑仪女士来书［J］. 妇女杂志，1916，2（4）：1-2.

光芒①。尤其是体现了她基于女性外在生理与内在道德的特征，展现了独特的性别认同。这一方面缘于她认为传统的"妇德"不能因噎废食，另一方面也与她留学欧美的考察经历密不可分②。

胡彬夏试图将女子的"家事"纳入国族论述的场域，重视女性在家庭中创造财富的社会转化，使女子同样成为"生利"之人，只是与男性在社会中实现贡献的路径不同而已，并且通过改良家庭为途径，进而改良社会，从而寻求解决女权启蒙与民族国家话语矛盾的方案。如果将胡彬夏的"改良家庭论"与上述笔者所探究的秋瑾的"革命论"、唐群英的"参政论"、张竹君的"实业论"、吕碧城的"兴学论"等思想主张加以比较分析，则更有助于我们从更为立体的角度，切近清末民初女性启蒙的多元路径。进一步而言，在晚清与五四之间，学界长久以来对于民初女性的关注处于相对薄弱的状态，但在奏响五四新文化号角的前夜，民初女性所显示的特别力量实不容忽视。至于胡彬夏的"改良家庭论"所隐喻的家庭与妇女、女性与文学、母亲与儿童等现代概念的建立，在某种意义上，也成为冰心、陈衡哲、庐隐等五四新文学女性作家叙述"家"观念的源流③，尤其是为五四时期在处理"家事"与"职业"矛盾方面提供了一条有效的调和路径，树立了典范的经验。

新文化运动的洗礼与五四运动的发生，促使近代中国的女性解放事业迎来了新的高潮，争取大学男女同校、女子财产继承权、男女社交公开、结婚自由与离婚自由，以及废除旧式封建伦理与贞操观念等，奏响了五四时期的妇女之声。对此，邓颖超在回忆中表示："我们在斗争中锻炼，逐渐提高了觉悟，又因第一次世界大战后的新思潮、新文化正很快地涌入古老的中国，苏联十月革命的成功，也开始在中国青年中起了影响……同时掀起了妇女解放运动"④。传统习俗与思想观念在中西方文明的冲击碰撞之下迅速发生改变，在新文学刊物崛起的同时，也催生出由冰心、冯沅君、庐隐、凌叔华、石评梅等构成的现代女作家群体，孕育了现代女性文学的发生，她们重审男女两性之间以及妇女与社会的关系。学界目前已初步还原了五四时期女性解放的

---

① 朱胡彬夏. 基础之基础 [J]. 妇女杂志, 1916, 2 (8)：1-12.
② 胡彬夏. 杂说五章 [J]. 留美学生年报, 1911 (1)：1-16.
③ 两个家庭 [M] // 卓如. 冰心全集 (一). 福州：海峡文艺出版社, 2012：11-19.
④ 邓颖超. 五四运动的回忆 [M] // 中华全国妇女联合会妇女运动研究室. 五四时期妇女问题文选. 北京：生活·读书·新知三联书店, 1981：1-5.

基本样貌，重点分析了在此期间涌现出的寻求男女教育平等权、实现经济自主、反抗包办婚姻等代表性的人物与事件。其中，甘肃小学女教师邓春兰致信蔡元培、广西在京女学生李超之死、长沙旧式女子赵五贞自杀、长沙自治女校学生李欣淑出走、天津觉悟社成员张嗣婧之死等，成为社会各界精英广泛关注与讨论的话题。此外，长沙新民学会、天津觉悟社、新天津学生联合会等团体，则在推动男女合室办公方面领风气之先，创造着新人生、新事业、新天地、新光明①。

至于五四时期女性解放的程度和限度究竟如何，在沿海与内地、城市与乡村之间的接受存在着怎样的差异，在知识女性与普通民众中间又拥有何种不同的反应，五四结束后的相当一段时期内，女性的生存境遇到底经历了哪种顿挫与困厄，仍然值得我们从更细微的层面诊视与省思。1928年3月16日夜晚，一位名为马振华的女士因男友汪世昌怀疑其是否处女这一问题，为证实清白之身，投入黄浦江自尽②。作为轰动一时的"情死案"，引起报纸杂志等媒介争相报道，以夺人眼球。部分舆论对于马振华死于旧式封建贞操观颇持怜悯之悲情，痛斥男友汪世昌"只知肉欲，不知爱情"③，如民国著名电影导演蔡楚生引之为女界之不幸，称社会人士"对此加以相当之痛怜"④；另有论说者认为，接受过新式教育并担任女教师的马振华也难免有咎由自取的一面，二人从恋爱伊始至自杀悲剧发生，仅有百日，故很难认定双方构成了真正的恋爱关系，不过是"始乱终弃"的产物⑤；还有一部分言论将矛头直指马振华之父马炎文，认为家长在子女爱情问题上的"不合作"态度，导致青年男女在"秘密社交"的状态下进行交往⑥。故而，"父权至上"的传统伦理观念的桎梏，男女社交未能实现完全意义上的公开，处女贞操观的紧箍咒尚未解锁，现代新式恋爱观念的缺席，均是导致马振华之死的内外动因⑦。至于如何预防和避免类似女性自杀案的再次发生，一些男性知识精英在呼吁重提

---

① 顾秀莲. 20 世纪中国妇女运动史（上）[M]. 北京：中国妇女出版社，2008：154-166.

② 《时报》馆. 马振华女士自杀记 [M]. 上海：大东书局，1928：13-16.

③ 慎予. 评马振华投江事 [J]. 青年妇女，1928（19）：13.

④ 蔡楚生. 水银灯下之奇女子 [M]//蔡楚生. 蔡楚生文集（二）. 北京：中国广播电视出版社，2006：1.

⑤ 落霞. 为马振华女士自尽惨剧敬告青年与家长 [J]. 生活，1928，3（20）：218-219.

⑥ 青年女子的"恋爱"与"婚姻" [N]. 大公报，1928-4-19（9）.

⑦ 乃器. 马振华的自杀 [J]. 新评论，1928（8）：10-15.

五四时期妇女解放之声诸议题的同时，还提出了以"性爱合一"为基础的新性道德主张①。除此，围绕案件的责任者，男女双方的阐说角度还基于不同的性别立场，背后隐藏着男性一方维护男权秩序的特别深意，这暗示了在传统社会性别制度未能发生根本动摇的情况下，五四时期所高唱的女性解放之歌依然漫长险阻。与此同时，马振华自杀案还被搬上了戏剧和电影的舞台，被当时以盈利为目标的上海各大影业公司制作成拍摄素材，展示出了后五四时期霓虹灯内外的大上海光怪陆离的影视文化生态②。

三、性别、战争与国族主义：近代中国女性的多元风貌

20世纪20—30年代，"十里洋场"的上海走向了摩登都市的热闹与繁华，女演员群体，成为上海滩的一道靓丽风景线。伴随着大众娱乐与休闲生活的转型，现代消费观念新样态的崛起，涌现了一批以殷明珠、王汉伦、杨耐梅、张织云、阮玲玉、胡蝶为代表的职业女明星。在西方现代科技改变东方世界的潮流下，催生了诸如联华影业公司、明星影业公司、天一影业公司、新华影业公司等国产影视企业，同时实现了从"无声电影"到"有声电影"时代的技术更替。从歌舞走向影坛的王人美、黎莉莉、薛玲仙、胡笳、白虹、徐来、黎明晖等，成为大众追捧的新星。电影这一高尚的艺术媒介，为知识女性在银幕上提供了自主选择职业的新机遇。她们凭借演员本身所肩负的改良社会、振兴教育的责任频繁"出镜"，改变着都市生活的价值观念和品味取向，也具备了挑战传统性别制度的新意味，以至被赋予了时代"新娜拉"的称誉③。

诚然，在研究者的普遍共识中，作为民众日常茶余饭后"赏心悦目"对象的女演员，登上银幕的"现代性"表演，除了与"新女性"角色密切相连，还被贴上了"摩登女郎"的身份与标识。在新文化与新思潮的影响之下，这些或"现代"或"反现代"的女性姿态背后，在展示近代女性解放生命力之外，还在男性凝视的欲望与投射之间，充满着时尚、色情与诱惑，并颠覆

① 焦颂周. 对于马振华投江事件的批判 [J]. 新女性, 1928, 3 (4)：375-378.
② 摄制马振华影片之琐录 [J]. 电影月报, 1928 (3)：2.
③ 张勉治. 善良、堕落、美丽：20世纪30年代的电影女明星和上海公共话语 [J]. 苏涛, 译. 电影艺术, 2009 (6)：107-113.

着传统社会"贤母良妻"形象的定义与规范。她们浪漫多情、性感撩人、挥金如土、社交公开、自由恋爱、自由结婚、自由离婚，混迹于舞场、酒吧、咖啡馆、跑马场、海滩、公园、校园、百货公司之间，吸引着男性目光的注视，并冲击着以夫妻关系为基础的家庭制度，动摇着男权文化的话语机制，成为破坏现代文明家庭秩序的行动者。正因为如此，"摩登女郎"引发了部分男性知识精英的性别焦虑，"危险与愉悦并存"的放荡不羁行为举止，也遭遇了各行业批判的声浪，以及来自新生活运动的规制与检讨①。

与上述情形截然不同的是，湖南长沙籍贯的女明星王人美则以"反摩登"与"反现代"的姿态，以及"田园城市"崇尚者的形象闪亮出场，走出了黎锦晖的"明月歌舞社"，来到了联华影业公司这一标榜"复兴国片"重任的影视重镇②。解读"图像史料"，是走近、研究王人美的重要方法，在孙瑜、蔡楚生等知名导演的提携下，她成了一名专业女演员③，凭借在《野玫瑰》《渔光曲》等电影的本色出演，塑造出了"野玫瑰""野猫"等经典的影视形象，被影迷留恋喜爱④，并斩获了第一部国产影片荣获的国际奖项，由此占据了20世纪30年代中国影坛的重要席位⑤。王人美以"健美""运动"取代了"摩登女郎"所关涉的知识女性的负面元素，符合了大众文化追求"健康美""自然美"的现代审美标准与内涵，特别是满足了人们对"反都市化"的乡野想象⑥。凭借优美的舞姿、天然匀称的身材、嘹亮的歌喉、娴熟的国语，王人美淋漓尽致地发挥了有声电影时代赋予她的一切优势，不仅在银幕内表演出了活泼、天真、纯净的女性形象，而且在银幕之外作为健美健将的引领者，从事游泳、打猎等具有现代气息的运动，带给了观众耳目一新的视觉呈现⑦。此外，区别于当时不少女影星沉溺于纸醉金迷的生活，王人美还塑造出了热爱读书、追求上进的一面⑧，并与具有"电影皇帝"之称的金焰结为连理⑨。

---

① 姜进，等. 娱悦大众：民国上海女性文化解读［M］. 上海：上海辞书出版社，2010：53-226.

② 黎遂. 民国风华——我的父亲黎锦晖［M］. 北京：团结出版社，2011：108-140.

③ 野玫瑰、野猫和她的爱护者［J］. 玲珑，1933，3（13）：1.

④ 王人美十足大姐气［N］. 新闻报·本埠附刊，1935-4-8（5）.

⑤ 王人美女士［J］. 艺声，1936，2（2）：42.

⑥ 王人美在民众运动会［J］. 女朋友，1932，1（14）：26.

⑦ 女明星游泳热［J］. 玲珑，1934，4（22）：1401.

⑧ 王人美不忘读书［N］. 金刚钻，1933-10-1（1）.

⑨ 金焰、王人美举行婚礼［J］. 电声，1934，3（1）：4-5.

由此，"影坛伉俪"与"歌舞明星""电影明星""健美明星"之间达到了近乎完美的结合与统一。但令人扼腕叹息的是，战争风潮的来临，悄然影响并改写着她和金焰安逸平和的日子，颠沛流离的接踵而至，促使她的演艺空间不可避免地被抑制与压缩，战乱导致包括情感生活、职业生存等在内的一切变得无所适从①。

"九一八"事变发生后，随着日本侵华步伐的迅速推进，中华民族"亡国灭种"的危机急剧加深，女性作为四万万国民中的一分子，通过多元的路径，融入抗战救国的浪潮。战争既为女性带来暴力性灾难，也为女性的出走提供了松动的空间。近年来，不少学者从不同的政治版图出发，探讨了战时女性的多元风貌。其中，以丁玲等为代表的女作家，抛却了"莎菲女士的幻想"，奔赴延安等革命根据地，参加战时物质生产建设，组织战地服务团，协同征募慰劳，与男性同胞一道驰骋在热血挥洒的沙场，塑造了参军队伍中"忘记性别身体"的拟男化英姿。国统区的知识女性在国民政府的领导下，致力于扫盲教育与文化宣传，救助与安置难民难童，从事大后方的妇女民主参政宪政运动，争取女性在战时的合法权利。沦陷区则展现出更为复杂的女性社会生态，一批英雄女性充当了传递情报与物资的"交通联络员"，秘密协助转移困守"孤岛"与"旧都"的爱国进步人士，还有一批被社会道德所诟病的"置身事外"者，继续着艺术与文艺生涯的"小我"创作，另有一些人沦落为替日伪效劳的"女汉奸"，并且"抗战夫人"及"留守夫人"都被赋予了不同的文化符号，成为特定政治区域内的女性群体。由此，性别、战争与国族主义的纵横交汇，演绎了激荡人心的战时女性生命演义②。

在革命与战争的风云背景下，女性解放与民族国家解放呈现出了同构性的图景。不少知识女性投笔从戎，将服务于革命事业与民族救亡视为建构女性主体性身份的重要凭借，在家国场域内外，催生出一个个令人敬仰的女英雄故事。然而，为了掩护秘密的抗日活动，部分女性开展的"地下党"工作，却一度不为人知，尘封在历史的深处。并且，由于一些特殊的政治身份以及政党赋予的特定使命，她们从事的活动颇具传奇特征。其中，中国共产党派遣的一位"女间谍"，山西右玉县籍的关露，经历了一场跌宕

---

① 王人美. 我的成名与不幸 [M]. 南京：江苏文艺出版社，2011：176-189.
② 韩贺南，王向梅，李慧波. 中国妇女与抗日战争 [M]. 北京：团结出版社，2015：68-252.

起伏的命运沉浮，其个人的人生记忆与同时期女性的集体叙事显示出了迥然不同的一面，在她身上投射出了女性解放与民族国家解放之间相错位的格局①。与此同时，"女特工"的角色也使得关露的生命与人格染上了更为隐秘的色彩。

在接受潜伏任务前夜，"左翼"女作家关露曾是上海滩风靡一时的女诗人。透过两部自传体小说《新旧时代》《黎明》，可以看到逃离父权与男权是她早年"娜拉出走"的原动力②。来到上海求学后，关露接受了左翼作家的熏陶与爱国主义的洗礼，加入了中国左翼作家联盟与中国共产党③，并于1936年出版了诗歌集《太平洋上的歌声》④。在进步文化界人士看来，关露"抗争的""现实的"创作诗风，足以取代以"温和伤感"著称的冰心在诗坛的地位⑤。只是，1939年秋，来自潘汉年的一则秘密的电报成为改写关露人生轨迹的转折点，她接受了中国地下党组织安排的一项秘密任务，即潜伏进入汪伪特工总部76号魔窟，策反特务头目李士群，并在日本女权主义者佐藤俊子主编的《女声》杂志中担任主笔⑥。作为一名从未接受过特工训练的女作家，承受着的"如履薄冰"般的精神压力可想而知。然而，关露不辱使命，不仅从李士群方面获取了一些重要的军事情报，也利用《女声》杂志这一日本官方政治色彩相对淡化的媒介平台，为在沪中共地下党成员发表了一系列提倡战时女性继续追求解放的文章，并尝试以独到的契合点，打通女权主义与民族主义之间的通道⑦。除此以外，关露此间创作的《神经病态的日子》⑧《一个失眠的夜里》⑨两篇重要文本，此前并未引起研究者的足够重视。文本中的"疾病"叙事，隐喻着长期背负的"女汉奸"历史污名与她作为"女英

①　胡绣枫. 回忆我的姐姐关露［M］//丁言昭. 关露啊，关露. 北京：人民文学出版社，2001：3-5.

②　关露. 新旧时代［M］//柯灵. 关露小说：仲夏夜之梦. 上海：上海古籍出版社，1999：63-113.

③　丁言昭. 关露传［M］. 上海：上海文化出版社，2009：14-17.

④　关露. 太平洋上的歌声［M］. 上海：生活书店，1936：4-7.

⑤　易青. 读了《太平洋上的歌声》以后［J］. 妇女生活，1937，4（1）：48-49.

⑥　萧阳，广群. 一个女作家的遭遇——记关露一生［M］. 哈尔滨：北方文艺出版社，1988：131-177.

⑦　丁景唐. 关露同志与《女声》［M］//丁言昭. 关露啊，关露. 北京：人民文学出版社，2001：60-65.

⑧　关露. 东京忆语：神经病态的日子［J］. 女声，1943，2（6）：14-15.

⑨　关露. 一个失眠的夜里［J］. 文协，1944，2（1）：28-30.

雄"的真实本色之间，所造成的思想冲突与精神分裂，这不仅是身体的病痛，更是来自外界的误解与指摘①。关露从"女作家"到"女特工"独特的个人书写，实为近代中国千回百转的性别文化与政治实践中的重要一环。在她身上凝聚的"娜拉"精神、政党意志、民族复兴、革命道路等诸多元素的集合，展现了她在革命与战争年代女性解放图景中的独有魅力。

"娜拉"是自五四以来女性解放谱系中不可回避的议题，贯穿着现代中国女性生命故事的始终。学术界已梳理了"娜拉"形象在近代中国的演进脉络。1918年6月，挪威现实主义作家易卜生的《娜拉》在改名为《玩偶之家》后，传入介绍到中国。"娜拉"因承担爱的责任，为丈夫借债治病而背负了"伪造字据罪"，然而，她不仅未能得到丈夫的宽慰，反遭遇了斥责和辱骂。在看透了父权与夫权社会里戕害女性的性别制度本质后，不愿再做玩偶的她，终于毅然选择了离家出走，并表示"努力做一个人"。为此，《新青年》杂志刊登了"易卜生专号"，胡适等知识界精英围绕着离婚问题、娼妓问题、妇女运动、家庭革新、新性道德等核心问题展开了热烈的讨论。"娜拉"敢于挑战父权与夫权的规制，抛家弃子的叛逆姿态，彰显了女性性别主体意识的觉醒，并伴随着对于个性主义的强烈诉求，成为激励当时中国青年男女挣脱封建专制牢笼的榜样力量，与此同时也催生出了一批家庭制度的女性革命者②。"娜拉"符号的诞生，作为近代中国家庭与伦理革命的重要成果，彰显出了五四时期从"人的发现"到"妇女的发现"这一民族与社会进化的性别文化转型，从而为知识女性启蒙运动向纵深层次的展开，提供了理论支持与思想动力③。除此，"娜拉"的潜在语境还隐喻着女性仅拥有婚恋自主还远远不够，须要确保人格的解放以及获取独立的职业角色，并以经济独立为前提条件。由此，一批知识女性为谋求自食其力而走出家庭，来到校园沐浴着自由的春风。然而，毕业后离开学校的"娜拉"，一旦走进社会，承担着家庭场域之外的职业工作，在"家事"和"职业"之间的矛盾便迅速凸显出来。因此，鲁

---

① 庐凤."塌鼻"关露是共产党的地下工作者？[J].说话，1946，1（1）：5.

② 杨联芬.浪漫的中国：性别视角下激进主义思潮与文学（1890—1940）[M].北京：人民文学出版社，2016：191-205.

③ 顾秀莲.20世纪中国妇女运动史（上）[M].北京：中国妇女出版社，2008：134-137.

迅先生关于"娜拉出走，不是堕落，就是回来"的预言①，揭示出女性职业的自主，其实也并不意味着思想与人格层面的彻底解放。

除了女性自身在"新女性"与"旧伦理"的徘徊彷徨以外，社会性别制度未完成的漫长革命，还无法为女性"做一个堂堂的人"提供生存的土壤和空间②。国民革命退潮后，不少"娜拉"陷入无事可为的境遇，同时在社会时论中开始频繁地遭遇指摘。有论者认为她们结婚嫁人后荒废了学业，甘心充当男性的玩偶与"花瓶"③；也有评论者指出她们沉溺在"摩登女郎"的享乐世界，烫发、旗袍与高跟鞋的打扮实"有伤风化""败坏社会风气"④；还有人批判她们无法处理好社会职业与家庭中传统"相夫教子"的关系，特别是"置家事于不顾"；另有人同情一些在职场与家庭双重场域奔波忙碌的女性，相较于男性承担着更多的事务与重负。故而，在1934年发起的"新生活运动"中，女性被要求重新回归家庭的坐标，培养"母性""母德"的论调再次得以强调，"女性是家庭的中心点，也是民族和国家的中心点"，成为南京国民政府大力倡导的"新贤妻良母主义"思想的关键内核⑤。与此同时，《妇女生活》《妇女共鸣》等杂志也开辟了讨论"女子回家"的专栏，男女两性知识精英从女子生理特征与学理角度，纷纷言说了各自的见解与主张⑥。"娜拉"的光环开始逐渐退却，在这种复古逆袭的情况下，有必要重新高举自五四以来妇女解放的旗帜。

1935年元旦，"中国左翼戏剧家联盟南京分盟"领导下的磨风艺社在南京陶陶大戏院组织了为期三天的戏剧《娜拉》公演。出演"娜拉"的女主人公王光珍，当时是南京兴中门小学的一位女教师，她以大胆、开放的姿态，成功地将"娜拉"的反叛形象表现出来，引发了社会各界的欢迎和关注，成为新年伊始轰动一时的热点新闻⑦。诚然，由于王光珍出演"娜拉"违背了

① 鲁迅.娜拉走后怎样？[M]//鲁迅.鲁迅全集（一）.北京：人民文学出版社，1981：162-163.
② 茅盾.从《娜拉》说起——为《珠江日报·妇女周刊》作[M]//茅盾全集（十六）.北京：人民文学出版社，1988：140-142.
③ 傅琛.关于娜拉出走问题[J].女师学院学刊，1935，3（1-2）：99-103.
④ 元旦实行取缔奇装[N].新民报，1935-01-02（3）.
⑤ 复古与独裁势力下妇女的立场[M]//陈衡哲.衡哲散文集.石家庄：河北教育出版社，1995：74.
⑥ 蒋夫人宋美龄对取缔剪发烫发意见[N].南京日报，1935-02-21（1）.
⑦ 轰动一时的"娜拉"[J].女青年月刊，1935，14（3）：45-53.

国民党政府当局对于"女子回家"的规范和要求，故意外地收到了来自学校发出的解聘通知书①。失去了教职的她，回到家中后并未如期赢得家父的理解和同情，反而遭遇了父亲严厉的责罚和禁锢，甚至被锁进小阁楼，不允许再走出家门一步②。并且，男性知识精英基于性别焦虑等思想偏见和固有认识，批判王光珍实难负"娜拉之盛名"③。至于王光珍本人则唯有被动地接受外界的"代言"，女权进步的有限性也使她难以获得有效的支持，导致"失业""失家""失誉"的厄运接踵而至。除了在性别研究方面考订"娜拉事件"的始末外，如果细致考察磨风艺社的政治属性，以及国民党采取从"解聘"到"禁演"至"逮捕"等连番强制性手段的背后，还隐藏着国共两党在争夺国统区文艺话语权上的较量。与南京国民政府重提"妇女回家"立场截然相反的是，磨风艺社代表的"剧联"倡导的是大力动员女性从家庭出走，投身民族革命解放浪潮。两者理念的差异反映了各自对于战争时期女性角色重塑的分歧，以及国共两党妇女解放方针政策的不同④。由此，性别解放与政治理念的双重变奏，演绎了"娜拉"话语演进的长歌。

至于"娜拉"的新生，路在何方？改名王苹后的王光珍，以戏剧、电影等文艺宣传作为战斗的工具，在烽火连天的岁月里，谱写了一曲"娜拉"浴火而生的赞歌，并伴随着无产阶级大众与中国共产党的启蒙教育，成就了新中国第一位"女导演"的历史功绩⑤。

值得关注的是，王苹在导演的一系列反映社会主义主旋律的电影中，将性别解放、阶级解放与民族解放之间实现合流与交融，成为以王苹为代表的新中国第一代女性导演在银幕上突出彰显的基调。其在《冲破黎明前的黑暗》（1956）、《柳堡的故事》（1957）、《永不消逝的电波》（1958）、《江山多娇》（1959）、《霓虹灯下的哨兵》（1964）等代表性的作品中，塑造了由抗日战争、解放战争时期成长起来，并投身社会主义建设的新女性群像⑥。诸如，掩

① 何日才有光明之路，娜拉为演话剧而失业 [N]. 新民报，1935-02-3（4）.
② 宋昭. 妈妈的一生：王苹传 [M]. 北京：中国电影出版社，2006：3-35.
③ 剑. 再说"娜拉" [N]. 朝报，1935-02-7（6）.
④ 蔡洁. 性别解放与政治话语的双重变奏：1935年"娜拉事件"的多元观照 [J]. 妇女研究论丛，2017（1）：89-100.
⑤ 远婴. 历史与记忆——论王苹导演 [J]. 电影艺术，1991（2）：30.
⑥ 陈播. 创造银幕的美——王苹同志为人民的艺术奉献 [J]. 当代电影，1991（2）：48-56.

护八路军受伤排长的农家妇女凤霞和李大娘①；反抗地主与伪军逼婚并加入革命队伍的农家姑娘二妹子②；在白区配合从事中共地下党接发电报工作的女工何兰芬③；带领村民整治荒山为花果山的铁姑娘岳仙；在夫妻关系中保持独立人格并无私支援前线的革命老区妇女队长春妮等④。其中，诞生于"双百"方针提出这一特殊背景下的故事片《柳堡的故事》，与同时期社会主义女性电影相比，被誉为"新中国电影的一抹温柔"，其在严肃的军事题材中切入了清新浪漫的爱情戏份，则呈现出了相较于其后导演的作品以及建国初期的社会主义电影更为丰富的张力⑤。由此，不仅王苹导演的上述一系列女性形象的产生，展现了新中国第一代社会主义电影创作中女性主义与女性人格在新社会制度下的发展，而且她本人也完成了近代中国知识女性从"娜拉"向"女英雄"的身份转变，闪烁着耀眼的光芒。

推荐阅读书目：

［1］夏晓虹．晚清女性与近代中国［M］．北京：北京大学出版社，2016.

［2］杨联芬．浪漫的中国：性别视角下的激进主义思潮与文学（1890—1940）［M］．北京：人民文学出版社，2016.

［3］王绯．空前之迹：中国妇女思想与文学发展史论（1851–1930）［M］.北京：商务印书馆，2004.

［4］孟悦，戴锦华．浮出历史地表：现代妇女文学研究［M］．北京：北京大学出版社，2018.

［5］游鉴明．超越性别身体：近代华东地区的女子体育（1895–1937）［M］．北京：北京大学出版社，2012.

［6］姜进，等．娱悦大众：民国上海女性文化解读［M］．上海：上海辞书出版社，2010.

［7］刘慧英．女权、启蒙与民族国家话语［M］．北京：人民文学出版社，2003.

---

① 严锴．冲破黎明前的黑暗［M］．北京：中国民主法制出版社，2015.
② 张照富，严锴．柳堡的故事［M］．长春：吉林出版集团有限责任公司，2012.
③ 永不消逝的电波［M］．长春：吉林出版集团有限责任公司，2012.
④ 刘凤禄，等．霓虹灯下的哨兵［M］．成都：四川大学出版社，2017.
⑤ 石言．党·集体·作者——"柳堡的故事"创作的体会［J］．中国电影，1958（10）：69–70.

［8］卢淑樱．母乳与牛奶：近代中国母亲角色的重塑 1895—1937 ［M］．上海：华东师范大学出版社，2020.

［9］邓小南，王政，游鉴明．中国妇女史读本 ［M］．北京：北京大学出版社，2011.

［10］李银河．女性主义 ［M］．上海：上海文化出版社，2018.

第十讲

外国人笔下的近代中国社会

著名汉学家赖德烈（LATOURETTE K. S.）在 1916 年的一篇文章中论述"外国人在书写中国历史中的作用"，他坦承："中国最好的、最终的历史都将是由中国人写的。他们懂得他们的言语，理解他们自己民众的灵魂，以及超越任何外国人的一种爱国情感。"[①] 他认为外国人在书写中国历史中应有三个角色——即引领者、阐释者和记录者（leader, interpreter, recorder）。引领者主要是针对中国人修中国史的不足，中国人自古修史多侧重政治，而忽略经济、社会、地理、制度、法律等方面。阐释者，一方面指的是透过历史将中国介绍给其他外国人，以使他们了解中国，了解其制度、传统、思维方式。另一方面强调将西方历史和中国历史结合来写，他认为将人类历史看为一个整体的时代已经到来，在这种世界历史中，中国人的位置很重要。记录者主要指收集、保存材料方面，赖德烈强调中国正在经历着前所未有的激荡时代，任何能反映过去的材料都应该被保存下来，包括报纸、杂志、小册子、文告等。[②]

近代以来，来华的外国人中，常被关注到的有外交官、商人、传教士、记者、旅行者等等。这些外国人在中国居住、生活、工作、旅行，见证了近代中国社会的变迁，留下了大量关于中国社会方方面面的记录。外国人以他者身份对中国社会的观察、思考和分析，是研究近代中国社会不可或缺的重要部分。来华的外国人本身对哪些外国人的信息最真实、观点最值得关注、著述

---

① LATOURETTE K. S. The function of the Missionary in the Writing of Chinese History [J]. The Chinese Recorder, 1916（12）: 822.

② LATOURETTE K. S. The function of the Missionary in the Writing of Chinese History [J]. The Chinese Recorder, 1916（12）: 822-824.

最有贡献争议颇多。曾将《大清律例》翻译成英文发表的斯当东（STAUNTON G. T.），认为旅行家的作品即使其真实性无可怀疑之处，但几乎都带有他们自己的想象和感情色彩；而且，在讨论中凡是表现出激情或争论之处，都会使准确性和评价的公正性受到影响，从而无法满足人们求真的愿望。① 据约·罗伯茨（ROBERTS J. A. G.）的研究，对中国和中国人的最有分量的评价往往由外交官和传教士垄断，但是其他人的观点也还有存在的余地，而随着特派记者和旅行家的蜂拥而至，活动范围的广度比体验的深度显得更为重要。② 外国人身份不同，关注的侧重点也会不同。马森（MASON M. G.）在梳理了1840—1876 年西方关于中国的文字资料后，指出在西方人著述中，强调中国社会习俗的独特性和奇异性的内容占据了很大部分。不少西方人对中国的商业和工业投以关注，而传教士们则对中国的哲学和宗教情有独钟。③ 同时，外国人对哪个方面的内容最能体现中国及中国人也是各有侧重。斯当东认为"一个民族的法律实际是他们的智力和性格的缩影"。④ 写有《中国乡村生活》的明恩溥（SMITH A. H.）则认为，"中国乡村是这个帝国的缩影，通过对它的考察，我们将会更好地提出纠错改正的建议"。⑤ 而佑尼干（JERNIGAN T. R.）在其书中强调家庭在中国的重要性，家庭是一切的中心，如果不了解中国的家庭生活就不可能理解或是欣赏他们的习俗和法律。⑥ 来华外国人的身份、在华时间长短、亲身经历的程度，都可能使他们对中国的看法不同，是需要我们注意的。

一、19 世纪外国人眼中的中国社会

（一）整体特征

进入 19 世纪，来华的外国人增多，对中国的了解不断积累，整体来说，

① 罗伯茨. 十九世纪西方人眼中的中国［M］. 蒋重跃，刘林海，译. 北京：时事出版社，1999：3.
② 约·罗伯茨. 十九世纪西方人眼中的中国［M］. 蒋重跃，刘林海，译. 北京：时事出版社，1999：8-9.
③ 马森. 西方的中华帝国观［M］. 杨德山，等译. 北京：时事出版社，1999：3.
④ 约·罗伯茨. 十九世纪西方人眼中的中国［M］. 蒋重跃，刘林海，译. 北京：时事出版社，1999：3.
⑤ 明恩溥. 中国乡村生活·前言［M］. 午晴，唐军，译. 北京：时事出版社，1998.
⑥ JERNIGAN T. R. China in Law and Commerce［M］. The Macmillan Company，1905：111.

外国人对中国社会的看法趋向于负面、消极。在来华的外国人看来，中国是一个保守、停滞、封闭、落后、遍地偶像的国度，而中国人的普遍特性是骄傲、无知、崇古、迷信、欺诈、撒谎。卫三畏（WILLIAMS S.）在《中国总论》中写道："中国人成为令人厌烦、稀奇古怪、不文明的'猪眼'人，嘲笑他们而不必冒任何风险。"① 倪维思（NEVIUS J. L.）在 1868 年写作《中国和中国人》时，曾提到，"中国佬"现在几乎成了"愚蠢"的代名词，他们的习惯和性格为我们插科打诨、嘲讽他人提供了充足的笑料。这一印象如此根深蒂固又如此广为传播，以至于那些想杜撰既具可读性又有趣味性的涉及中国和中国人文章的报纸记者和编辑们总是乐此不疲地对任何可能显得滑稽可笑、荒诞不经的事情加以利用和夸张。② 篇幅所限，不能面面俱到，下文从排外、政治与法律、教育与科举制、宗教、女性、婚姻与家庭等六个方面来论述 19 世纪外国人眼中的中国社会。

1. 排外

最让外国人印象深刻的是中国强烈地排外。1807 年 9 月，伦敦会马礼逊（MORRISON R.）到广州，当时的广州只允许商人在贸易期内居留。马礼逊称自己是美国商人，在美国的一家商馆隐居，他同时得知"中国人被禁止教授外国人汉语，如有违反会被处死"③。为卫三畏整理书信的卫斐烈形容 1833年卫三畏到广州时的情景：画地为牢、侮辱谩骂、没有安全感、行动受限制、不准带家属、行商的垄断和监管、在学习中文和传播基督教方面设置障碍——总之，中国政府就是这样对待每一个"胆敢"来到他们领土上的"野蛮人"，作为一种体制，它已经维持了两个世纪。④

《南京条约》签订后，香港和五个通商口岸向外国人开放，吸引更多外国人来华。中外冲突及不平等条约加剧了中国人仇外的情绪。1847 年 7 月，由于外国人在广州受到袭击，美国使团临时代办伯驾（PARKER P.）要求中方增补有关保护在粤外国人安全的条款，激起中国民众的愤怒。之后不久，裨治文（BRIDGEMAN E. C.）一家在广州附近遭袭，"突然，没有任何征兆，

① 卫三畏. 中国总论［M］. 陈俱，译. 上海：上海古籍出版社，2014：3.
② 倪维思. 中国和中国人［M］. 崔丽芳，译. 北京：中华书局，2011：225.
③ 马礼逊编. 马礼逊回忆录［M］. 北京外国语大学中国海外汉学研究中心翻译组，译. 郑州：大象出版社，2008：83.
④ 卫斐列. 卫三畏生平及书信：一位美国来华传教士的心路历程［M］. 顾钧，江莉，译. 桂林：广西师范大学出版社，2004：18.

整个情况都变了。我们听到人们向我们威胁、喊叫,看到人们阴沉的脸色和愤怒的手势……到处都是杀'番鬼'的喊声。人们开始向我们投掷棍子和卵石,接着变成了石块和瓦片。"① 1850 年来华的美国长老会丁韪良(MARTIN W. A. P.)对在广州的经历印象深刻,据他的回忆,当他们上岸时,有一大群人围着他们喊:"番鬼,番鬼! 杀头,杀头!"当时他心里就想:"难道我们离乡背井就是为了这样一些人?"②

1860 年,《北京条约》签订,各国公使进京,中国被迫开放更多通商口岸。英国公使馆参赞密福特(MITFORD A. B. F.)赴京上任,1865 年 5 月途经上海时与英国外交官巴夏礼(PARKES H. S.)长谈,巴夏礼认为,"中国与欧洲之间的相互看法,在此地如同全国一样,都还令人满意。当地人已经开始接纳我们,把我们的贸易当作生活中不可或缺的一部分",而密福特观察到,上海有许多有识之士,并不同意巴夏礼的看法,他们认为,"当地人最初接受我们,十分勉强,这种情绪至今尚存。中国人了解我们的实力,因而总是用公平的、非暴力的方式,试图逐步把我们赶走,恢复他们保守的传统。"③

对外国人的恐惧与仇视,在其他地方也普遍存在。1864 年,有传教士在登州开办蒙养学堂,据一个学生后来的回忆,"当我的父亲第一次把我送到学校时,全村人都强烈地反对。他们吓唬我母亲说外国人都是吸血鬼,他们通过魔术来吸孩子的血。不过我还是被送到学校,尽管我自己心里也有那么一点害怕。"④ 外国女性的出现,更让中国民众觉得害怕。博慕贞(GAMEWELL M. P.)1872 年到北京,很长一段时间只待在住所,不敢出来。出门的时候,中国女性一看到她,会将她们身旁孩子的眼睛捂上。孩子们看到她,会捂上眼睛,边跑边喊"外国鬼"。很多中国人将她们视作入侵者,并且要让她们知

① 雷孜智. 千禧年的感召:美国第一位来华新教传教士裨治文传 [M]. 尹文涓,译. 桂林:广西师范大学出版社,2008:213.

② 丁韪良. 花甲忆记:一位美国传教士眼中的晚清帝国 [M]. 沈弘,恽捷,郝田虎. 译. 桂林:广西师范大学出版社,2004:7.

③ 密福特. 清末驻京英使信札 1865—1866 [M]. 温时幸,陆瑾,译. 北京:国家图书馆出版社,2010:25.

④ 丹尼尔·费舍. 狄考文传:一位在中国山东生活了四十五年的传教士 [M]. 关志远,苗凤波,关志英,译. 桂林:广西师范大学出版社,2009:83.

道自己是不受欢迎的。①

　　2. 政治与法律

　　外国人对中国的政治体制讨论颇多，无论多么不合时宜，毕竟中华文明所展现出的特征是三千年前，至少是其形成时期就已经具有的特点，在世界信史的发展过程中，这一特点一直延续至今。② 就政治制度而言，君权神授、专制、宗法制等是几个主要特征，是来华外国人关注的重点。

　　首先，皇帝称为"天子"，被看作天的代理人，是上天特地选定来统治万邦的；他是至高无上的，拥有最高的立法权和行政权，不受任何限制和支配。③ 卫三畏还做了进一步的解释：在整个辖境之内，皇帝是一切权力、显贵、荣誉和特权的源泉，他是宗教首领，唯一有资格拜天的人；是法律的源泉，是施舍慈悲的人；任何权力都不能违背他的愿望，任何要求都不能忤逆他的意志，任何权利都不能在他的愤怒之下得到保护。④ 和清朝政府直接接触过的外国人，对皇帝专制的统治印象深刻。1816 年，马礼逊跟随阿美士德使团进京，先是见识到接待宴会上高度重视社会等级与地位的官员，后就见皇帝时是否行"三跪九叩"大礼进行讨论，最后因为见面时间未能谈妥，嘉庆皇帝盛怒，下令要求英国使团立即离开中国。马礼逊在写给朋友的信中提到，"通过我的简单描述，你应该可以判断这个专制、半文明宫廷的一些特点"⑤。卫三畏曾参与了《天津条约》《北京条约》的谈判和签订，形容当时的清政府专横暴虐、独断专行。1862 年 7 月，卫三畏随蒲安臣（BURLINGAME A.）到北京，看到吵闹的街道、恶臭的水坑、尘土飞扬的道路、令人讨厌的乞讨者，将之归因为专制的统治，"公众建筑相当破旧，这说明了政府的贫穷与漠视。专制体制下的统治者对公共事务的漠不关心和缺乏深谋远虑也必然导致下层官员的玩忽职守"，感慨中国国家的进步决定于皇帝的力量。⑥

　　其次，是宗法制。何天爵明确指出：宗法制观念是理解中国整个政治制

① TUTTLE A. H. Mary Porter Gamewell And Her Story of the Siege in Peking ［M］. Eaton&Mains，1907：43.

② 倪维思. 中国和中国人［M］. 崔丽芳，译. 北京：中华书局，2011：40.

③ 卫三畏. 中国总论［M］. 陈俱，译. 上海：上海古籍出版社，2014：278.

④ 卫三畏. 中国总论［M］. 陈俱，译. 上海：上海古籍出版社，2014：279.

⑤ 艾莉莎·马礼逊. 马礼逊回忆录［M］. 北京外国语大学海外汉学研究中心翻译组，译. 郑州：大象出版社，2008：234-238.

⑥ 卫斐烈. 卫三畏生平及书信：一位美国来华传教士的心路历程［M］. 顾钧，江莉，译. 桂林：广西师范大学出版社，2004：229.

度的最重要的一块敲门砖，它是这一体制中最基本的理论根据。只有从这一理论根据出发，才能发现和解释这一体制和永恒性以及它对臣民所形成的由来已久的巨大约束力。① 简言之，皇帝是父，由皇帝派出的官员就是省、府、州、县的父母官，就像他统治下的每一户的父亲一样。皇帝之于国家的角色同家长之于家庭的角色相同。家长权力之大，常被外国人提起的一个例子是英国领事馆的文书沈祥亭溺死了他的弟弟。在父亲去世后，沈祥亭作为长子，管理全家事务。沈祥亭的二弟行为极其不端，沈害怕他会干出使沈家丢脸或毁了这个家的行为。在深思熟虑之后，他在三弟的协助下，将二弟领至防波堤上，把他的头按在水里直到把他淹死。②

法律，在不少外国人的著述中是与政治放在一起来讨论，其本身是政治体系中的一部分。1810 年，斯当东将《大清律例》翻译成英文出版，整体而言，对《大清律例》的评价是相对客观的，没有刻意去贬低或是吹捧。斯当东认为《大清律例》尽管不是总能合乎英国在中国的利益扩展要求，在政治自由和个人独立性方面非常糟糕，但"这部法典的最伟大之处是其高度的条理性、清晰性和逻辑一贯性——行文简洁，各种条款直截了当，语言通俗易懂而有分寸……没有其他东方专制国家的阿谀奉承、夸大其词、堆砌华丽的辞藻和令人厌恶的自吹自擂"③。之后外国人在讨论到中国法律，多有参考斯当东的翻译及评价。如卫三畏在讨论中国法律时，表示尽管恼怒的官员、贪婪的狱吏走卒以种种残酷行为加诸罪犯身上，但在广泛研究了中国立法状况，并以执行结果和社会民情来判断，认为清朝法律比其他亚洲国家高超得多。④

3. 教育与科举制

说到教育，不能不提到科举制，无论是批评八股文"拘士之手足，锢士之心灵"的林乐知（ALLEN Y. J.），还是推崇科举考试选取贤能来治理百姓的密迪乐、丁韪良，都看到科举考试在中国社会中的重要意义。整个社会的教育体系是以考科举为导向，"读书求学的一切动机和最高期望，就是要步入

① 何天爵. 真正的中国佬 [M]. 鞠方安，译. 北京：中华书局，2006：21.
② 布鲁纳，费正清，司马富. 赫德日记——步入中国清廷仕途（一）[M]. 傅曾任，刘壮翀，潘昌运，等，译. 北京：中国海关出版社，2003：175；芮尼. 北京与北京人（1861）[M]. 李绍明，译. 北京：国家图书馆出版社，2008：88.
③ 约·罗伯茨. 十九世纪西方人眼中的中国 [M]. 蒋重跃，刘林海，译. 北京：时事出版社，1999：41.
④ 卫三畏. 中国总论 [M]. 陈俱，译. 上海：上海古籍出版社，2014：276.

仕途。当每一名孩子由懵懂无知到渐谙人事而进入学堂时，他首先被灌输和想到的，便是读书做官"。①

正是读书做官的影响，教育在中国受到公众广泛而普遍的重视，学校几乎遍布清帝国每座城市和每个乡村。如果为人父母者不能送孩子进学堂上学的话，那将是一件很不光彩的事情。② 如果一个乡村太小或是太穷没有学堂，几个乡村会合办学堂或是请"游方学者"来教孩子读书识字。家里孩子多，无法负担时，父母会决定让一个还是几个孩子接受教育。孩子们开始上学，跟着老师学习《三字经》《百家姓》《千字文》等，主要是朗读和背诵，每个中国人都认为这种高声朗读是小孩教育中必不可少的成分。③ 孩子们再大一点，就要学习"四书五经"、练书法和写文章。在不少外国人看来，孩子们所学的内容，如性善性恶的辩论、治国的道理等，都是成年人该思考的，"事实上，中国人总是为成年人着想，两千年来没有哪位作家为孩子们写过什么，没有任何一个时期的艺术家为了带给孩子们欢乐而拿起画笔，去描绘孩子们的生活，也没有一位学者提议编写一套易学、有趣的教科书。全国所有学校用的都是同样的书，既没有画片，也没有图解。"④ 孩子们的学堂生活是乏味单调的，没有休息，没有周末，没有学习上的变化，就是背书，再背书，永无休止地背书。在科举考试的条件下，教育体制只能是这样，中国人自己也认识到他们的教育体制容易使人的精神麻木不仁，教师成了机器，学生成了应声虫。⑤

读书做官是父母对孩子的期望，也是孩子追求的目标，但在科举考试中最终能考取功名的人却很少，就连仅取得第一级文士（秀才）资格的成功者也是寥寥可数。⑥ 据明恩溥的研究：在乡村学堂，保守地估计，不到 1/20 甚至不到 3% 的读书人才有可能取得这种成功。换句话说，20 个学生中有 19 个学生不得不戴上铁枷锁，以陪伴那第 20 个学生。这个学生正在努力适应这套铁枷锁，以之作为获取将来名望的阶梯。⑦ 更严重的问题是，失意的考生追逐

---

① 何天爵. 真正的中国佬［M］. 鞠方安，译. 北京：中华书局，2006：191.

② 何天爵. 真正的中国佬［M］. 鞠方安，译. 北京：中华书局，2006：197.

③ 明恩溥. 中国乡村生活［M］. 午晴，唐军，译. 北京：中华书局，2006：78-79.

④ 麦高温. 中国人生活的明与暗［M］. 朱涛，倪静，译. 北京：中华书局，2006：67.

⑤ 明恩溥. 中国乡村生活［M］. 午晴，唐军，译. 北京：中华书局，2006：87，101-102.

⑥ 倪维思. 中国和中国人［M］. 崔丽芳，译. 北京：中华书局，2011：36.

⑦ 明恩溥. 中国乡村生活［M］. 午晴，唐军，译. 北京：中华书局，2006：128.

官职而不得，不适于体力劳动，也不能进入商界。明恩溥在《中国乡村生活》中举过这样的例子，被父母选中读书的孩子，将最旺盛的精力放在他的书本上。他的兄弟整天在地里干活，或是学习某门手艺，或是帮助某人经营业务等，而他除了读书却什么事情都不做，而且是绝对不做。他很少有机会学习其他实际事务，更少处理什么事务，主要不是由于他不晓得做，而是做普通事务有失他的身份。①

4. 宗教

外国人对中国宗教最为直观的印象，是"遍地偶像"。马礼逊来中国后，看到中国是"他们的地方充满了偶像，他们跪拜自己手所造的。"② 卫三畏来中国一周后写信给父亲称，在短短一周的时间里，已经看到无数偶像崇拜的情形。③ 倪维思在《中国和中国人》中，描述过中国遍地的庙宇与偶像，以宁波约 300 座庙宇为比例，粗略估算中国的各类庙宇达百万座。④

外国人对中国宗教最为普遍的理解，是中国宗教受到不同理论的影响，也可以说是建立在多种理论基础之上，是佛教、道教、孔子的儒家思想和其他教义结合的产物。⑤ 对于每一个人来说，亦是如此，正如克陛存（CULBERTSON M. S.）所说，从某种意义上说，在中国，所有人都是儒教徒，或者说都是道教徒、佛教徒。同一个人，此时你可以在佛寺中见到他，彼时又可在道观中见到。一个家庭悼念亡故的亲人，今天可能请来佛教僧侣超度亡灵，明天又可能请来道士，或者两者被同时邀请来施展法术，只要他们认为对死去的亲人有用。⑥

祖先崇拜是否为偶像崇拜，来华外国人的看法并不一致，但都不质疑其在中国社会中的作用。宗法制的深刻影响，使得父亲对孩子的权威通过"孝"得到加强，甚至神化。在何天爵看来，孝道是土生土长唯一的中国人的宗教，被视为其他所有一切善行的根源，是道德的总闸门。孝道经过儒家经典的阐

① 明恩溥. 中国乡村生活［M］. 午晴，唐军，译. 北京：中华书局，2006：88-89.
② 艾莉莎·马礼逊. 马礼逊回忆录［M］. 北京外国语大学海外汉学研究中心翻译组，译. 郑州：大象出版社，2008：240.
③ 卫斐烈. 卫三畏生平及书信：一位美国来华传教士的心路历程［M］. 顾钧，江莉，译. 桂林：广西师范大学出版社，2004：23.
④ 倪维思. 中国和中国人［M］. 崔丽芳，译. 北京：中华书局，2011：114-115.
⑤ 萨拉·康格. 北京信札——特别是关于慈禧太后和中国妇女［M］. 沈春蕾，等，译. 南京：南京出版社，2006：31.
⑥ CULBERTSON M. S. Darkness in the Flowery Land［M］. Charles Scribner，1857：123-124.

述，进一步具体化，与中国长期的教育方式、形成中国政治制度的理论根据
丝丝相扣。① 深入研究中国家庭生活的何德兰曾指出：在中国，对先人的孝敬
发展为祖先崇拜，在世界上其他地方是不多见的。② 麦高温非常认同祖先崇拜
在中国社会中的独特地位，他写道：祖先崇拜是一个对中国各社会阶层均具
有巨大影响和统治作用的宗教力量，在信仰领域，没有谁可以替代它的位置，
哪怕只是一瞬间。在中国，一个人可以崇拜偶像，也可以不崇拜；可以表明
对偶像的信仰，也可以怀疑，但是如果否认对祖先的崇拜，那么他的亲人、
邻居都会对他报以极为蔑视的态度。同样，对一个人最刻毒的辱骂就是嘲笑
他没有祖先。③

　　此外，中国人日常生活中还会有在外国人看来是迷信的习俗或是禁忌，
像风水、妖术、占卜、占星术、相面术、手相术等等。常被提到的就是风水，
在麦高温看来，是比其他力量更加阻止了中国的发展和进步，如民众因为害
怕扰乱地下的龙脉而不敢开矿掘煤，④ 类似的例子还有不少，英国公使馆的医
生芮尼（RENNIE D. F.）与他的中文老师谈论1861 年7 月3 日在北京出现的
彗星，老师说彗星引起了北京全城的轰动，被人们认为是不祥之兆，或会为
北京带来灾害，其中的一个可能性是乱匪可能会进攻北京，在南方有谣言说
北京藏有大量的金钱。⑤ 另一位在19 世纪60 年代进京的密福特的中文教师在
担心自己的命不长，因为他的耳垂很小。他告诉密福特，耳垂大，受人羡慕，
更是智慧的象征，因为菩萨和其他偶像，都有极大的耳垂，他特别想知道自
己能活多久，有没有官运。⑥ 19 世纪末到北京的美国驻华公使康格（CONGER
E.）的妻子萨拉·康格（CONGER S.）发现在中国人的生活中，每件东西都
有固定的含义，她喜欢听长期在华居住的人讲布匹、刺绣、景泰蓝、瓷器上
的图案，像蝙蝠代表幸福，桃子代表长寿，石榴代表多子多孙，龙代表至高
无上的权力等，觉得非常有趣。⑦

---

① 何天爵．真正的中国佬［M］．鞠方安，译．北京：中华书局，2006：30．
② HEADLAND I. T. Home life of China ［M］. The Macmillan Company, 1914：13.
③ 麦高温．中国人生活的明与暗［M］．朱涛，倪静，译．北京：中华书局，2006：74．
④ 麦高温．中国人生活的明与暗［M］．朱涛，倪静，译．北京：中华书局，2006：90．
⑤ 芮尼．北京与北京人（1861） ［M］．李绍明，译．北京：北京图书馆出版社，2008：
178-179．
⑥ 密福特．清末驻京英使信札1865—1866［M］．温时幸，陆瑾，译．北京：国家图书馆出
版社，2010：72．
⑦ 萨拉·康格．北京信札［M］．沈春蕾，等，译．南京：南京出版社，2006：64．

5. 女性

在来华外国人的著述中，基本上都会有专门章节来讨论女性。重男轻女、溺婴、缠足、女性社会交往、婚姻等是普遍关注的问题。在不少著述中可见女性地位低下的描述，如古伯察（HUC E. R.）在《中华帝国纪行》中所写：中国妇女的状况甚为可怜，忍耐、贫穷、蔑视，各种各样的苦难与低贱，自襁褓起就压在她身上，一直无情地陪伴着她进坟墓。她的出生通常被看作家族的耻辱与不幸——天意不淑的明证。即使她没有立刻被闷死，也是众人极端鄙视的对象，几乎不算是人。①

溺婴，特别是女婴，在外国人特别是旅行者的著述中是屡见不鲜的。城镇边上的婴儿塔，池塘和沟渠里可疑的小包裹，沿街收拾弃婴尸首的马车，横陈在野地里的小棺材，劝人勿弃婴杀婴的善书等，都是外国人认为溺婴在中国普遍存在的理由。② 也有人认为溺婴习俗是被夸大了，如麦华佗（MEDHURST W. H.），他说只要走进中国城市或乡村，看到大量懒洋洋地坐在门前，群集于屋后的男女儿童就可以确信杀害婴儿的故事被夸大了，他还解释说，中国人是认为小孩不到一定年龄便不能有正式坟冢的民族之一。外国人看到的那些大多数都不是被遗弃或是被杀死的婴儿。③ 倪维思也结合自己在中国的经历解释过这个问题，在中国很多地方，人们不埋葬死婴的主要原因是迷信思想在作祟，认为谁家的婴孩死后，一个前世曾与这家有过节的讨债鬼就要附在死婴的尸体上。④

对于女孩缠足的习俗，绝大部分外国人持强烈批评的态度，将之视为中国女性的束缚，并且详细描写中国女孩缠足的过程及遭受的痛苦。批评归批评，大部分外国人并不想因为这一普遍存在的习俗与中国人交恶。博慕贞1872 年 8 月在北京创立女校之初，就学校是否应该接受缠足的女孩进行讨论，因为其他地区的教会学校没有要求女孩放足。她得到的回答是：如果开始对女孩放足，那么别想在中国建立女校。后来确实有一些女孩因为要放足被带

① 古伯察. 中华帝国纪行——在大清国最富传奇色彩的历险：上册 [M]. 张子清，等，译. 南京：南京出版社，2006：13.
② 约·罗伯茨. 十九世纪西方人眼中的中国 [M]. 蒋重跃，刘林海，译. 北京：时事出版社，1999：203.
③ 约·罗伯茨. 十九世纪西方人眼中的中国 [M]. 蒋重跃，刘林海，译. 北京：时事出版社，1999：：111-112.
④ 倪维思. 中国和中国人 [M]. 崔丽芳，译. 北京：中华书局，2011：203-204.

回家了。学校开办的前两年，先后有 60 个女孩来校，最终只有 7 个留了下来。① 当然，也有极个别的外国人认为缠足对中国女性的伤害并没有想象中那样大，如美魏茶（MILNE W. C.），就他的观察而言，如果紧裹的双脚真有痛苦与不便的话，活生生的现实会使你感到惊奇，女人每天可以步行几英里——护士似乎轻松自如地看护婴儿，女仆亦能轻松地干比一般英国女仆多得多的活计。无论是以三寸金莲摇晃行走的年轻妇女还是在街道上嬉戏玩耍的小女孩，脸上都没有外国人期望的那种痛苦表情。②

中国女性基本没有社交活动，与男性接触不被认可。博慕贞在 19 世纪 70 年代初到北京，有一位中国老太太常到她们的住所去。有一次，老太太情绪激动地从房间里走了出来，因为她看到博慕贞和一位男士握手。博慕贞意识到，"我们的声誉在一个民族中岌岌可危……单身女性传教士在中国的存在是对所有中国亲善观念的冒犯。我们的地位十分尴尬，我们的存在所带来的困扰是如此严重，有传教士认为让单身女性传教士来中国传教是错误的。"③ 在有些地方，男女接触被视为大忌。倪维思记载过在山东发生的一件事，有个异乡客因为向街上站着的一位妇女打听去邻镇的路而被一伙村民粗暴地赶出了村子。④ 这也在很大程度上决定了女性在婚前与她将来的丈夫没有交谈过，甚至没有见过面。

6. 婚姻与家庭

不少来华外国人都注意到家庭在中国社会中的重要作用，相较西方社会更强调个人，中国社会更看重家庭。兰宁（LANNING G.）认为家庭作为社会的基本单位，是中华文明的特征之一，也是其能存续的重要原因之一。在几千年中，家庭在中国社会中所起到的黏合力多么强大，无论怎么来描述都是不够的。⑤ 在人口众多的中国，家庭更多的代表了稳定性，"儿孙不是因离心

① TUTTLE A. H. Mary Porter Gamewell And Her Story of the Siege in Peking [M].Eaton&Mains，1907：62.
② 约·罗伯茨.十九世纪西方人眼中的中国[M].蒋重跃，刘林海，译.北京：时事出版社，1999：113-114.
③ TUTTLE A. H. Mary Porter Gamewell And Her Story of the Siege in Peking [M].Eaton&Mains，1907：63.
④ 倪维思.中国和中国人[M].崔丽芳，译.北京：中华书局，2011：192.
⑤ LANNING G. Old Forces in New China [M].London：Probsthain，1912：11.

力随风而散，而是依偎着祖先之树，像印度榕树一样在祖荫中扎根。"① 正如麦高温所说，中国家庭成员之间的关系远比英国家庭紧密，除了情感这个将家庭成员维系起来的共同纽带，还有另一个永远不会被时光隔断并交织在一起的契约。这个契约被称为责任，它看不见摸不着，神秘莫测，然而却是最富潜能的力量。中国人所理解的这个词的含义是英国人绝对理解不了的，它在家庭中深入人心，无形中盘踞在社会的每个环节。② 在外国人看来，家庭代表了稳定性，固然在中国社会中起到了黏合的作用，但中国人太看重家庭，而忽略对国家、对社会的关注。麦高温就曾提到，中国人十分专注于家庭生活，并且对他们的家庭怀有深厚的感情。事实上，这种感情似乎已经占据了他们的全部内心，从而使他们的爱国热情不复存在了。③ 蒲鲁士（BREWSTER W. N.）也持类似的观念，认为中国人的人生目的太注重于家庭，削弱了中国的国家精神，也侵蚀着对民众对官员的信任、对政府的忠诚。④

说起婚姻，何天爵认为，至少在这一个方面中国为世界上的其他国家树立了一个很值得效仿的良好榜样。在这个国家之内，男必娶，女必嫁。⑤ 整体来说，在中国社会中一夫一妻是通行做法，当然会有例外，在正室之外，可以纳妾。何德兰在《中国的家庭生活》中讲过一个故事：宫里的太监来请何德兰的妻子去给王爷的妾看病，聊天之中提到王爷会再纳两个妾。何德兰问：王爷不是已经有3个妾了吗？太监回说：按照王爷的爵位可以有5个妾。⑥ 这是其中一种情况，另外一种是男人到了四十岁仍膝下无子，便可以娶个二房，不过第一个妻子在家中的权威地位仍是岿然不动的，而二房所生子女，则一律要以正式的妻子为嫡母。⑦ 男女双方都无权选择结婚的对象，决定权在双方父母。婚事等由双方父母及媒婆来操持。在中国，婚姻对于男性和女性的意义不同，男性是娶妻，女性是出嫁。结婚后，女性将失去自己的名字，不再

① 丁韪良 . 花甲忆记：一位美国传教士眼中的晚清帝国 [M].沈弘，等 . 译 . 桂林：广西师范大学出版社，2004：226.
② 麦高温 . 中国人生活的明与暗 [M].朱涛，倪静，译 . 北京：中华书局，2006：13.
③ 麦高温 . 中国人生活的明与暗 [M].朱涛，倪静，译 . 北京：中华书局，2006：228.
④ BREWSTER W. N. The Evolution of New China [M].Cincinnati：Jennings and Graham，1907：54.
⑤ 何天爵 . 真正的中国佬 [M].鞠方安，译 . 北京：中华书局，2006：57.
⑥ HEADLAND I. T. Home life of China [M].The Macmillan Company，1914：114-115.
⑦ 倪维思 . 中国和中国人 [M].崔丽芳，译 . 北京：中华书局，2011：203.

是其原有家庭的成员，成为丈夫家的一员，在夫家的角色不是女主人，也不是佣人，而是媳妇，应该顺从谦卑。① 婚后，中国女性最为期待的事是成为母亲，尽管生产痛苦、生活艰难，但是她们想要成为母亲，特别是生了儿子的话，将为她赢得尊重和认可。母亲是中国已婚女性的护身符和荣耀所在。②

（二）转变中的中国社会

转变中的中国社会主要有两层含义，其一，伴随着不平等条约的签订，中国逐渐打开了国门。中西交往日益增多，中国本身确实在慢慢发生变化，如大清海关的建立、驻外使团的派遣、同文馆的设立、铁路的修建等等。其二，来华及在华居留、生活的外国人增多，他们与中国人接触多了，更熟悉了，能够更理解中国社会及中国人的习俗，不再是一味地批评、嘲讽。

1. 中国自身的转变

《南京条约》签订后，外国人可以进入香港和五个通商口岸，部分地打破了中国长期以来封闭的状态。鸦片战争常被看作是一个重要的转折点，外国人以为中国要改变现状，要动起来了，而实质上对中国产生的影响并不大，如马森所说，"或许大大改变了欧洲人的中国观而不是中国本身"。③ 中国官员和受教育阶层对条约的反应却让外国人很是惊讶。卫三畏在《中国总论》中如是说：关于同中国签订的条约所能产生的影响，海外普遍存在着误解。人们推论，与英法美三国条约一经批准，至少是受过教育的中国人的一大群体愿意探询、学习其中有些什么规定，自然的好奇心使他们想知道外国人的事情。似乎理应如此，其实大谬不然。皇朝官员，不论在京城还是在各省，没有为传播国家签下的条约做过什么事，甚至原始文本和批准文本都没有送到北京。④

《天津条约》和《北京条约》的签订，公使进驻北京，中国与外国开展正式的外交关系；同时中国开放了更多的通商口岸，允许外国人到通商口岸之外的地区游历。1876 年，《芝罘条约》的签订保障了外国人内地旅行安全。随着中国和外国各种事物的接触增多，中国本身也发生了一系列的变化。

---

① HEADLAND I. T. Home life of China［M］.The Macmillan Company，1914：85-86.
② HEADLAND I. T. Home life of China［M］.The Macmillan Company，1914：109；何天爵.真正的中国佬［M］.鞠方安，译.北京：中华书局，2006：58.
③ 马森.西方的中华帝国观·前言［M］.杨德山，译.北京：时事出版社，1999：113.
④ 卫三畏.中国总论［M］.陈俱，译.上海：上海古籍出版社，2014：999.

战场上的失利，借助外国人剿灭太平天国，都使清政府意识到西方军事力量的强大。丁韪良曾这样描述 1860 年之后中国在军事上学习西方的景象，中国人首次确信他们可以从西方人那儿学到一些东西。在 1860 年结束敌对状态的一年之内，人们已经看到大量的中国军队在外国教官的率领之下，在他们刚刚被打败的战场学习外国军队的战术操练。在四个重要的战略地点建起了军火库，里面堆满了从外国进口的军事武器；在两个主要的海港建起了海军造船厂，中国本地的机械师们在那儿学习如何建造由蒸汽机驱动的炮舰。①

1854 年，上海道与英、法、美领事签订协定，组织海关税务委员会。1859 年，清政府在上海设立总税务司署，任命英国人李泰国（LAY H. N.）为首任总税务司。1863 年，赫德（HART R.）继任总税务司。大清海关常被视为中国做出的改变，是一种进步。卫三畏曾评价外国人在大清海关的工作，"中国官员已经开始意识到开放口岸的正常收入所带来的巨大实际利益，尤其是为清除正在消亡中的叛乱（太平天国）提供了切实的财政支援。② 明恩溥认为海关的建立不仅为清帝国增加税收收入，而且其中管理人员主要由外国人担任，为清帝国提供了市政服务的榜样。③

公使入京是在第二次鸦片战争后英、美、法、俄提出的要求，清政府并不情愿让各国派驻公使到北京，最终是被迫接受。卫三畏跟随美国使团到北京后，在书信中写过：如果我们要在中国发挥足够的影响力，我们就必须在北京建立使馆，对此我从不怀疑。两年的经验证明，合理的建议对于这个帝国的统治者可以发挥作用。④ 驻京英使也是相同的看法，密福特认为：过去 4 年，各国代表居住北京还是颇有成效的。举例为证，丁韪良把惠顿的《万国公法》译成中文。丁韪良在此书翻译过程中，得到恭亲王特别任命的一个委员会的协助，由总理衙门拨专款付印出版。《万国公法》的出版，是中国历史上意义重大的事件。⑤

---

① 丁韪良. 汉学菁华：中国人的精神世界及其影响力[M].沈弘，等，译.北京：世界图书出版公司，2010：9.

② 卫三畏. 中国总论[M].陈俱，译.上海：上海古籍出版社，2014：1002.

③ SMITH A. H. Rex Christus：an outline study of China ［M］.New York：the Macmillan Company，1903：147.

④ 卫斐烈. 卫三畏生平及书信：一位美国来华传教士的心路历程[M].顾钧，江莉，译.桂林：广西师范大学出版社，2004：234.

⑤ 密福特. 清末驻京英使信札 1865—1866［M］.温时幸，陆瑾，译.北京：国家图书馆出版社，2010：58.

同文馆的建立是这一时期颇受外国人关注的一项改革举措。在中国与西方各国的谈判中，签订条约的官方文本以外文为主，中文为辅，如中英之间的条约，遇有文辞辩论之处，总以英文作为正义；中法之间的条约，或有两国文辞辩论之处，总以法文作为正义。① 如此形势促使清政府培养外语及外交人才，1862 年 8 月在北京建立京师同文馆，之后在广州、上海也设有类似机构。倪维思听闻这一消息，将之称为出人意料的革新，认为"这一学校的建立将很快在帝国各地产生巨大的影响，各省的文人会对西学充满好奇之心，这种求知欲无疑将激励他们学会自由思考和探索。在同文馆接受过教育的学子们将来必定会身兼数职，既是国内的高官要员，又担任出使他国的外交使节，并著写现代科技书籍。"② 从 1869 年开始，丁韪良开始担任同文馆总教习，他对比同文馆初建时中日教育改革：日本采用西方教育制度，从幼儿园到大学，所有的学校都是一脉相承的；中国则不然，对旧式的教育制度沾沾自喜，从未梦想过要对其进行改革和做大规模的补充。同文馆的建立是针对新形势要求的一种让步——目的只是为了提供少数训练有素的官吏，并非要革新整个帝国的官僚制度。③ 同文馆最初只有语言课程，后增设天文、算学、格致、化学、医学、法律等。丁韪良后来对同文馆的评价是不错的，他认为，同文馆对于清朝高级官吏的间接影响以及通过他们对于整个政体的影响，并非是无足轻重的。其中最主要的成就是将科学的内容介绍到了科举考试之中，尽管其规模仍然有限。④

修建铁路同样是外国人认为中国进步的一个重要方面，而中国引进铁路的过程也是艰难的。就铁路在中国土地上修建的历程而言，最早是 1876 年英国人所建的从上海到吴淞的长约 14 英里的铁路，建成之后，民众一片哗然，清政府只好买下这条铁路并拆毁了。到 1881 年，中国修筑了从开平煤矿到大沽的铁路，中国人看到铁路带来的便利与好处，筹集更多的资金来修铁路。⑤ 到 1899 年前后，中国正在修建的铁路 566 英里，有约 6000 英里的铁路在规划

---

① 详见中英《天津条约》第 50 款，中法《天津条约》第 3 款.

② 倪维思. 中国和中国人[M].崔丽芳，译.北京：中华书局，2011：380-381.

③ 丁韪良. 花甲忆记：一位美国传教士眼中的晚清帝国[M].沈弘等，译.桂林：广西师范大学出版社，2004：221.

④ 丁韪良. 花甲忆记：一位美国传教士眼中的晚清帝国[M].沈弘等，译.桂林：广西师范大学出版社，2004：215.

⑤ BROWN A.J. New Forces in Old China: An Unwelcome But Inevitable Awakening [M]. Fleming H. Revell Company, 1904：130-131.

中，而且中国人不想将修建铁路的权利让渡给外国人。麦高温在回顾了中国道路的发展和现状后，有评：这个国家的有识之士已经开始意识到在不久的将来会发生道路上的革命。……在一些地区，铁路铺设起来了，内燃机发出尖厉的叫声，它赋予人们重新思考的力量，并唤醒了沉睡多年的中国人。①

在上面所述的内容以外，还能举出很多反映中国变化的例子，如官派留学生、派遣驻外公使、报纸的发行、西式学堂的建立、倡导女子放足的天足会、帮助民众戒鸦片的戒烟所等等。倪维思认为中国在 19 世纪 60—70 年代已然进入了一个过渡时期，而在眼光肤浅的观察者们看来，她似乎依然如故，因为儒家思想仍然左右着民众的头脑、严格的科举考试还在实行之中，寺庙道观并未拆除，古老的礼仪和社会习俗也没有任何改变。然而，在不变的表面之下其实潜伏着各种变化的动因，这些因素必将引发一次彻底的、影响整个中国的观念革命。中国的现状可比作早春时节一条还覆盖着冰层的河流，虽然有温暖的阳光和煦的春风，但冰层却一时难以消融，冬天的肃杀气氛依然笼罩着整条河流。② 同样，中国在转变的过程中，处处可见守旧势力的身影，进步与守旧始终交织在一起。卫三畏在 1888 年修订《中国总论》时，没有否认中国所取得的进步，也看到了中国在发展过程中的步履维艰，他说，"中国从半野蛮状态朝着她在各国中的适当地位迅速前进，这样的过程现在已经被一些人们所理解，因为他们的利益引导他们将注意力投向这个地方。不能否认，迷信、自负而虚弱的大众是进步的阻碍，每一步的改革必须推着大伙向前，……代表现政权特征的仍可说是保守精神，可以看到他们反对过分、过早地采用西方的机器、制度、方法、服装和当代西方生活中的上千种附属物。"③

19 世纪末对中国而言具有深远影响的事件当属中日甲午战争和戊戌维新。甲午战败后，中国人思考战败的原因，很大程度上改变了对外来事物的看法，西方文明不再只是工业文明和物质文明。对于当时正主持广学会工作的李提摩太（RICHARD T.）来说，最为明显的变化是广学会出版的书籍销量大增。④ 甲午战争后的维新运动，虽持续时间不长，明恩溥在其《中国乡村生

---

① 麦高温.中国人生活的明与暗[M].朱涛，倪静，译.北京：中华书局，2006：272.
② 倪维思.中国和中国人[M].崔丽芳，译.北京：中华书局，2011：372.
③ 卫三畏.中国总论[M].陈俱，译.上海：上海古籍出版社，2014：1108.
④ 苏慧廉.李提摩太在中国[M].关志远，关志英，何玉，译.桂林：广西师范大学出版社，2007：173.

活》对中国的未来仍寄予希望，他说，1898 年 9 月底，皇太后掌权，软禁光绪皇帝，几乎所有的改良，包括政治和教育的改良，都被镇压了。除了北京一所新的帝国大学劫后余生，光绪皇帝改良的其他所有可能的效果都被扼杀在黑暗之中。究竟什么时候钟摆再摆回来，无疑只是一个时间问题，不过，每个对中国抱有美好期望的人都希望那个时刻不要太迟。①

2. 理解"变化的中国"

对于一个国家、民族，乃至一种风俗的看法，在华生活几十年与来通商口岸转一圈就回去的外国人，能与中国人进行交流与完全不会中文或是不屑于学中文的外国人，大抵是不同的。一方面，在华外国人与中国人接触与交流得越多，就越能理解中国人的思维方式与风俗习惯；另一方面，中国人和外国人熟悉起来，也就没那么害怕外国人。倪维思曾谈到，与任何民族交往都是先外表而后本质，他说："我深信，与中国人或其他任何一个民族交往越密切，相互之间越熟悉，我们关于人类具有相同起源和相同本性的体会就越深刻。在与人打交道的过程中，我们最先注意到的往往是对方的容貌和偶然性的非重要因素。但渐渐地，我们不会再对外在差异加以关注了，而开始越发留意起能凸显本能与渴望、怀疑与恐惧、喜悦与悲伤、优点与瑕疵等情绪与本质的种种表征和迹象了。"②

萨拉·康格在她写给朋友、家人的信中不断地呼吁：想要更好地了解中国和中国人民，需要耐心、专心，更要怀着一颗善心。③ 她的经历也能说明这一点，她跟随康格公使从巴西到北京生活，在一个陌生的环境里工作和生活，就像在梦里一样。开始时她认为中国人做事没有章法，但最终发现他们做事不仅很有一套，而且更擅长坚持自己的一套做事方式。④ 就一些具体的问题来说，这一点也是非常明显的。如上文提到的溺婴问题，旅行者或是记者只看到在街边及沟渠的婴儿尸体，并没有深入了解中国人的习俗。如重男轻女的问题，只看到溺女婴、女子缠足、女性地位低下，并没有机会去做更多了解。何德兰在写作《中国的家庭生活》时明确指出，外国人想要了解中国家庭生活非常困难，因为他的妻子是医生，有机会走进北京很多的家庭。就他们的

---

① 明恩溥. 中国乡村生活[M].午晴，唐军，译.北京：时事出版社，1998：129.
② 倪维思. 中国和中国人[M].崔丽芳，译.北京：中华书局，2011：239.
③ 萨拉·康格. 北京信札[M].沈春蕾，等．译.南京：南京出版社，2006：30.
④ 萨拉·康格. 北京信札[M].沈春蕾，等．译.南京：南京出版社，2006：19.

观察及研究，中国人对孩子的喜欢，可能只有希伯来人能媲美。婴孩出生后，条件允许的情况下都能得到好的照顾，因为女孩不能祭祀祖先，长大后要嫁人的原因，不如男孩受欢迎。总的来说，其他国家的女性如何，中国的女性也是如此。[1] 再比如说酷刑，在中国观光旅行中，偶见酷刑的场面，可能就写在书或是文章中发表，断言刑罚严酷。没有长时间在华生活的经历，很难体会到翟理斯（GILES H. A.）所称的"中国刑典总体上的宽大精神"，大体上法律的执行有很多的回旋余地，比如，在极度酷暑的天气，某些刑罚可以减轻，另外一些刑罚可以一并免去；比如偷窃无疑是一种犯罪，但是没有一个中国地方行政官会梦想着去惩罚一个仅仅偷窃了食物的饥肠辘辘的人，即使这样的案子被带到公堂。[2]

中国人在了解外国人前后，态度也不同。密福特在他的信札中讲过他在北京的经历。最初中国人都害怕见到外国人，特别是女人，都避得远远的。他注意到女人从门后偷窥这些传闻中会杀小孩、用小孩眼睛来拍照的"番鬼"，偶尔有个大胆的老妇会走近前来。渐渐地当地民众消除了对外国人的偏见，觉得没有伤害他们的意思。中国人就显得相当友好，似乎觉得外国人是些相貌丑陋、举止怪异的人，但不构成危险。[3] 何德兰在他的书中讲过这样一个故事，他带朋友去琉璃厂买古董，他的朋友看中了一个雍正时期的花瓶，当时谈的价格是 350 元。第二天，何德兰因为有事，不能陪朋友去买。他的朋友独自到了店里，想买那个花瓶，店家坚持要 400 元。他的朋友没能买成，之后又拉上何德兰一起去，再问价格，店家回答 350 元。何德兰跟店家讲清这件事的来龙去脉，并问他原因。店家回答说，因为你是我的朋友。[4]

[1]　HEADLAND I. T. Home life of China [M]. The Macmillan Company，1914：9-10，92.

[2]　翟理斯. 中国和中国人[M].罗丹，等．译．北京：金城出版社，2015：133，135. 此中译本共包含翟理斯所著的三本书，China and The Chinese，The Civilization of China，Historic China and other sketch.

[3]　密福特. 清末驻京英使信札 1865—1866 [M].温时幸，陆瑾，译．北京：国家图书馆出版社，2010：65.

[4]　HEADLAND I. T. Home life of China [M].The Macmillan Company，1914：184-185.

二、20 世纪初外国人眼中的中国社会

（一）清末新政时期

义和团的影响比起 19 世纪历次中外战争都更广泛，外国人感受到中国进入了更开放的时代。义和团运动后，醇亲王载沣到德国谢罪，《教务杂志》有评，认为"这是前所未有的事，满族血统的王子，从封闭中走出来，走向世界，像一只蝴蝶刚从蝶蛹中飞出来"，虽对载沣一行究竟能学到多少西方的文明，能对中国的启蒙和进步有多大的影响表示怀疑，但是"满族亲王能从北京封闭的宫廷走出来，是奇妙的变化。"① 1901 年 8 月 29 日，慈禧等尚未回京，发布谕令，科举考试禁用八股文程式，改以策论试士。这被很多外国人看作是中国进步的标志。明恩溥认为之后知识在中国的传播好似是十字军东征后在欧洲的极速扩展。②

明恩溥在 1903 年写有《中国概况》一书，在前言中指出：中国的庞大身躯帮助掩盖了事实，这几年中国正在快速地进步，即便是在只看到倒退和逆行的时候。③ 美国长老会差会秘书亚瑟·布朗结合 1901—1902 在中国考察的经历，在 1904 年出版了《古老中国的新生力量》一书，分析了西方商业、政治、宗教力量对中国的影响。在布朗看来，这三种力量促使中国这个庞大的、古老的帝国正在从沉睡中苏醒，而中国的改变、苏醒是当时最庞大的、最有意义的运动。④

随着新知识、思想的传播，中国人的心态趋于开放。吴板桥（WOOD-BRIDGE S. I.）在 1905 年伊始，就写道：我们可以确信地说，现在世界上的国家没有一个比中国更善于接受和留心倾听。⑤ 1905 年对于中国来说是非常重要的一个年份，日俄战争、废科举，都对中国有着深远的影响。1905 年 9

①　Editorial Comment [J]. The Chinese Recorder, 1901 (8)：420.

②　SMITH A. H. Rex Christus：an outline study of China [M]. New York：the Macmillan Company, 1903：233.

③　SMITH A. H. Rex Christus：an outline study of China [M]. New York：the Macmillan Company, 1903, preface.

④　BROWN A. J. New Forces in Old China：An Unwelcome But Inevitable Awakening [M]. 1904, preface.

⑤　WOODBRIDGE S. I. The Beginning of Another Year [J]. The Chinese Recorder, 1905 (1)：26.

月2日，清政府正式下令废除持续了上千年的科举制。在外国人看来，"享有盛名的科举制的废除，是会被永远铭记的。从汉代以来，在中国的社会制度中没有一项像科举制一样声名远扬。科举考试的废除几乎没有遇到抗议或是反对，尽管现在在中国有影响的官员都是靠科举取得官位，他们理应有多依恋。没有什么能比这更好的证明新思想在整个帝国渗透的深度。"①

1906年最受关注的两项改革措施是清政府宣布预备立宪和颁布禁烟条令。清政府宣布预备立宪后，各地都有举行集会庆祝。禁烟意味着财政收入减少，但中国已深受烟毒之害，决定禁烟，虽在禁烟的过程中有很多不尽如人意的地方，但清政府做出的努力还是得到公众舆论的认可。吴板桥曾坦言：近代的东方是充满惊喜之地，如果中国能够成功禁烟，破除烟毒这一诅咒，而美国禁酒屡禁不成，那中国禁烟的成就比日本的军舰取得的胜利更伟大。② 师古德（OSGOOD E. I.）在1906年的一篇文章中概括了当时中国的新形势：整个中国渴望改变；科举制成为过去，学校如雨后春笋般建立；政府也有改变，开始懂得其存在不是为了统治者的私利，太后也知道军费和修建铁路的费用不是为了修建她的花园；爱国的精神正在产生，抵制美货运动是最初的表现；对宪法和重组军队的要求已经得到回应；禁止缠足、服装、食品、女子教育、新建筑风格、治外法权都是热烈讨论的问题。③

到1907年前后，清政府的多项改革已经在实施中。在华外国人感受到中国的变化，对于改革举措比较认可。在这段时间有多本讨论清末改革的书及小册子。1906年，梅子明（AMENT W. S.）出版一本小册子，题为《巨人觉醒》，宣称"一场真正的觉醒正在发生，在近四年的时间取得了很大的进展。"④ 丁韪良在1907年出版的《中国的觉醒》是广为流传的著作。丁韪良1901年在《汉学菁华：中国人的精神世界及其影响力》一书的写作中，特意写了序篇——《中国的觉醒》，认为中国社会一直是在变化、进步的，只是其过程更为缓慢，回顾了自1840年以来中国发生的改变，并预见中国人民将会

---

① Editorial Comment [J]. The Chinese Recorder, 1905 (10)：516.

② WOODGRIDGE S. I. Retrospect and Prospect [J]. The Chinese Recorder, 1907 (1)：4.

③ OSGOOD E. J. How can we best meet the New Conditions which are coming into Ascendancy in China [J]. The Chinese Recorder, 1906 (9)：486.

④ AMENT W. S. The Giant Awakened：The Extraordinary Situation in China [M].The American Board of Commissions for Foreign Mission, 1906：3.

以从未有过的急切心情去欢迎新思想。① 不能不提的是明恩溥的《中国的进步》。这本书出版后仅在1907年就销售出了75000本,之后又多次再版。② 单从销量上看,可以知道这本书受欢迎的程度,它对读者们认识和了解中国产生了多大的影响是很难估量的,但无疑是巨大的。明恩溥说:"促使中国变化的各种力量到中国已经超过半个世纪了,但大部分的变化是在这四年里发生的。考虑到东方国家稳定的特征,没有其他国家在这么短时间里发生这么大的变化。"③ 明恩溥在书中列举了一系列中国的变化,如教育、交通、邮政及日常生活上的变化,特别注重社会风俗的变迁。他看到中国的教育在发展过程中面临的很多问题,甚至很多学校没有足够的课本,但他相信有着无尽耐心和忍耐力的中国人,像日本人一样,最终会克服所有的障碍。④

之后陆续有相关的著述问世,如1909年英国的士思勋爵(GASCOYNE-CECIL W.)等一行人来华考察,他感受到了中国的变化,认为对他这样一个旁观者来说,中国现在是进步的,年轻的中国非常相信进步,充满着乐观的精神,这种对进步的强烈信念从各个方面都能体现出来,衙役变为警察,各地都在兴建学校,铁路广布到各个地方,同时他也坦言,中国在多大程度上应接受西方的新事物,看法是因人而异,因为年龄、脾性的不同而不同,但总的原则是被接受的。⑤ 又如美国社会学家罗斯(ROSS E. A.)在1910来华旅居,并于1911年出版了《病痛时代:19—20世纪之交的中国》⑥,细数中国在经济、工业、禁烟、妇女、教育等方面的改革。

(二)辛亥革命时期

从上文所述可知,外国人对义和团后清政府的改革颇为认同。1911年10月10日,武昌新军起义,宣告辛亥革命的开始。对于革命的爆发,绝大多数的中国人与在华外国人都感到非常意外和震惊。这场革命的几个特征可以说

① 丁韪良. 汉学菁华·序篇[M].沈弘,等. 译.北京:世界图书出版公司,2010:1-5.
② REED J. The Missionary Mind and American East Asia Policy, 1911-1915 [M].Harvard University Press,1983:25.
③ SMITH A. H. The Uplift of China [M].New York:Young People's Missionary Movement,1907:211.
④ SMITH A. H. The Uplift of China [M].New York:Young People's Missionary Movement,1907:212.
⑤ GASCOYNE-CECIL W. Changing China [M].London:James Nisbet &Co,1911:14.
⑥ 罗斯. 病痛时代:19—20世纪之交的中国[M].张彩虹,译. 北京:中央编译出版社,2005;Edward. A. Ross. The Changing Chinese [M].The Century Co,1911.

让外国人印象深刻。一是，革命完成迅速。亚瑟·布朗在他的《中国革命》一书中给出了很好的总结："在大多数地方，人们对革命者的同情是势不可挡的，帝国军队丝毫没有抵抗。在四川发生暴动的五个月内，汉口战役的三个月内，革命胜利的浪潮席卷了从扬子江到沿海的广大区域。结局以惊人的速度来临，说明了满族统治基础的腐朽和中国人民的高尚、有秩序，从来没有一场如此宏大的革命如此迅速、平和地完成。"① 二是，与太平天国相比，革命平和的特征。麦高温在1912年评论道："整个中国革命史上还没有哪次革命像最后这一次流血这么少。"② 到1914年，这一特征仍被提及，"太平天国使这个国家丧失了两千万生命，他们推翻满族的企图失败了，在我们的时代，非常漂亮地完成了，相对而言，牺牲了少得多的生命。"③ 三是，革命不排外。如果革命平和的特征是适用于中国人，并与太平天国运动形成对比的话，不排外的特征则是适用于外国人。在革命初期，外国人在谈到革命时会提到义和团，还以为是类似义和团的运动，很快他们就感受革命运动与义和团不同。

在外国人看来，平和、不排外的革命中有很多的趣事，革命初期最有趣的莫过于剪辫子。在上海，据吴板桥的记载，革命刚发生时，民众害怕剪掉辫子，觉得短发看起来很奇怪，像是太平军；后来很多人剪去了辫子，他们看彼此的神情混杂了害怕、惊讶、喜悦。④ 当然也有很多人不想剪辫子，但是革命者不想任何旧秩序的东西存留，于是就组织人在街道徘徊，看到辫子就剪。有些农民，根本连革命都未听过，走到集市上就被抓去剪了辫子。时在上海松江地区的步惠廉（BURKE W. B.）的助手，是个很保守的人，他请求步惠廉为他剪辫子，"你来做这件事，好存留我的颜面"，步惠廉帮他剪了辫子，他用红纸包好，一遍又一遍地感谢。⑤

在湖南长沙，剪辫子呈现出革命戏剧性的一面。据雅礼医院医生胡美

---

① BROWN A. J. The Chinese Revolution [M]. New York：Student Volunteer Movement，1912：145.

② 麦高温. 中国人生活的明与暗[M].朱涛，倪静，译. 北京：中华书局，2006：322。麦高温在1909年出版 Lights and Shadows of Chinese life 一书，1912年在其基础上出版修订版 Men and Manners of Modern China，涉及辛亥革命的内容，中文译本是1912年版的翻译，采用1909年版的书名.

③ NOYES H. V. Reminiscences [J]. The Chinese Recorder, 1914 (10)：634.

④ WOODBRIDGE S. I. Fifty Years in China [M].Presbyterian Committee of Publication，1919：114.

⑤ BURKE J. My Father in China [M].Farrar &Rinehart，1942：259.

（HUME E. H.）的回忆，革命军很快发布了剪辫的命令，来自乡下农民的反应很有趣，他们挑着装有米或蔬菜的重担，或推着重重的手推车来到城门，士兵们奔出来，抓住他们的辫子，用剑砍下或用剪刀剪掉。对于很多人来讲，剪掉辫子就像失去四肢一样，因为他们从孩童时代就开始辛苦地留辫子。有一些人跪着，磕头求士兵们暂缓。另外一些人则是和士兵们对抗，尽力想逃走。尽管有些农民剪掉辫子，成为革命者，但是他们中的许多人还是保留了辫子，盘起来藏在无边便帽下，随时准备放下来。这好像是他们的权宜之计，以便恢复他们对清朝的忠诚。一周的时间过去，百姓大多剪除了这个满族统治的标志。①

在山东，发生了不少因剪辫引发的风波。山东在革命中既没有很快归入革命阵营，也没有给予清政府支持。革命与保守势力相当，是否应该剪辫困扰着民众。据当时在潍县的贺乐德（HAWES C. E.）的记录，在沿海地区，没有人留辫子了，在内地是逐渐减少了。山东教会学校的学生都剪了辫子。但是年长的人，特别是迷信和无知盛行的内地村庄里，都不愿剪辫子，害怕死了以后没有辫子在阴间遇到麻烦。在距潍县60里的地方，一些年轻的革命者不经过村民的同意就剪掉他们的辫子，还剪了一个官员的。这个官员买通人来杀他们，结果造成至少64人死亡，其中包括20多个革命者。② 在登州的慕拉第（MOON L.），本身是个坚定的革命者，但当地的上层社会和官员们都是倾向帝国的，她只好严格地保持着中立的形象。当战争爆发，瘟疫也开始了。慕拉第的学校被迫关闭，她在接种疫苗后，被隔离了一个月。战争的发生使她紧张不安，以至于她看到有学生剪辫子感到害怕。学校一名男生有一天到她的住处，给她看他剪了辫子。剪辫子是革命者的标志。这个孩子以为这样做会取悦他喜爱的外国老师。慕拉第狠狠地责备了这个学生，"回家去，在你回来之前把你的辫子接起来"。慕姑娘觉得这个孩子的举动对他们两个人都是不安全的。③ 同样在山东的史荩臣（SCOTT C. E.）在他的书中也回忆了他所经历、所见所闻的关于剪辫子的故事。据史荩臣的记载，有位基督徒剪了辫子，他的父亲对他的冒失感到非常愤怒；还有一个父亲因为类似的原因抑郁而终；有一位母亲因此要自杀，说儿子的罪不可饶恕，不守规矩；史荩

---

① 胡美．道一风同：一位美国医生在华30年[M].杜丽红，译．北京：中华书局，2006：118.

② HAWES C. E. New Thrills in old China [M].New York：George H. Doran Company，1913：196-197.

③ ALLEN C. B. The New Lottie Moon Story [M].Nashville：Broadman Press，1980：271.

臣的厨子也因为剪了辫子被抓走，在他的极力回旋之下才被放回来；一位军官每到一处都贴出告示要抓"剪掉辫子的土匪"，针对的就是基督徒和年轻的爱国者。史茇臣说，"在地球的另一端，可能觉得中国的剪辫子有趣。但是近距离的观察，考虑到剪辫子的后果，就会知道这是件严肃的事情，需要很大的勇气。"① 直到北京的摄政王颁布法令，说所有人都可以剪掉辫子，摄政王、袁世凯都剪了辫子，士兵们才停止寻找。很多教会学校和教会的院子都成为共和国剪辫子的场所，很多人不敢自己剪，就到这样的场所，在别人的劝说之下剪了。

革命的另一个外在的表现是破坏偶像的举动。破坏偶像在全国各地都有发生，即便是最远的边疆，如深受佛教影响的云南，"现在发生了奇怪的事，偶像被毁掉了。泥做的偶像都被拿去做了砖，铜制的偶像都被铸成货币"。从其他地方来的消息，"偶像都被打碎了。庙宇都关闭了，住持带着钥匙不知逃到什么地方去了，也没人关心。透过门缝，看到偶像倒地，庙宇成了田鼠和蝙蝠的住处"②。在广州，革命期间有大规模的破坏偶像活动。帖威林（TIPTON W. H.）在 1912 年的报告中引用了中国香港一家报纸的报道，认为是反映了时代精神：一群"敢死队"队员进入广州的城隍庙打掉所有神像的头。有很多民众在围观，他们就那样看着神像被毁，很快有人扛着没有头的神像走上街去，向百姓们大喊：你们的神是无用的。围观者没有表达一丝不满，相反地，对移除神像表示赞同。③ 美国同寅会秘书一行，到广州开年会。他们听说，士兵们和民众搜寻了每一座他们能找到的庙宇和尼姑庵。庙里的偶像都被拉出来，集中在一处，之后都被销毁了。自从革命爆发，僧侣和尼姑得不到民众的支持。④

在山东登州，一些基督徒加入革命者的队伍，抢掠城中的寺庙。一般传教士看到偶像遭到破坏都是高兴的，认为这是对基督教传播有利的。慕拉第

---

① SCOTT C. E. China from within: Impressions and Experiences [M].Fleming H. Revell Company, 1917: 201-202.

② HAWES C. E. New Thrills in old China [M].New York: George H. Doran Company, 1913: 271.

③ TIPTON W. H. Report of the South China Mission [R]. Annual of the Southern Baptist Convention, 1912: 194.

④ MATHEWS G. M. HOUGH S. S.. The Call of China and the Islands: Report of the Foreign Deputation, 1911-1912, for every Member of the United Brethren Church [M].Dayton: Foreign Missionary Society United Brethren in Christ, 1912: 45.

对中国基督徒参与破坏、抢夺神像的行为却非常愤怒。她听说一些庙中的神像在一个基督徒家里，就立刻冲到他家里，要求他交出抢掠之物，并严厉地责备了他，"这是宗教迫害，是基督徒一直以来经常遭受到的，是基督徒所反对的，这样的行为不是基督徒。"慕拉第本想将神像交与市议会以备庙宇恢复时使用，后来由其他传教士代劳，她还向每一个受波及的非基督徒道歉，并跟他们解释说宗教迫害不是基督徒的行事方式。①

革命的发生给中国社会带来很多变化，像跪拜、磕头都过时了，握手变得比较普遍；任何官阶的人都不再使用响亮的头衔，只称"先生"；穿着西式的帽子、服饰、鞋子的人越来越多；采用公元纪年，等等。对于其中的一些变化，不同的人看法会有所不同。如历法的改变，内地会教士海恩波（BROOMBALL M.）认为采用公元纪年是改变历法，是巨大的改变，影响了中国的商业、宗教生活。他说："这个巨大的改变影响到底有多深远，现在下结论太早了。中国民众确实面对很多困难，传统节日、社会习俗、商业安排多少都会影响到。星卜家会困惑，不识字的民众更不知所措，可能就很轻易放弃古老的迷信和宗教习俗。革命党人解释了他们的意图，忽略与妖术、神灵相关的历法，便利人们不再偶像崇拜。两者有时是相辅相成的。"②而在上海生活多年的兰宁则不同，他认为中国的历法是独一无二的，为什么要改变。绝大多数的中国人除了自己使用的历法，对其他的历法一无所知。工人如果知道每年只有 12 个月而不是闰年的 13 个月，他会特别去关注那额外一个月的工钱。即便是海外华人也不是都赞成西历。③

从外国人的观察来看，在革命之后，中国社会及民众急切地渴望改变。天津青年会干事郝瑞满（HALL R. S.）在 1912 年度报告中提到，在天津，成立了众多的会社，除了涉及政治的会社和俱乐部，还有禁烟、禁缠足、戏曲改良、保护手工业、促进五族共和等会社，公布的社会改良的条款多达 36 条，涉及社会、身体、道德各个方面。④改变成了社会的潮流，甚至出现为了

---

① ALLEN C. B. The New Lottie Moon Story［M］.Nashville：Broadman Press，1980：272.

② BROOMHALL M. Glimpses of China in Revolution II［J］. China's Millions，1912（4）：58.

③ LANNING G. Old Forces in New China［M］.London：Probsthain，1912：348.

④ HALL R. S，secretary，Tientsin. The Archives of the Young Men's Christian Association in China at the University of Minnesota Libraries：The Annual Reports［R］. 1912，5. 影印版. 桂林：广西师范大学出版社，2012：283.

改变而改变的举动。兰宁在他的书中提到了一场在上海举办的西式婚礼。他认为在中国大多数人并不理解甚至不愿意去了解西方婚礼意义的情况下，摈弃中式婚礼仪式，抛弃传统习俗后，采用西式婚礼仪式是遗憾的。① 何德兰也坦言，他在中国生活这么多年，看到最有趣的事莫过于年轻人因为拥有一顶圆礼帽、一件马甲、一双皮鞋，就觉得自己和一潭死水的过去分开了，过上了新生活，赶上了时代的脉搏。②

整体而言，在外国人看来，辛亥革命对中国和世界都具有重大意义。革命对于中国的最重要意义在于，中国不可能再继续专制集权的统治，不可能走回头路了。布朗评价 1911 年革命对中国来讲，是"一次性彻底完成破坏的工作，不管转变怎样跌跌撞撞，不管有怎样的失误，不管各地的进步是怎样不确定，甚至一段时间可能会倒退、反复，确信无疑的是中国不可能再回到之前的情形了。"③ 舒美生（SHERMAN A. M.）认为中国在经历了四千年的帝王统治之后成为共和国，不能期望立刻就出现一个好的、稳定的政府，中国可能需要很长时间去"寻找自己"，不管中国采用何种形式的政府，中国已经是一个"新的中国"了。民众觉醒是广泛的，不可能有任何反对进步的政策是长久的。④

相比革命对中国的意义，外国人也十分看重中国革命的世界意义。布朗十分肯定地说，"世界上没一个王位因为中国人民推翻王权建立共和而削弱。如果这次的尝试不成功，君主制的日本和欧洲是不会觉得惋惜的"。⑤ 明恩溥在 1913 年为《中国差会年鉴》所写的报告书中明确提出：如果不把 1911—1912 年的中国革命当成一系列的世界范围的事件来看待，是不可能理解这场革命的。⑥ 1913 年上任的美国驻华公使芮恩施（REINSCH P. S.）在 1911 年就曾写道：在过去的历史当中有很多大的危机，但是没有一次可以和远东正在发生的相比，其结果不仅仅关系到一个国家、一个民族，而

① LANNING G. Old Forces in New China [M].London：Probsthain，1912：349.
② HEADLAND I. T. Home life of China [M].The Macmillan Company，1914：40.
③ BROWN A. J. The Chinese Revolution [M].New York：Student Volunteer Movement，1912：191.
④ GRAY A. R. SHERMAN A. M.. The Story of Church of China [M].New York：The Domestic and Foreign Missionary Society，1913：332.
⑤ BROWN A. J. The Chinese Revolution [M].New York：Student Volunteer Movement，1912：185.
⑥ SMITH A. H. General Survey [R]. The China Mission Year Book，1913：21.

是整个人类。①

　　明恩溥还曾对革命的发展和影响做了一个总结。他说，正在发生的事情表明，历史上不团结的中国民众正在逐渐地连接在一起。这个过程受到国外强权的压力、流行的民族思想、教育的普及、中国各地交通的改善、报纸和书籍的广泛传播，特别是各省市代议制政府等因素的影响，再一次表明没有任何一个国家或外族能够长久地统治中国和这个民族。这种控制的难度比以前任何时候都大，而且还将持续增长。特别是近 20 年，中国人民和其他民众一样易受到世界影响而改变，在未来更是如此，不管中国发生什么事，3 亿多的中国人民会成为世界上越来越强大的力量。②

结　语

　　综上，我们回顾了 19 世纪到 20 世纪初，外国人对中国社会的观察和思考。中国从封闭、落后、排外、专制、迷信，到逐渐打开国门，缓慢发生转变，到 20 世纪初进行改革与革命。外国人对中国的认识经历了从好奇远观，到亲眼所见，再到深入理解的过程。在不断探寻的过程中，外国人留下了数量众多的关于中国的文章、著作、小册子。丁乐梅（DINGLE E. J.）曾提到外国人写中国人和中国事的难处，"当你写作关于中国的人或事时，你认为你已经删掉了所有的明显不合理的解释或描述，但回过头来，会发现仍有少量瑕疵。你重新修改，最后你会发现，经常是出于西方人的思维，误解或歪曲了事实，这是因为你离开了你的中国眼光，所以就显得不真实"。③ 外国人无论是什么身份，生活在中国哪个区域，在中国生活了多长时间，他们对中国及中国人的看法都难以避免以偏概全的倾向。因为"中国国家如此之大，人口如此之多，不管一个人先入之见是什么，他总是很容易找到资料来证实它。每一种观点都能有很多实例来支持，同样也会被挑战，很多个例外能证明相

---

①　BASHFORD J. W. China：An Interpretation［M］. New York：The Abingdon Press，1916：18.

②　SMITH A. H. General Survey［R］. The China Mission Year Book，1913：40.

③　丁格尔. 辛亥革命目击记［M］. 刘丰祥，邱丛强，杨绍滨，等，译. 北京：中国青年出版社，2002：2.

反的观点较为可靠。"①

　　但是，外国人对于中国的观察记述，也确有中国人习焉不察的独特之点。相当一部分是对基层社会的记录，多系亲见亲闻，显得别致细腻，足以成为可补中文记载之阙的正史资料；尤其是对近代社会史的研究，具有不容忽视的史料价值。此外，外国人对中国的认识好比是一面历史的镜子，照一照这面西洋镜，从中领略生活于中国本土之外的人们对自己的看法，了解我们在西方的形象变迁史，无疑将有助于我们反省和完善自身的民族性格；在现代化建设和国际交往中，增强自我意识，更好地进行自我定位。这也是人们常说的"借别人的眼光加深自知之明"的意思。②

推荐阅读书目：

　　[1] 罗伯茨．十九世纪西方人眼中的中国[M].蒋重跃，刘林海，译．北京：时事出版社，1999.

　　[2] 马森．西方的中华帝国观[M].杨德山，译．北京：时事出版社，1999.

　　[3] 哈罗德·伊萨克斯．美国的中国形象[M].于殿利，陆日宇，译．北京：时事出版社，1999.

　　[4] 雷蒙·道森．中国变色龙——对于欧洲中国文明观的分析[M].常绍民，明毅，译．北京：中华书局，2006.

　　[5] 孟德卫.1500—1800：中西方的伟大相遇[M].江文君，姚霏，译．北京：新星出版社，2007.

　　[6] 杰斯普森．美国的中国形象：1931—1949 [M].姜智芹，译．南京：江苏人民出版社，2010.

　　[7] 史景迁．大汗之国：西方眼中的中国[M].阮叔梅，译．桂林：广西师范大学出版社，2013.

　　[8] 顾彬．汉学研究新视野[M].李雪涛，熊英，整理．桂林：广西师范大学出版社，2013.

---

① BASHFORD J.W. China：An Interpretation ［M］. New York：The Abingdon Press，1916. preface.
② 黄兴涛，杨念群．"西方视野里的中国形象"主编前言[M].约·罗伯茨．十九世纪西方人眼中的中国，蒋重跃，刘林海，译．北京：时事出版社，1999：3.